THOMAS VON BOGYAY

GRUNDZÜGE DER
GESCHICHTE UNGARNS

Dritte, überarbeitete und um ein Register
vermehrte Auflage

1977

WISSENSCHAFTLICHE BUCHGESELLSCHAFT

DARMSTADT

CIP-Kurztitelaufnahme der Deutschen Bibliothek

Bogyay, Thomas von
Grundzüge der Geschichte Ungarns. — 3., überarb.
u. um e. Reg. verm. Aufl. — Darmstadt: Wissenschaftliche Buchgesellschaft, 1977.
    (Grundzüge; Bd. 10)
    ISBN 3-534-00690-9

Ⓦ Bestellnummer 690-9

© 1977 by Wissenschaftliche Buchgesellschaft, Darmstadt
Satz: C. Winter, Darmstadt
Druck und Einband: Wissenschaftliche Buchgesellschaft, Darmstadt
Printed in Germany
Schrift: Linotype Garamond, 9/11

ISSN 0533-344X
ISBN 3-534-00690-9

INHALT

VORWORT

Für den Historiker, den die einfache Aufzählung von Fakten nicht befriedigt, ergeben sich die „Grundzüge" der Geschichte eines Landes oder Volkes aus der Beantwortung jener Fragen, die ihm auf der Suche nach den entscheidenden Schicksalswendungen der Gemeinschaft besonders häufig und unumgänglich begegnen. Der mittlere Donauraum ist seit Jahrtausenden eine wichtige Station der großen Völkerwanderungen gewesen, ein Gebiet, wo Kontinente umspannende Mächte aufeinanderprallten. So war sein Schicksal immer reich an Spannungen und Wendungen mit tragischem Ausgang und zeigte stets eine verwirrende Vielschichtigkeit. Das gilt besonders für das letzte Jahrtausend, das im großen und ganzen gleichbedeutend mit der Geschichte Ungarns war. Nachstehende „Grundzüge" stellen daher nur einen Versuch dar, doch hofft der Verfasser einige wesentliche und spezielle Faktoren der Geschichte des ungarischen Staates und Volkes summarisch herausgearbeitet zu haben.

Einige Bemerkungen sollen vorausgeschickt werden, um den Gebrauch des kleinen Werkes zu erleichtern. Die *Zeittafel* hat den Text zu ergänzen, indem sie die nur kurz erwähnten Ereignisse zeitlich genauer einordnet und auch einige weitere bedeutende Fakten anführt. Die *Fußnoten* geben die Herkunft von Zitaten an, soweit sie aus dem Text selbst nicht ersichtlich, und weisen auf Spezialliteratur hin, deren Ergebnisse in den im *Schrifttum* erwähnten Werken nicht berücksichtigt wurden.

Entsprechend dem tausendjährigen deutschen Sprachgebrauch wird hier von „Ungarn" und nicht „Magyaren" oder „Madjaren" die Rede sein. Auch nach dem Aufkommen des modernen Sprachnationalismus ist u. E. die Bezeichnung „Magyare" nur dort wirklich angebracht, wo es auf die Sprachenprobleme ankommt. Die Ortsnamen des heutigen ungarischen Staatsgebietes erscheinen in ihrer ungarischen Form, wie auch in den modernen fremdsprachigen Fachpublikationen Ungarns. Althergebrachte deutsche Namen werden in Klammern hinzugesetzt. Diese werden bevorzugt für die Orte außerhalb des heutigen Ungarns, deren gegenwärtige amtliche Benennungen oft neueren Ursprungs sind. Es sei übrigens auf die im Anhang befindliche Zusammenstellung der geographischen Namen verwiesen.

Der Verfasser erachtet es für eine Pflicht der Dankbarkeit, der Forschungsbeihilfen zu gedenken, die ihm von der American Philosophical Society (Philadelphia) und der Wenner-Gren Foundation for Anthropological Research (New York) zur Untersuchung bestimmter Fragenkomplexe des Früh- und Hochmittelalters gewährt wurden.

München, Ostern 1967   Der Verfasser

ZUR AUSSPRACHE DES UNGARISCHEN

Folgende Lautbezeichnungen weichen vom Deutschen wesentlich ab: *a* lautet kurz und offen, beinahe wie *o*; *á* lautet wie ah in „Jahr"; *é* wie eh in „nehmen"; *cs* wie tsch in „Peitsche"; *gy* ist mouilliertes d (d und j zu einem Laute verschmolzen); *ly* ist mouilliertes l (l und j zu einem Laute verschmolzen) meist wie j gesprochen; *ny* mouilliertes n (n und j zu einem Laute verschmolzen); *s* wie sch in „schön"; *v* wie w; *z* wie s in „Nase"; *sz* wie ß in „naß"; *zs* wie französisches j in „journal". Betont wird immer die erste Silbe.

I. GRUNDFRAGEN

Die Ungarn als politischer Machtfaktor werden zuerst im frühen 9. Jahrhundert in der südrussischen Steppe greifbar, weit außerhalb des Gebietes, wo sie ihren heute noch bestehenden Staat errichten sollten. Seit dem 10. Jahrhundert bis zum Ende des Ersten Weltkrieges fiel das nach ihnen genannte Land als geographischer Begriff mit dem mittleren Donauraum zusammen. Die natürliche Einheit dieses Raumes, den die Karpaten von der „Porta Hungarica" bei Theben im Westen bis zum Eisernen Tor im Südosten wie ein Schutzwall umschließen, fällt auf jeder physikalischen Karte Europas sofort in die Augen. Das Weltreich der Römer reichte bis hierher, konnte sich aber nur den südwestlichen und — für eine wesentlich kürzere Zeit — den östlichen Teil angliedern. Erst Reiternomaden aus dem Osten, Hunnen und Awaren scheinen die Einheit des Donaubeckens wirklich begriffen und ausgenützt zu haben. Für sie war der Strom kein trennendes Hindernis, vielmehr wurde seine Ebene zur Mitte ihrer weit ausstrahlenden Macht. In die Fußstapfen Attilas und des Awarenkagans Bajan traten die Ungarn. Unter ihnen wurden die Karpaten zu einer der beständigsten Grenzen Europas. Die politische Einheit des von den Karpaten eingeschlossenen Gebietes hat sich dem europäischen Bewußtsein tief eingeprägt. Im 16. und 17. Jahrhundert war Ungarn faktisch in drei Teile gerissen, und die Mitte, die Große Ungarische Tiefebene, gehörte sogar zum Türkenreich. Doch galt der ganze Karpatenraum nicht nur für die einheimischen, sondern auch für die westlichen Kartographen weiterhin als „Hungaria". 1918–1920 wurde diese politische Einheit im Zeichen des Nationalitätenprinzips zerstört.

Wie kam es zu dieser Umwälzung? Sind in den ethnischen Verhältnissen des mittleren Donaubeckens seit der Landnahme der Ungarn am Ende des 9. und Anfang des 10. Jahrhunderts keine wesentlichen Änderungen mehr eingetreten, und hat erst der moderne Nationalismus in den Völkern des geographisch einheitlichen Raumes die zentrifugalen Kräfte aktiviert und das Auseinanderbrechen der staatlichen Einheit herbeigeführt? Oder aber war das Ende des historischen Ungarns eben die Folge von tiefgehenden Wandlungen in der Zusammensetzung der Bevölkerung? Die Beantwortung dieser ethnischen Fragen ist von grundlegender Bedeutung für die Geschichte Ungarns.

Der Staat aber, der zehn Jahrhunderte hindurch gleichbedeutend mit dem Karpatenraum war, wurde von den Ungarn als politisch organisierte Gemeinschaft geschaffen und erhalten. Um die Geschichte des Landes zu verstehen, muß man also zu ergründen suchen, von wem, nach welchen Prinzipien und in welchem Geist diese Gemeinschaft regiert wurde oder ihr eigenes Schicksal gestaltete. Die Wandlungen der Herrschaftsform und der Struktur der Gesellschaft stellen daher das zweite Grundproblem dar, das kein noch so summarischer historischer Abriß übersehen darf.

Zuerst soll freilich die Frage nach der ethnischen Gruppe beantwortet werden, die den Staat Ungarn errichtet hatte und bis zum heutigen Tage erhielt.

II. HERKUNFT UND VOLKWERDUNG

Die einzige wissenschaftlich zuverlässige Quelle der Herkunft der Ungarn ist ihre Sprache, die in Mitteleuropa völlig vereinzelt dasteht. Die erste sprachwissenschaftlich feststellbare Gemeinschaft, die u. a. auch die Vorfahren der späteren Ungarn umfaßte, ist die sog. uralische. Ihr Wohngebiet wird im 6.–4. Jahrtausend v. Chr. in der Waldzone nördlich des Mittleren Ural zwischen dem Unterlauf des Ob und dem Quellgebiet der Petschora zu suchen sein. Aus ihr sind einerseits die Samojeden, andererseits die Finnougrier hervorgegangen. Die Vorfahren der Ungarn gehörten zur sog. ugrischen Gruppe der letzteren, deren sprachliche Einheit im 3. Jahrtausend v. Chr. zerfiel. Der modernen volkskundlichen Forschung gelang es, das Vermächtnis dieses ugrischen Zeitalters hie und da auch in der rasch dahinschwindenden ungarischen Volkskultur aufzuspüren. Auch die Selbstbenennung der Ungarn, „Magyar", reicht in die ugrische Zeit zurück.

Bevölkerungszunahme und die damit verbundenen territorialen Änderungen des Siedlungsgebietes, ferner die Einwirkung fremder Gruppen dürften die allmähliche Abwanderung der westlich des Urals im Kama-Gebiet lebenden Ugrier in südlicher und südöstlicher Richtung verursacht haben. An den Südrand der Waldzone angelangt, lernten sie — vielleicht durch ein unbekanntes alteuropäisches Volk — das wichtigste Nutztier der Steppe, das Pferd, kennen. Hier kamen sie mit Iraniern, dann auch mit Türkvölkern in Berührung. Die Vorfahren der heutigen Ostjaken und Wogulen sind später nach Norden, im Mittelalter schließlich nach Sibirien verdrängt worden. Diese Ob-Ugrier, kaum 30 000 Seelen, sind die nächsten Sprachverwandten der heute etwa 14 Millionen zählenden Ungarn. Sie sind bis in die Neuzeit hinein meist primitive Jäger und Fischer geblieben, während die späteren Ungarn eine vollständige kulturelle Umstellung vollzogen haben. Wohl als südlichste Gruppe der Ugrier, mußten sie sich den Lebensbedingungen der Waldsteppe anpassen, um so mehr, da die Waldgrenze infolge der um die Mitte des 1. vorchristlichen Jahrtausends einsetzenden Klimaänderung sich allmählich nach Norden verschob. So gerieten sie endgültig in den Bannkreis des Reiternomadentums, als dieses sich bereits zu einer eigenständigen Lebensform mit stets wachsender politischer Dynamik entwickelt hatte.

Das Reiternomadentum bedeutete, in einer vortechnischen Zeit, die bestmögliche Bewirtschaftung der Steppe, jenes baumarmen Flachlandes, das einst über den eurasischen Kontinent von China und der Mandschurei bis zur Donau eine fast lückenlose Zone bildete. Die Grundlage des Lebensunterhalts war die extensive Viehzucht, die mancherorts aus einem Steppenbauerntum hervorgegangen zu sein scheint. „Die Suche nach Wasser und Gras" gestaltete sich als eine systematische und planvolle Pendelbewegung zwischen Winter- und Sommerweiden. Es ist daher grundfalsch, die Nomaden der Steppe als „Wandervölker" zu bezeichnen. Sie verließen ihre Sitze und Weiden nur in äußerster Not oder unter dem Druck eines überlegenen Feindes. Im Hintergrund der großen Völkerwanderungen der eurasischen Steppe in der Spätantike und im Frühmittelalter erkennt man heute immer deutlicher die unüberwindbare Gewalt der Natur, den Klimasturz, der in Innerasien blühende Kulturlandschaften für immer in Sandwüsten verwandelte.

Es kam einer epochemachenden Erfindung gleich, als die Nomaden lernten, das Pferd, ursprünglich Fleischlieferant, dann Last- und Zugtier, auch als Reittier zu verwenden. In der rauhen Steppenzone konnte man Schafe, Rinder, Pferde in riesigen Herden züchten, die viel mehr Menschen zu ernähren vermochten, als sie als Wächter und Pfleger benötigten. Andererseits forderten das Treiben der Herden und ihre Beschützung vor Raubtieren und Feinden eine ständige Kampfbereitschaft und nicht selten den rücksichtslosen Einsatz des Lebens. So wurden die Reiterhirten durch ihre tägliche Arbeit zu Kriegern erzogen, und sie haben schnell gelernt, ihre kriegerischen Fähigkeiten auch über die Bedürfnisse des Alltags hinaus praktisch zu verwerten.

Reichere, tatkräftige Leute scharten wohl die Altersklasse der unternehmungslustigen unverheirateten Männer um sich. So entstand in der Reiternomadengesellschaft eine ziemlich breite Schicht der Berufskrieger, die jederzeit bereit war, in fremden Dienst zu treten oder auf eigene Rechnung Krieg zu führen. Denn um schnell reich zu werden, oder — bei Zunahme der Bevölkerung — eine beträchtliche und gefährliche Senkung des Lebensniveaus zu vermeiden, gab es überhaupt nur eine Möglichkeit: den Krieg. So sind in der Gedankenwelt der Reiternomaden der Krieg und sein unzertrennlicher Begleiter, der Tod, zur weltordnenden Macht für die Gemeinschaft und zum Lebensinhalt für manche einzelne geworden. Das ist der Ursprung der bekannten Kriegstüchtigkeit, ja sogar Kampflust der Reiternomadenvölker.

Meistens begnügten sich die Reiternomaden mit kleineren, gemeinen Raubzügen. Wurden sie sich aber ihrer Kraft vollends bewußt und tauchte eine wirkliche Führerpersönlichkeit auf, so wollten sie die ganze Welt erobern. Das Ansehen und das Sendungsbewußtsein der Führer wurzelten tief im religiösen Weltbild der meisten Reiternomaden. Dieses kannte nur einen Himmelsgott, dessen irdischer Diener und Werkzeug, Vollstrecker des göttlichen Willens eben ihr Herrscher war.

Echte Herrschernaturen haben die den Bedürfnissen der Weidewirtschaft gemäß auseinanderlebenden Sippen und Stämme zu einem Volk, Völker in einem Reich zusammengefaßt. Sie scheuten sich dabei nicht, die alten, geblütsrechtlichen Bindungen oft gewaltsam durch eine umfassende, straffe militärische Organisation zu ersetzen. Das Gemeinschaftsgefühl der Reiternomadenstaaten als politische Einheiten bestand überhaupt vor allem in der Anerkennung ein und derselben Oberherrschaft, einer von Gott selbst zum Herrschen berufenen und infolgedessen mit besonderem Glück ausgezeichneten Dynastie.

Das Nomadenreich kannte weder feste ethnische Grenzen noch eine rassische oder sprachliche Einheitlichkeit und eine solche wurde überhaupt nicht angestrebt. Die unterworfenen Völkerschaften führten fortan meist den Namen des Siegervolkes. Ackerbauer wurden mehr oder weniger rücksichtslos ausgebeutet, Reiternomaden aber, ganze Stämme oder Völker sogar konnten ohne weiteres in die eigene Organisation eingegliedert werden. Nur wurden sie, ebenso wie die freiwillig angeschlossenen Völkerschaften, als Grenzwächter oder im Kampf als Vorhut verwendet. Die Reiternomadengesellschaft war immer bereit, Fremde aufzunehmen und als ebenbürtig anzuerkennen, die ihren Vorstellungen vom edlen und wertvollen Menschen entsprachen. Es ist selbstverständlich, daß für sie der tapfere Krieger als richtiger, vollwertiger Mensch galt. Die Volkszugehörigkeit wurde mehr ethisch als biologisch aufgefaßt.

So wuchsen Nomadenreiche manchmal lawinenartig an. Starb oder versagte aber der Herrscher oder die Dynastie, so fielen die Reiche und sogar die Völker und Stämme ebenso schnell auseinander. Ihre Teile schlossen sich anderen, stärkeren Machtzentren an oder wurden durch die feindlichen Nachbarn aufgerieben und verschwanden fast spurlos aus der Geschichte. Deshalb ist es so schwer, das Schicksal einzelner Volksgruppen in der Steppenwelt zu verfolgen.

Zum Wesen der reiternomadischen Gesellschaft gehörten also scheinbar recht widersprechende Eigenschaften: neben erstaunlichen organisatorischen, politischen und strategischen Fähigkeiten standen die Aufgeschlossenheit gegenüber fremden Menschen und Kulturen und das gefährlich geringe Beharrungsvermögen der höheren Organisationsformen. So erklärt sich auch das Schicksal der Reiternomaden, die mit ihrer überlegenen Kriegskunst an Zahl viel stärkere, Ackerbau treibende Völker unterwarfen und sich in ihrem Land niederließen. Die dünne Herrenschicht der Eroberer gab den Unterworfenen zwar eine neue, straffere Organisation, sie selbst ging jedoch durch die Gewohnheit der Exogamie bald in der Masse der Untertanen auf.

So war das typische Steppenleben und Reiternomadenschicksal. Innerhalb der wirtschaftlich bedingten Einheitlichkeit gab es freilich manche Schattierungen, die klimatische und landschaftliche Unterschiede sowie fremde Kultureinflüsse und innere Entwicklung hervorgebracht haben.

Die Ausbildung der Altungarn, die die wohl informierten Byzantiner als typische Reiternomaden beschrieben und „Türken" zu nennen pflegten, vollzog sich in der osteuropäischen Ebene zwischen der mittleren Wolga und der Unterlauf der Donau, wo die aufeinanderfolgenden Wellen der ost-westlichen Völkerwanderung verebbten oder zusammenbrachen. Auf den Vorgang werfen die Sprachwissenschaft und die Sagenforschung einiges Licht.

Die Entlehnungen aus türkischen Dialekten und der Sprache der iranischen Alanen weisen auf einen starken und vielseitigen Kultureinfluß hin. Die Altungarn werden z. B. Getreidebau und Schweinezucht von Bauern türkischer Zunge übernommen haben; aus dem Alanischen stammt u. a. das soziologisch wichtige Wort „asszony" d. h. Frau, das ursprünglich Herrin, Herrscherin, dann auch Göttin bedeutete. Die historische Sage aber berichtet über den Raub der Schwiegertöchter von Belar (Bular = Bulgar). Unter ihnen befanden sich die beiden Töchter des Alanenkönigs Dula, die die Brüder Hunor und Magor, Ahnen der Hunnen und Ungarn, heirateten. Der geschichtliche Kern ist wohl eine exogame Verbindung mit einem bulgaro-türkischen Volk und den Alanen. Unter den Bulgarotürken aber spielten die Onoguren eine führende Rolle. Mit ihrem Namen, der „zehn Pfeile", d. h. Stämme bedeutet, wird das Ungartum durch die Nachbarvölker und das ganze Abendland heute noch bezeichnet. Denn Ungar, Hungarus, Hongrois usw. gehen alle auf „Onogur" zurück. Die Benennung gelangte spätestens im frühen 9. Jahrhundert durch slawische Vermittlung nach Westen sowie in die byzantinische Volkssprache und ist zugleich ein Beweis der frühen Begegnung zwischen Ungarn und Ostslawen. Entweder waren die Ungarn selber Onoguren, d. h. gehörten sie mit anderen Völkerschaften dem Onogurenreich an, das zeitweilig die ukrainische Steppe beherrschte, oder aber haben die Slawen den Namen auf sie als Bewohner eines früher onogurischen Gebietes übertragen.

Für die zweite Möglichkeit spricht der besser bekannte politische und geographische Hintergrund der Bezeichnung der Ungarn als „Türken" in den byzantinischen und orientalischen Quellen vom 9. Jahrhundert an. Der Volksname kam als Bezeichnung der im 6. Jahrhundert aus Innerasien vorgedrungenen Türken (auch Köktürken genannt) auf. Diese haben vor 576 auch die Onoguren unterworfen. Türken hießen aber auch die Chazaren, deren Staat aus dem westlichen Teil des riesengroßen Türkreiches hervorging und nach der Mitte des 7. Jahrhunderts als Großmacht an die Stelle des zerfallenen Onogurenreiches trat. Wahrscheinlich wurden die Vorfahren der Ungarn schon durch den ersten Vorstoß der innerasiatischen Türken erfaßt, sicher gehörten sie längere Zeit, vielleicht mehrere Jahrhunderte hindurch, dem Machtbereich der Chazaren an.

Im allgemeinen stellte die westtürkisch-chazarische Nomadenkultur eine Spätstufe dar. Die Chazaren selbst, deren Kerngebiet in Ciskaukasien und am Unterlauf der Wolga lag, sind im 8.–9. Jahrhundert größtenteils zum Handel und Ackerbau übergegangen. Sie besaßen mehrere Städte und eine stark islamisch beeinflußte hohe Kultur. Ähnlicher Lebensformwechsel war im Gange an den Randgebieten ihres Reiches, bei den Türken und Alanen der ukrainischen Waldsteppe und den Wolga-Bulgaren. Auch die Altungarn haben den gleichen Weg eingeschlagen. Politische Umwälzungen, neue Vorstöße aus dem Osten störten aber immer wieder die friedliche Entwicklung und ließen die Ungarn in der offenen Landschaft der südrussischen Steppe nicht zur Ruhe kommen. So sind sie ein halbnomadisches Kriegervolk geblieben, zu einem zweiten vollständigen Kulturwechsel schon gewissermaßen vorbereitet, doch schlagfertig genug, um sich eine neue Heimat zu erobern.

Für das weitere Schicksal der Ungarn wurde entscheidend, daß der lose Stammesverband von den Chazaren eine straffere Organisation erhielt. Die neue Ordnung sollte wohl zur Sicherung der chazarischen Interessen dienen. Laut des Berichtes des byzantinischen Kaisers Konstantin VII. wurde der erste gemeinsame Führer des Stammesverbandes „nach chazarischem

Brauch und Gesetz" auf den Schild erhoben. Diese Zeremonie hatten die Chazaren von den Byzantinern übernommen. Echte Reiternomadenart war aber, wie die Stammesfürsten die Einheit des Volkes mit einem „Blutsvertrag" besiegelten.

Die Rechnung des Chazarenkagans ging nicht auf. Der nunmehr einheitlich geführte altungarische Stammesverband im Nordwesten des Reiches benutzte die allmähliche Schwächung der Zentralgewalt oder — was noch wahrscheinlicher ist — eine akute innere Krise des Reiches, die Unabhängigkeit zu erringen. Diese innere Krise mag der Aufstand gewesen sein, dessen Teilnehmer, wie Kaiser Konstantin berichtet, zu den Ungarn flüchteten und als die drei Kawaren—Stämme in den altungarischen Stammesverband aufgenommen wurden. So entstand um 830 durch Sezession der nordwestlichen Gebiete des Chazarenreiches die erste politische Formation der Ungarn, die — freilich nur im Sinne des Reiternomadentums — als Staat bezeichnet werden kann. Sie setzte die Machtpolitik ihres Vorgängers fort. Für die Slawen des ehemals chazarischen Machtbereiches änderte sich zunächst nichts. Moslemische Kaufleute berichteten über die Ungarn: „Sie herrschen über die Slawen, belasten sie mit schweren Naturalabgaben und behandeln sie als Gefangene."[1] Am Anfang der sechziger Jahre begannen streifende Ungarnscharen weit nach Westen vorzudringen und als „bis dahin unbekannte Feinde" (Hincmar von Reims) auch die Grenzen des Ostfränkischen Reiches heimzusuchen.

Nach mohammedanischen Reiseberichten erstreckte sich das Gebiet der Altungarn zu dieser Zeit zwischen der Donau, dem Don, dem Schwarzen Meer und den Slawen. Das riesige Land war vielmehr der Machtbereich, nicht aber das ständig besetzte Siedlungsgebiet der ungarischen Stämme und der angeschlosse-

---

[1] Der arabische Geograph Ibn Rustah und der persische Geschichtsschreiber Gardizi nach einem um 920 entstandenen Werk des Samanidenministers Dschaihani, das die Zustände um 870 schilderte. Englische Übersetzung der Texte: C. A. Macartney, The Magyars in the Ninth Century, Cambridge 1930, S. 208.

nen Völkerschaften. In der Tat lebten sie hier mit Türken verschiedener Art, mit Alanen und im Norden auch mit Slawen zusammen. Aber selbst das „Herrschervolk" war alles andere als homogen. Die zahlreichste und stärkste Gruppe sprach ungarisch, sonst hätte seine ugrische Sprache nicht obsiegen können und der Name „Magyar" wäre nicht als Selbstbezeichnung auf die ganze Gemeinschaft übergegangen. Das ist um so bemerkenswerter, als im Verband nur zwei Stämme, Megyeri und Nyék, Namen zweifellos ugrischer Herkunft trugen. Die von Kaiser Konstantin VII. überlieferten Namen der übrigen fünf Stämme sind meist türkisch. Die früheste Schicht der ungarischen Ortsnamen im Donauraum läßt auf ein wahres Völkergemisch schließen. Man trifft dort beinahe sämtliche ethnische Gruppen des einstigen riesengroßen Vielvölkerreiches der Chazaren wieder, auch die bulgaro-türkischen Stämme von der mittleren Wolga und die Russen fehlen nicht. Das gilt freilich nur für die Herkunft der Gruppen, nicht aber für ihre Sprache in der Zeit ihrer Niederlassung im Karpatenraum. Nur von den wohl am spätesten angeschlossenen Kawaren wissen wir, daß sie um die Mitte des 10. Jahrhunderts noch zweisprachig waren.

Das anthropologische und archäologische Material spricht dafür, daß beträchtliches fremdes Ethnikum hauptsächlich in der Waldsteppe westlich des Donez in die niederen Schichten der altungarischen Volksgemeinschaft aufgenommen wurde. Die anthropologische Forschung ergab aber auch das völlige Fehlen der eigentlichen Mongoliden. Dadurch erweist sich als unhaltbar die auch in anspruchsvollen Fachpublikationen häufige Behauptung, die Altungarn seien „ein mongolisches Volk" gewesen. Vielmehr wird bestätigt, daß das ungarische Volksindividuum eigentlich im Schmelztiegel der südrussischen Steppe entstand. Eine besondere Bedeutung kam dabei der aus Innerasien stammenden Oberschicht der Türken oder Chazaren zu. Sie werden den Ungarn typische Ausrüstungsgegenstände wie Sattel und leicht gekrümmten Reitersäbel gebracht und ihre straffe militärische Ordnung, überlegene Taktik und politische Dynamik eingeimpft haben. Auch manche Elemente altungarischer Kultur, religiöse Vorstellungen, Motive der Schmuckkunst und Musik sowie die bei den Siebenbürger Széklern bis in die Neuzeit hinein gebrauchte Runenschrift weisen nach dem fernen Mittelasien.

Die Stämme heterogener Herkunft hielt die Anerkennung des Hauptfürsten und der ganzen nach chazarischer Art eingerichteten Hierarchie der Würdenträger zusammen. Arabische Quellen bezeugen die Übernahme des chazarischen sakralen Königtums. Der Oberherr des Stammesverbandes war der mit Tabuvorschriften umgebene „Kündü", die tatsächliche Herrschergewalt hatte der „Gyula". Das System, das nicht vollständig ausgebildet gewesen zu sein scheint, ist nach der Landnahme nicht mehr nachweisbar. Die spätere ungarische Überlieferung hielt jedenfalls Álmos und seinen Sohn, den nach chazarischer Art auf den Schild erhobenen Árpád, für die vom Himmel erwählten ersten Führer des Volkes.

III. LANDNAHME

Die verbindende und treibende Kraft des Fürstentums machte die ungarische Gemeinschaft fähig, nach einer verhängnisvollen Niederlage den entscheidenden Schritt über die Karpaten zu tun. Ihr Lebensraum, die weite, offene Landschaft zwischen dem Don und der Donau, war vor anderen Reiternomaden kaum zu schützen. Der Blick der Führer richtete sich immer häufiger auf das mittlere Donaubecken, wohin ungarische Heerscharen seit 862 als Verbündete zuerst der Mähren, dann des Ostfränkischen Reiches, mehrmals eindrangen. Diese letzte Insel der eurasischen Steppenzone, hinter dem Schutzwall der Karpaten, erschien jedem Reiternomadenvolk, das an der südrussischen Steppe keine Ruhe finden konnte, als „das gelobte Land".

Den entscheidenden Anstoß zur Eroberung des Karpatenraumes gaben die verhängnisvollen Folgen der Kriegshilfe, welche die Ungarn den Byzantinern gegen die Bulgaren leisteten. Dem arg bedrängten Bulgarenfürsten Simeon, den das von Árpáds Sohn Liünti (Levente) geführte Ungarnheer mehrmals besiegt hatte, gelang es schließlich nicht nur mit den Byzantinern Waffenstillstand zu schließen und mit dem Aufgebot aller seiner Kräfte Liünti zu schlagen, sondern auch die von Osten her durch die Uzen bedrängten Petschenegen gegen die Ungarn zu hetzen. Diese überfielen die größtenteils wehrlosen Siedlungen und verwüsteten sie. Dem geschlagenen Heer und dem dezimierten, geplünderten Volk blieb nichts anderes übrig, als sich über die Karpaten in das einstige Land der Hunnen und Awaren zu retten. Im Herbst des Jahres 895 begannen sie von Nordosten her über den Verecke-Paß, von Osten und Südosten her durch die Siebenbürger Karpaten und die Donau entlang in ihre künftige Heimat einzuströmen.

Das Donaubecken war in dieser Zeit weder herrenlos noch

menschenleer. Die große Ebene östlich der Donau und Siebenbürgen waren dem Bulgarenfürsten untertan, im Westen und Südwesten geboten das Ostfränkische Reich und Großmähren[1a], die einander mit wechselndem Glück erbittert bekämpften. Keine der drei Mächte ist jedoch imstande gewesen, ihr Gebiet systematisch mit eigenem Volkstum zu durchdringen und vor jedem äußeren Angriff erfolgreich zu schützen, geschweige den ganzen Karpatenraum allein zu beherrschen. Für Deutsche und Bulgaren lag das Gebiet nur am Rande ihres eigentlichen Machtbereiches, der Zerfall des sog. „Großmährischen Reiches" hatte schon 894, nach dem Tode des Fürsten Swatopluk I., begonnen. Die durch zahlreiche Kriege stark gelichtete einheimische Bevölkerung aber war von heterogener Herkunft und unfähig, umfassende politische Organisationsformen hervorzubringen. Das mittelalterliche Ortsnamenmaterial Ungarns läßt diese vorungarische Schicht freilich ebenso erkennen, wie das Romanische und Slawische auf dem deutschen Sprachgebiet mancherorts heute noch durchschimmert. Dieses Substrat ist jedoch überall, wo es erscheint, meist slawisch. Unmittelbar aus dem Deutschen übernommene Ortsnamen sind nur an der westlichen Sprach- und Landesgrenze zu finden. Die bayerischen Einwanderer, die eine zuverlässige Quelle des 9. Jahrhundert ausdrücklich erwähnt, bildeten nur eine Oberschicht, die sich vor den Ungarn wieder zurückzog. Die awarische Bevölkerung, die den Zusammenbruch des Reiches überlebt hatte, war am Ende des 9. Jahrhunderts schon teilweise slawisiert. Die im 6. Jahrhundert einsetzende slawische Einwanderung erreichte aber ihren Höhepunkt eben im 9. Jahrhundert und ergab ein buntes Gemisch von verschiedenen Idiomen. Die einzelnen Sprachen wiesen allerdings nur geringe dialektische Unterschiede auf. Sicher ist, daß diese slawisch sprechende Bevölkerung den landnehmenden Ungarn auch zahlenmäßig weit unterlegen war. Sonst hätte die ungarische

[1a] Zur Lage und Ausdehnung Großmährens s. I. Boba, Moravia's History Reconsidered, The Hague 1971.

Sprache die Mischung mit den Einheimischen ebensowenig überleben können, wie das Protobulgarische in der bulgaro-slawischen Sprache untergegangen war.

Jedenfalls fanden die hereinziehenden Ungarn im Donaubecken ein politisches Vakuum, dessen Eroberung ihnen keine allzugroßen Schwierigkeiten bereitete. Die Einzelheiten der Besetzung des Landes, die etwa ein Jahrzehnt in Anspruch genommen haben mag, sind nicht bekannt. Keine der in diesem Raum anwesenden Mächte hat die drohende Gefahr erkannt. Noch weniger waren sie imstande, ernsten Widerstand zu leisten. Die örtliche Führerschicht wurde vernichtet oder verjagt, ihre Burgwälle verödeten, das Bauernvolk der Umgebung aber blieb. Wie schon früher in Südrußland, fand auch hier die extensive Viehzucht der Reiterhirten ihre natürliche Ergänzung in der Landwirtschaft der unterworfenen Bauern. Die Eroberer brauchten für ihre Herden vor allem und dringend Weideland und bevorzugten die Ebenen, wo slawische Siedlungen überhaupt nicht oder nur spärlich anzutreffen waren. In Siebenbürgen wurden die großen Flußtäler, das innere Becken und die lebenswichtigen Salzgruben besetzt. Nirgends drangen die Ungarn in die für ihre Viehzucht völlig ungeeigneten Buchen- und Nadelholzwälder ein. Auch das ungarische Mittelgebirge, dessen mächtige Diagonale den Donauraum in zwei ungleiche Teile teilt, ließ man größtenteils den dort ansässigen Slawen. Erst in der zweiten Jahrhunderthälfte siedelte sich das ungarische Gemeinvolk, dem die osteuropäischen Formen der Bauernwirtschaft schon längst bekannt waren, massenweise unter den Slawen an und begann sie zu assimilieren.

Das damalige Ungarland hatte keine festen und genauen Grenzen. Die machtpolitische Einflußsphäre war, ebenso wie bei den Hunnen und Awaren, erheblich größer als das Siedlungsgebiet. Die Streifen der Aufklärer und Plünderer eilten überhaupt den landnehmenden Massen weit voraus, 898 erschienen sie schon in Oberitalien, und im Jahre 900, nach dem Tode Kaiser Arnulfs, den sie gegen die Mährer unterstützt hatten, begannen sie auch das bayerische Donaugebiet heimzusuchen.

Einstweilen schien das Abendland den Ungarn wehrlos ausgeliefert zu sein. Die Reiternomadentaktik, welche größte Gewandtheit und eiserne Disziplin der einzelnen, tadellose Zusammenarbeit der voneinander getrennt kämpfenden Abteilungen voraussetzte, war der Kampfweise der zahlenmäßig oft viel stärkeren, aber schwerfälligen Aufgebote westlicher Länder meist weit überlegen. 899 schlug eine an der Brenta in die Enge getriebene Truppe von 5000 Reitern den dreimal stärkeren italienischen Heerbann König Berengars I. Die Bayern haben als erste bemerkt, daß die mit Beute beladenen, ermüdet und einzeln nach Hause ziehenden Scharen viel leichter überwältigt werden konnten. Nach dem Zusammenbruch Mährens rafften sie sich auch zu einem großangelegten Gegenangriff auf, um Pannonien den Ungarn wieder zu entreißen. Der Vorstoß fand jedoch am 4. Juli 907 bei Brezalauspurc (wohl „Burg des Brazlaw", heute Zalavár) ein jähes Ende. Markgraf Luitpold, Erzbischof Theotmar von Salzburg, die Bischöfe von Freising und Säben sowie fast der ganze bayerische Adel blieben auf dem Schlachtfeld liegen oder wurden Opfer des erbarmungslosen Verfolgungskampfes.

IV. DIE UNGARNZÜGE

Die Schlacht bei Brezalauspurc hat das Schicksal des durch die Ungarn eroberten Donauraumes endgültig besiegelt. Die sengend und plündernd blitzschnell dahinjagenden Reiterscharen aber wurden für fast ein halbes Jahrhundert der Schrecken nicht nur der Nachbarn, vor allem der deutschen Länder, sondern auch des von Normannen und Sarazenen schon arg heimgesuchten West- und Südeuropas.

Die äußeren und inneren Kräfte, die die verwegenen Reiter bis nach Bremen, Spanien und Otranto trieben und sie schließlich zu einem nicht zu unterschätzenden Faktor in der abendländischen Politik machten, sind ziemlich komplex. Es lassen sich im allgemeinen wirtschaftlich-materielle, politische und psychologisch-ideelle Beweggründe und Ziele feststellen.

Die Bezeichnung „Raubzüge" trifft gewiß zu, doch galt die Beute im Feindesland auch für die Christenheere wie für die Karls des Großen als der verdiente Preis des Siegers[2]. Bei den Reiternomaden aber wie auch bei den anderen „barbarischen" Nachbarn der christlichen Welt, Normannen, Dänen, Slawen, Sarazenen, stand das Beutemachen als ein durchaus normales Mittel des Vermögenserwerbs und der Warenbeschaffung im Dienste der Wirtschaft. Edelmetall war die begehrteste Ware, es wurde zur Befriedigung des persönlichen Repräsentationsbedürfnisses verwendet. Eine kaum geringere Rolle spielte der Menschenfang. Die Gefangenen wurden meist verkauft, manchmal sogar an Ort und Stelle, und die Ungarn verlangten für sie stets die Kostbarkeiten, vor allem Edelmetall, die sie auch

[2] Vgl. J. Deér, Karl der Große und der Untergang des Awarenreiches, in: Karl der Große Bd. I. Düsseldorf 1965, S. 788—91.

sonst mit Waffengewalt zu erobern oder von den Einwohnern zu erpressen suchten.

Für Gold und Silber waren die ungarischen Heerführer jederzeit bereit, sowohl Frieden zu schließen, weite Gebiete zu schonen als auch gegen andere ins Feld zu ziehen. So wurden sie in die endlosen inneren Machtkämpfe der europäischen Staaten hineingezogen. Berengar I. und seine Nachfolger in Italien erkauften nicht nur den Frieden, sondern auch die Waffenhilfe der Ungarn. In Frankreich waren es die Karolinger, die in ihrem Kampf gegen die nach dem Thron trachtenden Robertiner die Ungarn oft auf die Gebiete ihrer Gegner hetzten. Der bayerische Partikularismus aber fand bei den Ungarn nicht nur Rückendeckung, sondern auch aktive Unterstützung.

Sie wurden in die europäische Politik nicht nur eingeschaltet, sondern verfolgten auch eigene Ziele. Im Gegensatz zu den Normannen wollten die Ungarn kein Land erobern. Die wichtigste politische Aufgabe der ersten Streifzüge wird die Sicherung der neuen Heimat durch Einschüchterung der feindlichen Umwelt gewesen sein. Gewissermaßen traten sie aber das Erbe des Awarenreiches an und zogen Böhmen und die Slawen am Oberlauf der Oder in ihre Einflußsphäre hinein. In den dreißiger Jahren des 10. Jahrhunderts haben die Ungarn erreicht, daß ihr Gebiet im Westen und Südwesten, von Sachsen bis Italien, von einem Gürtel tributärer Länder umgeben und zugleich abgeschirmt war. In den vierziger Jahren mußte Byzanz den Frieden und die Ruhe ähnlich erkaufen. Bayern und Norditalien haben den Ungarn, allem Anschein nach, jahrzehntelang auch freien Durchzug gewährt und dadurch die Streifzüge nach Westeuropa sowie Mittel- und Süditalien wesentlich erleichtert. Im Hintergrund der bayerisch-ungarischen Verbindung stand aber auch das Bestreben, in der Nachbarschaft jede gefährliche Machtkonzentration, namentlich die Erstarkung des deutschen Königtums zu verhindern.

Außer diesen rationalen Motiven darf man nicht vergessen, daß der seiner Kriegstüchtigkeit und Überlegenheit bewußte

Reiternomade am Kampfe, am Spiel mit dem Tod, sogar Freude fand. Der byzantinische Kaiser Leon der Weise schrieb am Anfang des 10. Jahrhunderts, die Ungarn legten nur darauf Wert, sich vor ihren Feinden tapfer zu benehmen. Für die Großen des Volkes ging es manchmal um viel mehr. Man hat hinter den großen Streifzügen der letzten achtzehn Jahre vor 955 eine einzige Persönlichkeit, den Horka Bulcsu vermutet. Es ist jedenfalls sicher, daß ihre gewaltigste Triebkraft persönlicher Wille, die Besessenheit der Führer war. Auf ihre Gesinnung aber wirft ein ungarischer Chronist des 13. Jahrhunderts ein bezeichnendes Licht. Er erzählt, daß Bulcsu und Lél, nach der Lechfeldschlacht von 955 gefangengenommen und vor den Kaiser geführt, auf die Frage, warum sie den Christen gegenüber so unbarmherzig seien, stolz erklärten: „Wir sind die Rache Gottes, von ihm über Euch zur Geißel erkoren; und durch Euch werden uns Haft und Tod zuteil, wenn wir aufhören, Euch zu verfolgen."[3] Fast dieselben Worte über seinen göttlichen Auftrag, die Menschen zu bestrafen, sprach Dschingis Khan in der eroberten Bokhara. Sie sind keine leere Phrase, sondern der echte Ausdruck des Sendungsbewußtseins der kriegführenden Reiternomadenführer gewesen.

Die Ungarngefahr konnte mit Geld und Diplomatie höchstens zeitweise gebannt oder abgelenkt, nicht aber beseitigt werden. Um sich verteidigen zu können, griffen die italienischen Gemeinden zur Selbsthilfe und so gaben „die Ungarn nicht mit Willen, aber durch ihr Auftreten, einen lebhaften, auch stark in die Breite wirkenden Anstoß, ... die Entwicklung der oberitalischen Stadt im mittelalterlichen Sinne einzuleiten"[4]. Die Hauptlast der Bekämpfung der Ungarnnot trugen aber die Deutschen. Das einzig wirksame militärische Gegenmittel fand

[3] Th. v. Bogyay, Lechfeld — Ende und Anfang, München 1955, S. 48.
[4] H. Büttner, Die Ungarn, das Reich und Europa bis zur Lechfeldschlacht des Jahres 955, in: Zeitschrift für bayerische Landesgeschichte 19, 1956, S. 439.

König Heinrich I. in seiner Burgenbauordnung und der Aufstellung eines diszipliniert, geschlossen kämpfenden, schwerbewaffneten Reiterheeres, das sich 933 zu Riade, dann auch 955 auf dem Lechfeld glänzend bewährte. Dadurch stellte sich das Königshaus an die Spitze der Einzelhandlungen und begann das Reich wiederherzustellen. Das Kaisertum Ottos I. wurde eine selbstverständliche Folge der Lechfeldschlacht, die ihm bei den Deutschen auch den Beinamen „der Große" eingetragen hat.

Bei den Ungarn aber ließen die der alten Reiternomadentaktik und Strategie eigene Disziplin und kluge Vorsicht in der zweiten und noch mehr in der dritten Generation nach der Landnahme merklich nach. In der gleichen Richtung wandelte sich allmählich auch das innere Gefüge des Nomadenstaates. Kaiser Leon der Weise zählte am Anfang des 10. Jahrhunderts die Ungarn noch zu den Völkern, die „unter einem Haupt" stehen und — wohl gerade deshalb — über eine starke und gefährliche militärische Organisation verfügen. Am Vorabend der Lechfeldschlacht berichtet Kaiser Konstantin VII., daß die Stämme nur für den Kriegsfall, wenn einer von ihnen angegriffen wird, ein Bündnis haben. Neben dem Großfürsten aus dem Geschlecht Árpáds und auf Kosten der Zentralgewalt bauten sich die beiden Richter des Verbandes, die Gyula im Osten und die Horka im Westen, ihre Territorialmacht auf. Sie sprengten den Rahmen ihres eigenen Stammes und begannen durch ihr Streben nach Selbständigkeit auch die Einheit des Ungarlandes zu gefährden. Wie die Bemühungen der byzantinischen Diplomatie um die Verpflichtung der beiden, dem Großfürsten eigentlich untergeordneten Würdenträger beweisen, waren es um die Jahrhundertmitte schon der namentlich nicht bekannte Gyula und der Horka Bulcsu, die ungarische Politik machten.

Nach der Lechfeldschlacht endete Bulcsu am Galgen von Regensburg. Mit ihm verschwand eine Führerpersönlichkeit, die der Dynastie Árpáds den Weg zur Wiederherstellung der Monarchie hätte sperren können. Ebenso entscheidend waren die psychologischen Auswirkungen der katastrophalen Niederlage. Die schreckliche Erfahrung muß den Glauben an die von Bulcsu und Lél vertretene Lebensordnung gründlich erschüttert haben. Da der primitive Mensch jede Überlegenheit durch bessere Beziehungen zum Göttlichen erklären will, drängte die Lechfeldschlacht zur Einsicht, daß der Glaube des Gegners doch der stärkere und bessere war.

Das Byzantinische Reich mußte zwischen 955 und 970 noch mehrere Ungarneinfälle erleben. Die große Zeit der Streifzüge war jedoch schon vorbei. Die Bilanz des Kampfes, den für das Abendland fast ausschließlich die Deutschen ausgefochten haben, ergibt also, daß beide Völker dem blutigen Ringen gerade das verdanken, wogegen sie mit allen ihren Kräften kämpften. Die Ungarn suchten stets die Königsmacht zu schwächen und waren immer bereit, partikularistische Bestrebungen zu unterstützen. Ergebnis: das Kaisertum Ottos des Großen. Unbarmherzig würgten die Deutschen die Ungarn, wo sie nur konnten. Ihr größter Sieg hatte zur Folge, daß die politische Organisationsfähigkeit der Reiternomaden wieder als positive und konstruktive Kraft zur Geltung kommen konnte. Außerdem wurde in den Seelen der Weg frei für den Glauben des Siegers, das abendländische Christentum, und für die mit ihm verbundene Lebensform.

V. GRUNDLEGUNG DER MONARCHIE
DER ÁRPÁDEN

Nach der Lechfeldschlacht stellten sich die erschrockenen Ungarn gegen Westen auf Verteidigung um. Sie begannen ein eigenartiges Grenzwachensystem, ein Ödland mit natürlichen Hindernissen und Grenzwächtersiedlungen an den passierbaren Stellen, anzulegen. Die vorgelagerten und mit eigenem Volkstum nicht einmal vorübergehend besiedelten Gebiete wurden wohl kampflos aufgegeben.

Kurz vor 970 haben die Russen das Chazarenreich vernichtet und die Verbindung der Ungarn mit der östlichen Steppenwelt, man könnte sagen: die Nabelschnur der altungarischen Kultur, zerrissen. Die Nachbarländer nahmen, eines nach dem anderen, das Christentum an. Die endgültige Anpassung an die ostmitteleuropäische Umwelt wurde eine Lebensfrage für das ganze Volk, dessen Führung eben um diese Zeit Großfürst Géza, ein Urenkel Árpáds, übernahm. Fünfzehn Jahre nach der katastrophalen Niederlage Bulcsus zog er aus der Lechfeldschlacht die letzten, unvermeidbaren Konsequenzen und entschloß sich, seine Untertanen durch Errichtung eines modernen europäischen Staates vor dem Schicksal der Awaren zu retten. Das bedeutete zunächst die Annahme des Christentums.

Als Führer eines Staatsgebildes östlicher Prägung, das sich im Donauraum mit Gewalt zwischen die beiden, miteinander rivalisierenden Reiche geschoben hatte, stand Géza vor einer nicht einfachen Wahl. Von Südosten her lockte Byzanz, dessen Kirche um 952 mit dem in der Kaiserstadt getauften Gyula den Missionsbischof Hierotheos nach Ungarn geschickt hatte. Die Tochter des Gyula, Saroltu (der Name ist bezeichnenderweise türkisch und bedeutet „das weiße Wiesel"), aber wurde die Frau Gézas. Die erste uns bekannte und recht kurze westliche Mission in Ungarn war die Brunos von St. Gallen und des hl. Wolfgang um 972. Von einem politischen Druck oder einer Bedrohung von seiten des ottonischen Kaisertums in den Jahrzehnten nach der Lechfeldschlacht wissen die Quellen nichts.

Doch schickte Großfürst Géza 973 seine Gesandtschaft nicht nach Konstantinopel, sondern nach Quedlinburg, zum Sieger von 955, und öffnete sein Land auch der vom Kaiser unterstützten Mission des Passauer Bischofs Piligrim. Seine Beweggründe kann man nur vermuten, einer der wichtigsten wird aber die immer noch anhaltende psychologische Auswirkung der Niederlage auf dem Lechfeld gewesen sein. Wie Thietmar von Merseburg berichtet, hielt er sich für reich und mächtig genug, um mehreren Göttern zu opfern. Das Hauptmotiv seiner Bekehrung war also noch kein persönlicher Glauben, sondern vielmehr die Einsicht, daß er, als der von Gott bestimmte Herrscher seines Volkes, seine Aufgabe nur auf diese Weise erfüllen kann. Das zwiespältige religiöse Verhalten des Großfürsten war damals keine Seltenheit in Osteuropa.

An der Westorientierung seiner Politik hielt Géza immer fest. Er nahm deutsche Ritter in sein Gefolge auf, und die Vermählung seines Sohnes Waic-Stephan, der — wie er selbst — auf den Namen des Passauer Bistumspatrons Stephan getauft worden war, mag der Sterbende als die Krönung seiner Politik betrachtet haben. Denn der junge Stephan erhielt Gisela, Schwester des jungen Bayernherzogs und späteren Kaisers Heinrich II., zur Frau. Gegenüber der deutschen Reichskirche zeigte jedoch Géza eine bezeichnende Zurückhaltung. Als der Bayernherzog Heinrich der Zänker nach 974 seinem Vetter Otto II. den Thron streitig machte, mußte die Mission des kaisertreuen Piligrims abgebrochen werden. In den achtziger Jahren übernahmen Adalbert von Prag und sein Kreis die Fortsetzung der Mission. Hinter diesen selbstlosen, oft sogar weltfremden und von dem neuen asketischen Reformgeist erfüllten Idealisten konnte niemand die Rechtsansprüche mächtiger Kirchenfürsten vermuten. So gewannen sie das vorbehaltlose Vertrauen des auf seine Macht stolzen Großfürsten und zogen seinen Sohn völlig in ihren Bann.

Die größte und entscheidende Leistung Gézas bestand aber im Aufbau einer bis dahin unbekannten starken Zentralgewalt. Mit Bulcsus Ende war die Macht der Horka im Westen ein für allemal dahingeschwunden. Mit dem Gyula im Osten fand Géza einen Ausgleich, indem er seine Tochter heiratete. Die alte Stammesorganisation hatte sich aufgelöst. Die festeste und Jahrhunderte hindurch noch wirksame gesellschaftliche Formation war die Sippe. Eine Anzahl reicher Sippen, Nachkommen der Kriegeraristokratie der Landnahmezeit, scheint praktisch den größten Teil des Landes beherrscht zu haben. Sie bildeten jedoch keine einheitlich organisierte politische Kraft, die es mit der gegen sie planmäßig vorgehenden und auf das heidnische Gottesgnadentum der Árpáden pochenden Zentralgewalt hätte aufnehmen können. Géza gelang es in der Tat, ihnen durch großangelegte Enteignungen das meiste Land und damit auch die Macht zu entreißen. Die Sitze der Sippenhäupter nahmen seine Vertrauensleute in Besitz, und die Organisierung der Siedlungs- und Herrschaftsbereiche der entmachteten Sippen als politische Territorien hat begonnen. Daß es mit widerspenstigen Sippen und Territorialherren, darunter auch mit den eigenen Verwandten, oft zu kriegerischen Auseinandersetzungen kam und Géza „seine Hände mit Blut befleckte"[5], ist sowohl aus der einheimischen Überlieferung als auch aus Thietmar von Merseburgs Bericht klar ersichtlich.

Um eine echte Monarchie zu errichten und die Herrschaft seiner Familie zu sichern, designierte er seinen Sohn Stephan als Thronfolger, und möglicherweise setzte er ihn auch als „Zweitfürsten" im Sinne des orientalischen Doppelkönigtums ein. In der Reiternomadengesellschaft galt jedoch das ganze Fürstengeschlecht als herrschaftsfähig, und es gab keine feste Regelung der Thronfolge. So wurde die Auseinandersetzung mit der nächsten Verwandtschaft unvermeidbar.

[5] Worte der Legenda maior S. Stephani Regis. Scriptores rerum hungaricarum Bd. II. Budapest 1938, S. 379.

VI. DAS CHRISTLICHE KÖNIGREICH

Kaum hatte der Tod Géza die Augen geschlossen, lehnte sich Koppány, der Fürst von Somogy, dem Gebiet südlich des Plattensees, auch ein Nachkomme Árpáds, sofort gegen Stephan auf. Er wollte Gézas Witwe, Saroltu, heiraten, um seinen Anspruch auf das Fürstentum auch durch das bei den Reiternomaden übliche Levirat (Schwägerehe) zu begründen. Vor Veszprém aber, der späteren Stadt der Königinnen, wo vermutlich auch schon Saroltu ihren Sitz hatte, trat ihm das von deutschen Rittern befehligte Heer Stephans entgegen, und Koppány verlor die Schlacht und das Leben. Sein Leichnam wurde nach altem bulgaro-türkischem Brauch geviertelt und an die Tore von Veszprém, Györ (Raab) und Székesfehérvár (Stuhlweißenburg) genagelt. Den vierten Teil schickte Stephan nach Gyulafehérvár (Weißenburg in Siebenbürgen) an seinen ebenfalls widerspenstigen Onkel Gyula. Die fürchterliche Mahnung scheint ihre Wirkung nicht verfehlt zu haben. Der letzte Gyula unterwarf sich und überließ Stephan sein Land. Bald darauf vernichtete Stephans Neffe und Heerführer, Csanád, die Herrschaft des Fürsten der sog. „schwarzen Ungarn", Ajtony, im Maros-Gebiet.

Mit dem Sturz Ajtonys verschwand die letzte bedeutende, der Zentralgewalt trotzende Territorialmacht. Doch war der Feldzug keine rein innere Angelegenheit mehr. Er fügte sich in den Rahmen der Politik ein, womit Stephan sein Land und die innere Organisationsarbeit von äußeren Störungen zu sichern suchte. Denn Ajtony hatte sich sowohl politisch als auch kirchlich eng an das Bulgarenreich angelehnt, das sich somit als gemeinsamer Feind der Ungarn und Byzantiner erwies. Durch die Waffenhilfe, die Stephan Kaiser Basileios II., dem „Bulgarentöter", 1014—1018 leistete, half er nicht nur eine Gefahrenquelle an der Südgrenze seines Landes zu beseitigen, sondern sicherte sich zugleich das Wohlwollen des neuen, noch mächtigeren Nachbars.

Mit dem westlichen Kaisertum war Stephan durch nahe Verwandtschaft ohnehin eng verbunden. Gerade diese Verbindung beschwor im Nordwesten die polnische Gefahr herauf. Boleslaw der Tapfere, den Heinrich II. nie zu bezwingen vermochte, hielt jahrelang auch das Mähren angrenzende Waagtal besetzt. Spätestens 1018 hat Stephan das Gebiet zurückerobert und damit die ungarische Herrschaft über den ganzen Karpatenraum wiederhergestellt.

Es ist bezeichnend, daß Stephan in den folgenden zwanzig Jahren seiner Regierungszeit nur eine einzige ernste kriegerische Auseinandersetzung hatte, und zwar mit dem ersten Salier, Konrad II., der Stephan als Usurpator alten Reichsgebietes betrachtete, 1030 Ungarn angriff, jedoch eine schwere Niederlage erlitt. Die Selbsteinschränkung und Friedfertigkeit Stephans, die zu den Expansionsbestrebungen seiner angriffslustigen slawischen Nachbarn in merkwürdigem Gegensatz steht, war nur zum Teil durch die realpolitische Erwägung bedingt, daß er zum Aufbau der neuen, christlichen Ordnung Ruhe und Kraft brauchte. Sein Verhalten entsprang auch einer echten, tief religiösen Gesinnung.

Denn Stephan war, im Gegensatz zu seinem Vater, schon ein Christ aus Überzeugung, ein Herrscher, erfüllt von tiefst christlichem Verantwortungsbewußtsein. Gewiß ging sein heißer Wunsch in Erfüllung, als er — höchstwahrscheinlich am ersten Tage des Jahres 1001 — zum König gekrönt wurde. Die Umstände und die internationalen Zusammenhänge der Entstehung des Königtums gehören zu den am meisten umstrittenen Problemen der ungarischen Geschichte[6]. Der Bericht des deutschen Thietmar von Merseburg ist die einzige wirklich zeitgenössische Quelle. Er besagt nur, der Schwager des Bayern-

[6] Den gegenwärtigen Stand der Forschung s. bei J. Deér, Die heilige Krone Ungarns, Wien 1966, S. 195—201.

herzogs Heinrich, der in seinem Reiche Bistümer errichtete, erhielt durch die Gunst und auf Drängen des Kaisers die Krone und den Segen. Inhalt und Bedeutung des Aktes werden erst aus den Folgen ersichtlich. Im Gegensatz zu Böhmen, Mähren und Polen blieb das zuletzt bekehrte Ungarn bei Anerkennung der ideellen Oberhoheit des Kaisers faktisch unabhängig. Das Imperium Ottos III. war ja kein politisches Machtgebilde, sondern eine universale christliche Staatenhierarchie, die der junge Kaiser mit Papst Silvester II. dem Byzantinischen Reich „als ein besseres römisches Reich entgegenzusetzen suchte"[7]. Die ideelle Subordination und faktische Unabhängigkeit des ungarischen Königreiches entsprachen dieser einmaligen Konzeption, die freilich als Grundlage praktischer Reichsführung versagen mußte. König Stephans Schwager, Kaiser Heinrich II., gab sie auch vollständig auf. Erst die Salier versuchten aber, Ungarn lehnsrechtlich in ihr Reich einzugliedern, doch konnten sie nur vorübergehende Erfolge erzielen.

Stephan, der König von Gottes Gnaden, setzte die von seinem Vater begonnene Arbeit fort, Ungarn zu einem abendländisch-christlichen Staat umzugestalten. Er dachte und handelte als „Vicarius Christi" und als „Rex et Sacerdos", dem die religiöse Umerziehung des Volkes als die eigentliche Aufgabe galt. Die lateinische Terminologie der Gesetze und des Verwaltungsapparates, die Münzprägung und das Urkundenwesen zeugen davon, wieweit dabei das westliche Kaiserreich, hauptsächlich das Land seines Schwagers, Bayern, als Vorbild dienten.

Der christliche Staat konnte jedoch in Ungarn nur mit wesentlichen Unterschieden verwirklicht werden. Manche Züge, die auch aus der abendländischen Entwicklung bekannt sind, haben hier grundverschiedene Wurzeln gehabt.

Vor allem fällt der autokratische Charakter auf, den das Abendland auf einer viel früheren Entwicklungsstufe kannte.

[7] W. Ohnsorge, Das Zweikaiserproblem im frühen Mittelalter, Hildesheim 1947, S. 71.

Diese Autokratie stützte sich nicht nur auf das christliche, sondern vielmehr auf das östliche, geblütsrechtliche Gottesgnadentum. Die praktische Folge war ein Regierungssystem, das „erstens auf die starke Zentralisierung der Lokalverwaltung und der Gerichtsbarkeit, zweitens auf die unbedingte Kirchenhoheit, drittens auf die schier unermeßlichen Kraftquellen des königlichen Grundbesitzes gegründet"[8] war. So konnte Stephan über Land und Volk als über ein ererbtes Familiengut regieren. Er setzte die Würdenträger nach Gutdünken ein und ab, das Vertrauen des Herrschers konnte selbst einem Mann von niedrigster Herkunft, als Vertreter des königlichen Willens, Macht über den höchsten Geburtsadel geben. Das System der Absetzbarkeit der königlichen Beamten blieb das ganze Mittelalter hindurch in Geltung.

Der autokratische Charakter des frühen ungarischen Königtums erklärt auch, warum das westliche Lehenswesen in Ungarn zunächst keinen Eingang fand und auch später nie wirklich heimisch werden konnte. Der Kriegsdienst war eine unbedingte Pflicht, und im ungarischen Kernland kannte man königliche Schenkungen bis zur Mitte des 13. Jahrhunderts nur als nachträgliche Belohnung, frei von jeder bestimmten Dienstleistung. Nicht die feudale Hierarchie, sondern das unmittelbare, persönliche Verhältnis zum König ist zum neuen Ordnungsprinzip in der Gesellschaft des christlichen Ungarnstaates geworden. Das bedeutete jedoch keineswegs die rücksichtslose Zerschlagung des alten sozialen Gefüges.

Die alte und im ganzen Europa allgemeingültige Gliederung in Freie und Unfreie blieb selbstverständlich erhalten. Die Geburtsaristokratie bewahrte ihre soziale, wirtschaftliche und — gegenüber den fremden Donationsbesitzern — erbrechtliche Vorrangstellung. Die Mitglieder des „Senat" genannten königlichen Rates, Prälate, Hofwürdenträger, Gespane der Komitate, verdankten jedoch ihr Amt und Würde allein dem Vertrauen des

[8] J. Deér, Der Weg zur Goldenen Bulle Andreas' II. von 1222, in: Schweizer Beiträge zur Allgemeinen Geschichte 10, 1952, S. 116.

Königs und hatten nur beratende Stimme. Der König verkündete die Gesetze und Entscheidungen als seinen persönlichen Willen. Die Zustimmung des Rates, worauf er sich öfters berief, hatte nur die Gerechtigkeit der Beschlüsse und Verordnungen zu bezeugen.

Unter solchen Umständen erfuhren die deutschen Vorbilder und Anregungen in der ungarischen Praxis wesentliche Änderungen. Das Komitatssystem, das heute noch die Grundlage der staatlichen Lokalverwaltung bildet, wurde kein „Abklatsch der deutschen Grafschaftsverfassung"[9]. Seine Grundlage bildete die Sippenorganisation, die — wie bereits erwähnt — die Auflösung der Stämme überlebt hatte. Die Machtbereiche der großen Sippen ergaben die Territorien der Komitate, und die vom König eingesetzten Gespane, comites, übernahmen auch manche öffentlichen Funktionen der entmachteten Sippenhäupter. An gefährdeten Grenzgebieten aber befehligten Grenzgespane (comites confiniorum) die Grenzwächter oft fremder Herkunft.

Im Rahmen und auf der Grundlage der königlichen Verwaltung erfolgte auch der Aufbau der kirchlichen Organisation. Zehn Bistümer können auf Stephan zurückgeführt werden. Die Diözese Veszprém, die hauptsächlich das transdanubische[10] Kerngebiet der Árpáden umfaßte, entstand wohl noch vor der Krönung. Ihr folgten das Erzbistum Esztergom (Gran) und die übrigen Bistümer Transdanubiens: Györ (Raab) und Pécs (Fünfkirchen). Dem Fortschritt der Missionierung entsprechend, wurde die kirchliche Organisation des Landes östlich der Donau weitergeführt mit der Gründung des zweiten Erzbistums Kalocsa und des Bistums Vác. Das obere Theißgebiet ist dem Bischof von Eger (Erlau) anvertraut worden. Der Bischof von Bihar hatte das Land jenseits der Theiß zu betreuen. Das Gebiet des 1002 unterworfenen Gyula erhielt der Bischof von

---

[9] So A. Huber, Geschichte Österreichs Bd. I. Gotha 1883, S. 149.
[10] Transdanubien ist der rechts der Donau gelegene, südwestliche Teil Ungarns.

Siebenbürgen mit Sitz in Gyulafehérvár (Weißenburg — Karlsburg — Alba Julia) als Diözese. 1030 zog der Venezianer Gerhard als erster Bischof von Csanád in den einstigen Sitz des 1003 besiegten und getöteten Ajtony ein.

Bei dieser großen Arbeit standen dem König Kleriker von recht verschiedener Herkunft zur Seite. Am Anfang spielten die Schüler Adalberts von Prag eine hervorragende Rolle. Es kamen freilich auch Deutsche und Italiener sowie Wallonen und Lothringer, hauptsächlich Benediktiner, so daß die erste ungarische Kirche einen stark monastischen Charakter erhielt. Das erleichterte die Ausbildung einheimischer Priester, und im Episkopat der Vierziger Jahre gab es bereits auch gebürtige Ungarn. Unter den namenlosen Bahnbrechern des Christentums sind jedoch zahlreiche inländische Slawen anzunehmen. Davon zeugt die ungarische Terminologie des Christentums, die überwiegend von katholischen Südslawen (Kroaten und Slowenen) entlehnt worden ist. Im Westen des Landes haben sie sogar mehrere Patrozinien der Karolingerzeit der ungarischen Kirche weitergegeben.

Wesentlich geringer, aber unleugbar ist der Beitrag der Ostkirche. Zu Anfang des 11. Jahrhunderts waren Syrmien und das Temes-Gebiet in die bulgarische Kirchenorganisation einbezogen. Der Einfluß der Orthodoxie ist teilweise durch die politischen Verbindungen mit dem Oströmischen Reich bedingt gewesen. Stephans Sohn Emerich heiratete eine byzantinische Prinzessin. Mit dieser Heirat mag die Gründung eines griechischen Nonnenklosters bei Veszprém zusammenhängen. Das orthodoxe Mönchtum, in Ungarn vom späten 10. bis zum 13. Jahrhundert nachweisbar, scheint allerdings zur Bekehrung der Volksmassen kaum beigetragen zu haben. Der Einfluß der östlichen Liturgie und Disziplin auf die ungarische Kirche hat jedoch auch nach dem großen Schisma nicht aufgehört.

Der königliche Verwaltungsapparat trieb freilich die Verbreitung des lateinischen Christentums voran. Die jüngere Lebensbeschreibung des hl. Gerhard, die sog. „Legenda maior", schildert recht anschaulich den ganzen Missionsbetrieb, wobei „viele durch die vom König eingesetzten Gespane zur Taufe geführt wurden". Diese untrennbare Verflechtung der weltlichen und kirchlichen Gewalt, die ja beide dasselbe Ziel, die christliche Umerziehung des Volkes, verfolgten, zeigt sich auch in der Gesetzgebung Stephans und seiner Nachfolger bis zum Ende des 11. Jahrhunderts. Die Gesetze betrafen allerdings nur Bereiche, wo eine Regelung durch das alte Gewohnheitsrecht entweder fehlte oder eine solche geändert werden mußte. An erster Stelle bedurfte das kirchlich-religiöse Leben richtungweisender Verordnungen. Kirchliche und weltliche Verfügungen sind jedoch unterschiedslos als königliche Gesetze beschlossen und verkündet worden. Auch hier zeigt sich der altertümliche Charakter des frühen ungarischen Königtums. Stephan und seine Nachfolger im 11. Jahrhundert führten ein „staatskirchliches" Regiment, das dem Staatskirchentum der Karolinger viel näher stand als dem der Ottonen und Salier.

VII. KRISEN UND FESTIGUNG

Kaum waren die Gründe gelegt, wurde die Lebensfähigkeit des christlichen Ungarnstaates in einer Reihe von miteinander untrennbar verflochtenen, innen- und außenpolitischen Krisen schwer auf die Probe gestellt. Bei einer so weitgehenden Machtvollkommenheit des Königtums drohte die größte Gefahr durch die ungeregelte Thronfolge. Die schwerste Krise kündigte sich schon zu Lebzeiten Stephans an, als sein Sohn Emerich, der einzige, der das Mannesalter erreicht hatte, im Jahre 1031 einem Jagdunfall zum Opfer fiel. Bei der Suche nach einem geeigneten Thronfolger geriet das christliche Idoneitätsprinzip mit dem tief eingewurzelten alten Geblütsrecht in verhängnisvollen Konflikt. Der König schloß seinen heidnisch gesinnten Vetter Vászoly (Basilius) von der Thronfolge aus und bestimmte den Venezianer Peter, den Sohn seiner Schwester und des vertriebenen Dogen Otto Orseolo, zu seinem Nachfolger. Es wird vermutet, daß Vászoly hinter dem Mordanschlag stand, der gegen den alten König verübt wurde. Stephan ließ jedenfalls Vászoly blenden, in seine Ohren Blei gießen und machte ihn auf eine damals übliche Weise thronunfähig. Seine drei Söhne wurden verbannt und fanden zuerst beim Böhmenherzog Bretislaw, dann bei Micislaw von Polen und Jaroslaw dem Großen in Kiew Aufnahme. Peter versagte sowohl als Herrscher als auch als Mensch, ebenso der ehrgeizige Schwager und einstige Palatin[11] König Stephans, Samuel Aba, der durch eine Palastrevolution an die Macht kam. Peter bestieg mit Hilfe Heinrichs III. noch einmal

---

[11] Der ungarische Palatin (comes palatinus) entsprach dem Pfalzgraf (comes palatii) der Ottonen. Sein Wirkungskreis wurde aber immer mehr erweitert, so daß er zum wichtigsten Amtsträger des Königreiches, Stellvertreter des Königs, aufstieg.

den Thron, jedoch nur mehr als Vasall des deutschen Königs. Eine das ganze Land ergreifende Aufstandsbewegung, an der die vom Gebiet östlich der Theiss ausgehende heidnische Reaktion wesentlich beteiligt war, fegte den Venezianer endgültig weg und erhob den aus Kiew als Christ heimgekehrten ältesten Sohn Vászolys, Andreas, zum König.

Nichts zeugt deutlicher von der Festigkeit der vom ersten König gelegten Fundamente und von der aus der Persönlichkeit des Verstorbenen ausstrahlenden Kraft als die Tatsache, daß die beiden älteren, aus der Verbannung zurückgekehrten Árpádenprinzen sich vorbehaltlos zu Stephans Erbe bekannten. Dabei war Andreas, der zuerst den Thron bestieg, mit einer Tochter Jaroslaws des Großen verheiratet und Anhänger der Orthodoxie. Seine Sympathie für die Asketen der Höhlenklöster, die er in Kiew kennengelernt hatte, verhehlte er auch in Ungarn nicht. Doch setzte er alles daran, die von Stephan geschaffene Ordnung wiederherzustellen.

Der von Andreas I. eingeleitete Restaurations- und Konsolidierungsprozeß wurde immer wieder gestört durch die Krisen, die das labile Thronfolgesystem heraufbeschwor. Erst die Regierung des heiligen Königs Ladislaus I. sollte dem ungarischen Königreich Einheit, Ruhe und Ordnung bringen. Gyula Pauler, der beste Kenner der Árpádenzeit, stellte folgende Bilanz dieser schweren Jahrzehnte auf: „In 39 Jahren wechselte das Land sechsmal seinen Herrscher. Drei Könige — wenn wir auch Andreas I. hinzurechnen — starben eines gewaltsamen Todes. Béla I. rettete der Tod davor, verjagt zu werden, wie Salomo, der von seinem Thron dreimal flüchten mußte. Die Streitigkeiten der königlichen Familie brachten neunmal fremdes Heer, Deutsche, Tschechen, Polen in das Land, machten es für drei Jahre deutsches Lehen und fünf Könige flehten und erniedrigten sich vor dem Throne des deutschen Königs. Innerhalb des Landes aber wurde die allgemeine Sicherheit völlig zerrüttet."[12] Wir können noch zwei Heidenaufstände hinzufügen sowie die rund 30 Jahre

[12] Gy. Pauler, Geschichte der ungarischen Nation unter den Köni-

währende Teilung des Königreiches. Denn nur einer konnte König werden, das Drittel des Landes regierten aber als Herzöge meist die Brüder des Herrschers mit königlichen Befugnissen. Die traurige Bilanz wird kaum gemildert durch die Feststellung, daß immer die bedrohten oder verjagten gekrönten Herrscher den mächtigen deutschen Nachbar um Hilfe angingen, das Schlußergebnis der vornehmlich aus Prestigegründen unternommenen Interventionen jedoch auffallend mager ausfiel. Ungarn konnte sich in diesen Jahrzehnten innerer Zerrissenheit keine aktive Außenpolitik leisten, es zeigte sich aber auch hier, daß die in offenen Schlachten meist klar überlegene Kriegsmacht des Deutschen Reiches der Verteidigung der östlichen Nachbarn, der Taktik der verbrannten Erde und dem Kleinkrieg in den unwirtlichen Grenzgebieten nicht gewachsen war[13].

Die Verschärfung des Investiturstreites zwang schließlich Kaiser Heinrich IV., seinen ungarischen Schwager und Vasall, König Salomo, aufzugeben und auf eine aktive Ungarnpolitik überhaupt zu verzichten. Das bedeutete eine entscheidende Entlastung für das junge Königreich, damit war aber nur die eine äußere Gefahr beseitigt. Die Ost-West-Bewegung der Steppenvölker, die einst die Ungarn nach dem Karpatenraum getrieben hatte, war immer noch im Gange. Schon unter König Stephan wurde ein schwerer Petschenegen-Angriff in Siebenbürgen zurückgeschlagen, und immer wieder mußten die Ungarn sich gegen die Welt wehren, die einst auch die ihre gewesen.

Die Einfälle der einander jagenden Petschenegen, Uzen, Kumanen, lauter Türkvölker, durch die Pässe der menschenleeren Ostkarpaten konnten meist erst im Inneren des Landes aufgefangen werden. Der zweite Sohn Bélas I., Ladislaus, wurde schon als junger Herzog der Held dieser Abwehrkämpfe, die im Volk einen unauslöschlichen Eindruck hinterließen. Ladislaus

gen aus dem Hause Árpáds (ungar.) Bd. I. 2. Aufl. Budapest 1899, S. 137—8.
[13] K. Schünemann, Deutsche Kriegführung im Osten während des Mittelalters, in: Deutsches Archiv f. Geschichte des Mittelalters 2, 1938.

schenkte tatsächlich seine besondere Aufmerksamkeit dem am meisten heimgesuchten Landesteil östlich der Theiss. Er hat die Diözese Bihar endgültig organisiert, den Sitz des Bischofs nach Várad (Großwardein) verlegt, wo er in der von ihm errichteten Kathedrale seine letzte Ruhestätte finden sollte.

König Ladislaus' Regierungszeit erhielt ihre wirkliche Bedeutung durch den Abschluß des von Andreas I. eingeleiteten Konsolidierungsprozesses. Seit 1083 hatte das Land seine ersten eigenen Heiligen, König Stephan, seinen Sohn Emerich und den Märtyrer des Heidenaufstandes von 1046, Bischof Gerhard von Csanád. König Ladislaus aber herrschte über das wiedervereinigte Ungarn und seine Kirche mit der Machtvollkommenheit, die einst Stephan besessen hatte. Gerade die Einheit des Landes verdankte er jedoch nicht mehr seiner eigenen Königsgewalt, sondern bezeichnenderweise einer Kraft, die schon die Auflösung des Stephanschen Regierungssystems ankündigte. Denn Ladislaus, immer noch gewohnt, über Land und Volk als Familiengut des Königs zu verfügen, wollte in einer bei ihm nicht seltenen Anwandlung christlicher Frömmigkeit einen Teil des Landes dem gestürzten Vetter Salomo abtreten. Die Vornehmen des Landes erkannten aber die Gefahr neuer Thronkämpfe, und an ihrem energischen Widerstand scheiterte der Plan, das Königreich wieder zu teilen. Der König war nicht mehr der einzige Träger eines aktiven politischen Willens und Bewußtseins im Lande. Ein wenngleich nur kleiner Teil der Gesellschaft begann in die Lenkung der Geschicke des Königreiches einzugreifen.

Die Konsolidierung der inneren Verhältnisse wirkte sich auch auf die internationale Stellung Ungarns aus. In den Investiturstreit wurde das Land schon früher durch Gregor VII. hineingezogen. Der Papst verurteilte scharf König Salomo und stellte dem Vasallenverhältnis, das dieser Heinrich IV. angeboten hatte, die laut seiner Darstellung schon vom König Stephan anerkannte päpstliche Lehensoberhoheit gegenüber, die aber keine „Knechtschaft" bedeutet habe. Auch Ladislaus unterstützte tatkräftig den Gegenkönig Rudolf von Schwaben, dessen Tochter Adelheid seine zweite Frau wurde.

Trotz dieser politischen Interessengemeinschaft mit dem Papsttum hat sich die gregorianische Reform in Ungarn noch lange nicht durchgesetzt. Gewiß, die in Deutschland so heiß umstrittenen Probleme der Simonie und der Lehnsabhängigkeit der Kirche von der weltlichen Macht waren hier praktisch bedeutungslos. Die in der Synode von Szabolcs von 1092 verkündeten kirchlichen Gesetze Ladislaus' des Heiligen zeugen von merkwürdigen Verhältnissen. Die ungarische Kirche beharrte in der Frage des Zölibats auf dem vorgregorianischen Standpunkt und richtete sich in manch anderer Hinsicht nach Vorschriften der Ostkirche. Die Reformpäpste haben diese Zustände wie auch das ganze staatskirchliche Regiment stillschweigend geduldet, weil sie Ungarn im großen Streit als einen zuverlässigen Verbündeten betrachteten. Ladislaus hat sich allerdings später, um 1089, mit Heinrich IV. nicht nur versöhnt, sondern auch ein Bündnis geschlossen und den Gegenpapst vorübergehend anerkannt. Zu einem wirklichen Bruch mit dem legitimen Papst kam es jedoch nie.

Hinter diesem zeitweiligen Kurswechsel stand vielleicht ein Konflikt mit Rom wegen Kroatien, das seit 1076 päpstliches Lehen war. König Ladislaus' Außenpolitik war ebenso familiär-dynastisch motiviert wie die seiner Vorgänger. Nach dem Tode des kroatischen Königs Zwoinimir, der seine Schwester geheiratet hatte, erhob der Ungarnkönig als „Verwandter ersten Grades des Verstorbenen" Anspruch auf sein Land und leitete damit eine neue, expansionistische Wendung der ungarischen Außenpolitik ein. Slawonien, ein beinahe herrenloses Gebiet zwischen dem altkroatischen Bergland und Ungarn, wurde ohne Schwierigkeiten besetzt, nach ungarischem Muster in Komitate eingeteilt und sofort in die kirchliche Organisation Ungarns eingefügt. Ladislaus gründete hier zur Missionierung der slowenischen Bevölkerung das Bistum Zagreb (Agram), das dem jüngst kanonisierten König Stephan geweiht und dem Erzbistum Kalocsa unterstellt wurde.

Der ungarische Drang nach Südwesten forderte jedoch nicht nur das Papsttum heraus, sondern bedeutete einen Vorstoß auch in den Machtbereich von Byzanz und Venedig. Am schnellsten reagierte die byzantinische Diplomatie. Nach ihrem altbewährten Rezept spielte sie gegen die Ungarn die Kumanen aus. Dem eiligst heimgekehrten König gelang es zwar, sowohl die schon mit Beute beladenen Streitscharen als auch ein zweites, anrückendes Heer vernichtend zu schlagen, die kroatische Aktion wurde aber zu Lebzeiten des Ladislaus nicht mehr fortgesetzt. Nachdem er seine Pflicht als Bruder und Schwager getan hatte, legte er anscheinend keinen besonderen Wert auf weitere Eroberungen. Es blieb seinem Neffen und Nachfolger Koloman überlassen, das Erbe Zwoinimirs völlig in Besitz zu nehmen.

Ladislaus erschien sein jüngerer und ihm selbst in mancher Hinsicht ähnlicher Neffe, der schneidige Álmos, für den Thron geeignet. Der hochbegabte, aber bucklige Koloman wurde zum Priesterberuf bestimmt und sollte das Bistum Großwardein, dem die besondere Liebe des Königs galt, erhalten. Koloman machte aber durch seine Flucht nach Polen klar, daß er nicht gewillt sei, auf sein Thronrecht zu verzichten. In der Tat änderte Ladislaus kurz vor dem Tode seinen Entschluß zugunsten des Seniorats. Das Volk gab dem gelehrten König Koloman (1095 bis 1116) den Beinamen „könyves", d. h. Bücherfreund. Er erwies sich aber als ein tatkräftiger und durchaus zielbewußter Herrscher, der gegen die ersten undisziplinierten Kreuzfahrerscharen ebenso energisch vorging, wie er mit Gottfried von Bouillon verhandelte und ihm schließlich den freien Durchzug gestattete und sicherte.

Auch die Eroberung von Kroatien und Dalmatien führte er mit weitsichtiger Diplomatie zu Ende. Die rechtliche Sonderstellung der führenden kroatischen Sippen wurde höchstwahrscheinlich in einem Herrschaftsvertrag anerkannt. In Dalmatien schloß er ebenfalls „mit mehreren städtischen Kommunen, ja sogar mit der ganzen Provinz eine Reihe formeller Herrschaftsverträge"[14], um seine Eroberung zu legalisieren.

---

[14] J. Deér, Der Weg zur Goldenen Bulle (Anm. 8) S. 122.

Ungarn forderte mit seinem Vorstoß in den adriatischen Raum nicht nur Byzanz und Venedig heraus, sondern stieg auch zum Rivalen des westlichen Kaiserreiches auf. Kolomans 1097 geschlossene Ehe mit einer Tochter Rogers von Sizilien folgte aus der Erkenntnis, daß Ungarn natürlicher Verbündeter der Gegenseite, des Papsttums, der Normannen in Süditalien und des französischen Königtums wurde. Wenig später verstand er jedoch auch die bedrängte Lage des Byzantinischen Reiches zur Entspannung auszunützen, indem er 1104 seine verwaiste Base, König Ladislaus' Tochter Piroska, dem byzantinischen Thronfolger, Johannes Komnenos, zur Frau gab. Der wegen Kroatien entstandene Gegensatz zum Papsttum verschwand um so leichter, da Koloman sich den meisten gregorianischen Reformen gegenüber ziemlich aufgeschlossen zeigte. Die Zeit des Staatskirchentums karolingischer Prägung war jedenfalls vorbei.

Koloman war trotz seiner modernen theologischen Bildung zu stark an die ungarische Herrschertradition gebunden, um verhängnisvolle Fehler der Vergangenheit vermeiden zu können. Er teilte das Königreich mit seinem Bruder und gab ihm somit die Möglichkeit, selbst mit Gewalt nach der Krone zu greifen. Der Bürgerkrieg wurde bezeichnenderweise durch die „Vornehmen" beider Landesteile verhindert, die sich weigerten, ihren Herren in einem sinnlosen Kampf beizustehen. Álmos gab jedoch nicht auf, und Koloman sah schließlich keinen anderen Weg, den Thron für seinen Sohn Stephan zu sichern, als sowohl seinen Bruder wie auch dessen kleinen Sohn Béla nach der herkömmlichen grausamen Sitte blenden zu lassen. König Stephan (1116–1131) starb aber kinderlos, und der Zweig des geächteten Álmos war es, der das Fortbestehen der Árpádenherrschaft und — wie man überzeugt war — damit die Zukunft Ungarns rettete. Die Dynastiegeschichte des 11. Jahrhunderts hat sich teilweise wiederholt.

Trotzdem bedeutete die Regierung Kolomans das Ende der entscheidenden Epoche, der König Stephan seinen Stempel aufgedrückt hatte. Um die Jahrhundertwende erschien der erste heilige König schon als der mythische Gründer des Königreiches,

Schöpfer des alten und guten Rechts und Sinnbild der bewährten Ordnung. In diesem endgültig christlichen Lande gehörte nicht nur Stephans archaisches Staatskirchentum der Vergangenheit an. Die Meinung und der Wille der weltlichen und kirchlichen Würdenträger begannen in der Regierungspraxis eine immer aktivere Rolle zu spielen und die persönliche Machtfülle des Königs einzuschränken. So bahnten sich die Vergesellschaftung des Staates und, nach dem religiösen Anschluß, auch die politische und gesellschaftliche Angleichung an die westeuropäischen Systeme an.

Wie hat diese Periode der Grundlegung des christlichen Königreiches Land und Leute geändert? Die Frage läßt sich hauptsächlich an Hand der siedlungsgeschichtlichen Forschung beantworten.

Die im wesentlichen von König Stephan geschaffene Verwaltungsorganisation füllte den Karpatenraum noch nicht vollständig aus. In Gespanschaften, d. h. Komitate, wurde vorerst nur das Gebiet eingeteilt, das von den Ungarn und ihren meist als Grenzwächter verwendeten Hilfsvölkern tatsächlich besetzt und größtenteils auch besiedelt worden war. In den Flußtälern und an wichtigen Handelswegen entlang drangen die Siedler immer weiter vor, und so breitete sich auch das Komitatssystem allmählich aus. Aus dem Jahre 1074 haben wir die ersten zuverlässigen Nachrichten: damals zählte Ungarn 45 Komitate. Der Herrschaftsanspruch der Könige hörte freilich vor den äußeren Grenzen der Gespanschaften keineswegs auf. Alles was zwischen ihnen und dem Nachbarlande lag, wurde als Königsboden betrachtet. Die Grenzen des tatsächlichen Machtbereiches des Königtums waren allerdings meist recht verschwommen. Der unbestimmte Grenz*saum* ging nur dort in eine feste Grenz*linie* über, wo der Ungarnstaat einem anderen, fest organisierten Staatswesen auf siedlungsfreundlichem Boden gegenüberstand. Im Süden trennten die Donau und der Unterlauf der Save Ungarn und das Byzantinische Reich. Syrmien wechselte allerdings öfters den Besitzer. Im Westen zog sich die Kette der Grenzposten vom Ostrand des Grazer Beckens und aus dem Wienerwald allmählich auf die Lafnitz-Leitha-March-Linie zurück, wo sich die Grenze nach 1043 für über 800 Jahre festigte.

Im Nordwesten gelang es dem Polenherzog Boleslaw dem Tapferen von Mähren aus über die leicht passierbaren Westkarpaten mindestens das obere Waagtal mit Trentschin vorübergehend zu besetzen. Der mächtige Bogen der Nord- und Ostkarpaten und im Südwesten die Ausläufer der Ostalpen bildeten mit ihrem Waldgürtel eine schwer zu durchdringende Grenzzone. Diese war praktisch ein Niemandsland, auf dessen unwegsamem Gelände jeder Staat sich die Grenze jenseits der Zone, an der Seite des anderen vorstellen konnte[15].

Völlig menschenleer waren diese Gebiete nie. In ihren abgelegenen Tälern vermochten die Slawen der vorungarischen Zeit ihr Leben ziemlich ungestört weiterzuführen. Im Osten und Nordosten scheint diese älteste Schicht so schwach gewesen zu sein, daß sie von den späteren Einwanderern bald restlos aufgesogen wurde. Im nordwestlichen Bergland, das schon im 9. Jahrhundert eine dichtere Besiedlung und eine höhere Kultur aufgewiesen hatte, haben sich jedoch die mährischen Westslawen unter ungarischer Herrschaft nicht nur behauptet, sondern auch zum Kern einer neuen Volksindividualität, der der Slowaken, entwickelt. Nirgends war aber das zersplitterte Slawentum der Randgebiete imstande, höhere politische und gesellschaftliche Formationen hervorzubringen, die den ungarischen Königen ihren Machtanspruch hätten streitig machen können. Es fügte sich reibungslos in die ungarische Gesellschaftsstruktur ein, für die eine außerordentliche Mannigfaltigkeit der Pflichten und der damit verbundenen Rechte bezeichnend war. Die einheimischen Slawen traten als ethnische Sondergruppen auch dann nicht in Erscheinung, als die Komitatsorganisation in den folgenden zwei Jahrhunderten in Verbindung mit der Rodung und Kolonisation des Waldgürtels überall bis zum Hauptkamm der Karpaten ausgedehnt wurde.

Im Gegensatz zum stark gegliederten und gliedernden Bergland dienten die offenen Ebenen und sanften Hügel im Inneren

[15] E. v. Puttkamer, Die polnisch-ungarische Grenze im Mittelalter, Jahrbücher für Geschichte Osteuropas IV, 1956, S. 369—386.

des Karpatenbeckens seit je als Schmelztiegel der Völker. Wie die archäologischen Funde beweisen, war hier die Verschmelzung der Slawen mit dem zahlenmäßig überlegenen ungarischen Gemeinvolk am Ende des 11. Jahrhunderts schon weit fortgeschritten.

Während der Dienst des Königs manche unternehmungslustige Edelleute hauptsächlich aus verschiedenen deutschen Gebieten anzog und zu einer Überfremdung des Hofes führte, hat das Landvolk nur sporadisch Zuwachs aus dem Ausland erhalten. Systematische Bauernkolonisation zur ertragreicheren Bewirtschaftung des Bodens lag den damaligen Herren des im Vergleich zum Westen dünnbesiedelten Landes noch fern. In der Wirtschaft spielte der Ackerbau überhaupt eine untergeordnete Rolle. Gewiß gab es schon ackerbautreibende westliche „Gäste", doch kam in dieser Umwelt den Kriegsdienst leistenden östlichen Gruppen eine viel größere Bedeutung zu. Einige hatten schon an der Landnahme teilgenommen, wie die bereits erwähnten Székler, die sprachlich bereits vor der Christianisierung assimiliert worden waren, ihre Sonderstellung und türkische Gesellschaftsstruktur aber bis in die Neuzeit hinein bewahrten. Andere zogen als Flüchtlinge aus der südrussischen Steppe nach. Alle wurden nach den Regeln der Reiternomadengesellschaft eingegliedert und sind meist in kleineren, getrennten Gruppen, oft als Grenzwächter angesiedelt. Ihre ethnische und soziale Eigenständigkeit blieb dabei so weit unangetastet, daß z. B. manche von den sog. Chalizen vermutlich choresmischer Herkunft noch im 12. Jahrhundert teils geheim, teils offen Anhänger des Islams waren. Auch die Petschenegen lebten an einigen Orten bis ins Spätmittelalter hinein nach ihrem „Sonderrecht". Gerade das Beispiel der sprachlich längst assimilierten Székler zeigt aber, daß diese „liberale" Einstellung des ungarischen Staates den nichtungarischen Volksgruppen gegenüber im wesentlichen das Erbe der Reiternomadenkultur war und mit dem sprachlich ausgerichteten Nationalitätenproblem der Neuzeit nichts zu tun hatte.

VIII. DIE VERGESELLSCHAFTUNG
DES STAATES

Fragt man nach den Kräften, die das Schicksal Ungarns und
seiner Einwohner nach der Liquidierung des Stephanschen Regierungssystems bestimmten, ist an erster Stelle immer noch
das Königtum mit seiner im irrationalen Charisma der Dynastie wurzelnden Autorität zu nennen. Freilich verlangte die
beträchtliche Ausweitung des königlichen Machtbereiches die
Teilung der Machtbefugnisse. Wichtige Randgebiete waren schon
am Anfang des 12. Jahrhunderts besonderen königlichen Beamten unterstellt: Kroatien und Slawonien dem Banus, die Komitate Siebenbürgens dem Princeps oder Wojwoden, die Székler
dem comes Siculorum. Doch waren diese Beamten, wie auch die
Gespane, jederzeit absetzbar, so daß die Machtfülle des Königs-
tums durch ihre Einsetzung keineswegs beeinträchtigt wurde.
Von dieser Machtfülle zeugt vor allem die Lage der Kirche,
welche die weltliche Vormundschaft unter Koloman weitgehend
abgeschüttelt hatte. Trotzdem bekam sie den Druck des königlichen Machtanspruches immer wieder zu spüren. Nach Thomas
Becket und Gerhoch von Reichersberg war es in den sechziger
Jahren des 12. Jahrhunderts allgemein bekannt, daß die Könige Siziliens und Ungarns über ihre Kirche noch Hoheitsrechte
ausübten, die das Papsttum keinem anderen europäischen Herrscher mehr einräumte. Selbst Papst Alexander III. mußte es
hinnehmen, zumal weil im Kampfe mit Kaiser Friedrich I. König Géza II. (1141—1162) sich vorbehaltlos an seine Seite stellte
und dem König von Frankreich, Ludwig VII., sogar Waffenhilfe
für den Fall eines deutschen Angriffes anbot. Die gregorianische
Auffassung scheint sich in Ungarn erst nach 1170 vollständig
durchgesetzt zu haben. Die ungarische Kirche verdankte ihren
Aufstieg zum entscheidenden Machtfaktor hauptsächlich der

kräftigen Persönlichkeit des Graner Erzbischofs Lucas (1158 bis 1181). Dieser aus vornehmem altungarischem Geschlecht stammende rigorose Asket, der in Paris studiert hatte, wagte nicht nur den Königen, sondern auch dem Papst zu trotzen, wenn er die Freiheit des Kirchenregiments gefährdet sah.

Außer der rein ideellen Autorität bewahrte das Königtum zunächst auch die materiellen Kraftquellen des riesigen Landbesitzes. So konnte auch die traditionelle, hauptsächlich der Stärkung der königlichen Militärmacht dienende Siedlungspolitik fortgesetzt werden. Von Géza II. wird berichtet, daß er um 1153 in Südrußland mohammedanische Reiterkrieger für sein Heer werben ließ. Er war es auch, der die Ostwanderung der landhungrigen Bauern aus dem übervölkerten Rheinlande nach Ungarn lenkte. Ihr Weg führte über den mitteldeutschen Osten, wo Flamen die Führung übernommen zu haben scheinen. Daher wurde die erste Gruppe, die sich um 1150 in der Gegend von Hermannstadt, auf dem sog. Königsboden niederließ, als „priores Flandrenses" bezeichnet. Weder das spätere siebenbürgische Sachsenland noch die nordungarische Zips ist durch eine Masseneinwanderung auf einmal besiedelt worden. Die priores Flandrenses werden kaum mehr als 500 Sippen, etwa 2000—2500 Seelen gezählt haben[16]. Um 1160 erschienen die Deutschen im Nößnerland im Nordosten Siebenbürgens. Um 1180—1190 erhielt die Zips ihre deutschen Kolonisten. Die Ausdehnung dieser ersten bescheidenen Siedlungsgebiete erfolgte größtenteils durch Binnenkolonisation. Wie die Ortsnamen beweisen, fanden die Deutschen, die in der ungarischen Kanzleisprache bald den Namen „Sachsen" erhielten, in Siebenbürgen Ungarn, hie und da Petschenegen und Slawen, in der Zips Ungarn und Slawen und überall eine ungarische Verwaltungsorganisation vor. Doch beweist die Lage der ihnen zugewiesenen Gebiete, daß sie vor allem zur Sicherung der Karpatengrenze angesiedelt worden sind. Wie die Székler, Petschenegen und andere Volksgruppen

[16] K. K. Klein, Die Zahl der priores Flandrenses in Siebenbürgen, in: Siebenbürger-sächsischer Hauskalender 1956, S. 38—43.

fremder Herkunft, brachten auch die Deutschen ihr eigenes Recht und die eigene Wirtschaftsform, die „Marktgenossenschaft" mit. Berittene Bogenschützen aus der Steppe und Bauern aus dem Rheinlande bedeuteten eine willkommene Stärkung der königlichen Macht, die militärisch hauptsächlich auf dem Aufgebot der königlichen Komitate beruhte. Diese Kräfte waren jedoch den Anforderungen der neuen aktiven Außenpolitik nicht mehr gewachsen. Selbstverständlich war die Außenpolitik grundsätzlich eine persönliche Sache des Königs. Die Könige griffen aber aus rein privat-verwandtschaftlichen Gründen immer häufiger in die dynastischen Streitigkeiten der Nachbarländer, vornehmlich der südrussischen Fürstentümer ein. Als Herren von Kroatien und Dalmatien, begannen sie auch auf dem Balkan Fuß zu fassen. Der alte Geburtsadel und die mit ihm rasch verschmolzenen vornehmsten Hospesgeschlechter waren durchaus imstande, ihrem Herrscher wirksame Hilfe zu leisten, dementsprechend wuchs aber auch ihr politischer Einfluß. König Stephan II. mußte 1123 die Belagerung von Wladimir in Südrußland nach dem Tode seines Schützlings abbrechen, weil die Großen sich weigerten, den nunmehr sinnlosen Kampf fortzusetzen. Sie wußten aber ihren Willen auch im positiven Sinne durchzusetzen. Es ist wohl mindestens zum Teil ihrem Einfluß zuzuschreiben, daß in der Thronfolge um die Mitte des 12. Jahrhunderts die Primogenitur endgültig obsiegte. Der reiche Geburtsadel beanspruchte auch die wichtigsten Ämter und stellte schließlich eine Art von Regierung, deren Mitglieder gegen Ende des Jahrhunderts in den Königsurkunden schon regelmäßig aufgezählt wurden, um die Zustimmung des Landes zum Ausdruck zu bringen.

Die Könige waren freilich bemüht, auch ein eigenes, nur von ihnen abhängiges Heer zu unterhalten. Außer den schon öfters erwähnten östlichen Reitern wurden Gemeinfreie, kriegstüchtige Burgministerialen und freie Hospites durch individuelle Privilegierung immer zahlreicher in „Haus und Hof" des Königs aufgenommen und mit unbedingtem Kriegsdienst belastet. Dazu kamen westliche Söldner, vor allem schwerbewaffnete Ritter.

Zu dieser Zeit stellte das nach Süden orientierte westliche Kaiserreich für Ungarn keine drohende Gefahr mehr dar. Um so schwieriger und langwieriger gestaltete sich die Auseinandersetzung mit Byzanz, dem mächtigen Rivalen auf dem Balkan. Sie erreichte ihren Höhepunkt unter Kaiser Manuel I. Komnenos (1143–1180). Der Sohn von Piroska-Eirene und Enkel König Ladislaus' I. wollte das Reich Justinians wiederherstellen. In seinen hochtrabenden Plänen nahm Ungarn am Nordflügel seiner Operationen gegen das Stauferreich einen sehr bedeutenden Platz ein. Er versuchte das Land mit Berufung auf das Seniorat durch Thronprätendenten und auch mit Waffengewalt zu unterwerfen. Als die wechselvollen Kämpfe nicht zum Ziel führten, ließ der Kaiser, der aus seiner ersten Ehe keinen Sohn hatte, König Gézas II. zweiten Sohn, Béla, als Geisel nach Konstantinopel holen, verlobte ihn mit seiner Tochter und bestimmte ihn mit dem Namen Alexios und dem Titel „Despotes" zu seinem Nachfolger.

Die Geburt eines Sohnes aus der zweiten Ehe des Kaisers machte die Thronfolge und auch die Verlobung von Béla gegenstandslos. Der ungarische Prinz, zum „Kaisar" degradiert, wurde mit Anna von Châtillon, einer Halbschwester der Kaiserin, vermählt und schließlich nach Hause geschickt, um seine ungarische Erbschaft als Béla III. (1172–1196) anzutreten. Mit ihm bestieg der letzte wirklich absolute Herrscher der Árpádendynastie den Thron des hl. Stephan. Unter seiner Regierung erlebte Ungarn eine politische und kulturelle Blütezeit.

Denn Bélas III. Absolutismus war kein reaktionäres Festhalten an den archaischen, überholten Methoden der Vorgänger. Er wurde vielmehr durch die Erfahrungen geprägt, die der König als Jüngling in der hohen Schule byzantinischer Politik und Diplomatie gesammelt hatte. König Béla blieb ja Byzanz lebenslang eng verbunden. Der königliche Hof bereicherte das ungarische Christentum mit neuen Motiven orthodoxer Frömmigkeit, vor allem mit denen östlicher Marienverehrung. Auf den Münzen Bélas III. erschien erstmals das byzantinische

Doppelkreuz, das bald zum Bestandteil des ungarischen Reichswappens werden sollte. Bemerkenswert ist in diesem Zusammenhang der erfolglose Versuch des Königs, nach dem Tode Manuels durch Heirat, also legal, auf den Thron Konstantins des Großen zu gelangen.

In der ungarischen Außenpolitik beschritt er übrigens keine neuen Wege. Er versuchte Galizien durch Einrichtung einer Secundogenitur fest an Ungarn zu binden. Die traditionelle Politik wurde auch im Süden verfolgt. Er vermochte allerdings den Aufstieg Serbiens zwischen Ungarn und dem niedergehenden Byzanz ebensowenig aufzuhalten wie die Griechen die Entstehung und Entfaltung des zweiten bulgarischen Zarenreiches. Bélas wahre Stärke und Größe zeigte sich in seinen Bemühungen, in seinem Lande ein modernes, geordnetes Staatswesen aufzubauen, wie er es am Bosporus kennengelernt hatte. Dabei nahm er auf die lateinisch-westlichen Traditionen Ungarns und auf die Selbständigkeit der Kirche vollends Rücksicht. Er vermied den byzantinischen Caesaropapismus, bemühte sich aber mit Erfolg um eine enge und harmonische Verbindung der königlichstaatlichen und der kirchlichen Macht. Die meist in Paris gebildete Elite der ungarischen Geistlichkeit vertrat aber moderne westeuropäische Kultur, und Béla III. vertiefte diese Beziehungen noch mehr, indem er eine Reihe von Zisterzienserklöstern errichten und direkt aus Frankreich besiedeln ließ. Im Sinne der harmonischen und innigen Verbindung zwischen Königtum und Kirche wählte er Esztergom (Gran) zu seinem ständigen Sitz und begann auf der Burg, in unmittelbarer Nähe der Kathedrale, den Palast zu bauen, dessen künstlerisch außerordentlich wertvolle Reste in den dreißiger Jahren wiederentdeckt und ausgegraben worden sind. Auf Bélas Befehl führte die königliche Kanzlei die schriftliche Beurkundung ein und wurde auch das Finanzwesen gründlich geordnet. Nach einer zufällig erhaltenen Aufstellung kamen seine Einkünfte etwa denen der Könige von England und Frankreich gleich. Der in Byzanz erzogene anspruchsvolle Herrscher wußte sich und seinem Reiche in der Gemeinschaft der abendländischen

Völker volle Geltung zu verschaffen. In zweiter Ehe heiratete er Marguerite Capet, die Witwe des englischen Thronfolgers.

Bald zeigte sich, daß die Regierung Bélas III. ihre Festigkeit nur den außerordentlichen persönlichen Fähigkeiten des Herrschers zu verdanken hatte. Die fortschreitende Umwandlung der Gesellschaft und die Verschiebung des politischen Gleichgewichts zugunsten der Aristokratie konnten nicht aufgehalten werden.

Wie diese feudale Oberschicht dachte und was sie sich wünschte, wird ersichtlich aus der ersten in Originalfassung auf uns gekommenen, aber unvollendeten Geschichte der Ungarn. Sie wurde um 1200 von einem Meister P., ehemaligem Notar Bélas III., unter dem Titel „Gesta Hungarorum" verfaßt. Es handelt sich um eine seltsame Mischung von Traditionen der Dynastie und der großen Geschlechter, von Volkssagen und gelehrten Kombinationen. Das Mythische erscheint zeitgemäß rationalisiert, der historische Kern der Erzählungen aber ist nur selten zu ermitteln. Um so mehr Quellenwert besitzen die „Gesta Hungarorum" des Anonymus für ihre Entstehungszeit. Magister P. hat die Verhältnisse der Gegenwart und die Wunschträume seines eigenen Standes in die Landnahmezeit zurückprojiziert. Er kennt zwar die totemistische Herkunftssage der Árpáden, läßt jedoch das Fürstentum aus einer Urwahl hervorgehen, wodurch auch der Nachkommenschaft der Führer der Landnahme, d. h. der Amtsaristokratie um 1200, das Recht auf ihre Ämter und Sitze im Rat für immer gesichert worden sein soll. Auch das Donationssystem wird auf die Landnahmezeit zurückgeführt und das Verhältnis zwischen Herrscher und seinen Großen, der Rechtsauffassung der Zeit entsprechend, als auf gegenseitigen vertragsmäßigen Eidesleistungen gegründet dargestellt.

Das zweifelhafte Verdienst, zur Erfüllung mancher dieser Wunschträume und zum raschen Aufstieg der feudalen Oligarchie auf Kosten der königlichen Zentralgewalt am meisten beigetragen zu haben, gebührt Andreas II., dem jüngeren Sohn Bélas III. Béla bestimmte — dem Grundsatz der Primogenitur gemäß — den älteren Emerich (1196–1203) zu seinem Nachfolger, und Andreas entfachte nur aus Ehrgeiz den in der Árpádendynastie so häufigen Bruderzwist. Im Kampfe spielte auch die deutsche Reichspolitik mit. König Emerich unterstützte König Otto IV. und die päpstliche Politik, während Andreas Gertrud, die Tochter Herzog Bertolds von Meran, der ein treuer Anhänger Philipps von Schwaben war, geheiratet hatte und in seinem Herrschaftsgebiet Slawonien mit der Hilfe seines benachbarten Schwiegervaters rechnen konnte. Emerich aber war eine starke Persönlichkeit. Als es um die Ausdehnung seiner Lehnshoheit auf die Balkanstaaten ging, zögerte er, sonst der Kirche treu ergeben, nicht, die ihm zuwiderlaufende Unionspolitik selbst eines Innozenz III. zu durchkreuzen. Auch im Thronstreit behielt er die Oberhand. Mit seiner königlichen Autorität wagte er sich waffenlos ins Kriegslager des Bruders und führte ihn in die Gefangenschaft. Erst der frühzeitige Tod des Königs und seines noch zu Lebzeiten des Vaters gekrönten kleinen Sohnes Ladislaus III. (1204—1205) öffnete dem Bruder den Weg auf den heißersehnten Thron. Als eigentlicher Gewinner und Herr der Lage ging jedoch der Amtsadel aus dem Kampfe hervor, zumal weil Andreas II. (1205—1235), der als Thronprätendent mit Versprechungen keineswegs gekargt hatte, seinem Grundsatz „Das Maß der königlichen Schenkung ist die Maßlosigkeit"[17] auch auf dem Thron treu blieb.

Der Ritterkönig durchaus westlicher Prägung war ein ruheloser Tatmensch, jedoch unfähig, die Grenzen seiner Kräfte und die Möglichkeiten der jeweiligen Lage richtig einzuschätzen. Ohne innere Festigkeit blieb er fremden Einflüssen, vor allem denen seiner Frauen und schlecht gewählten Ratgeber, stets zugänglich, genoß leichtsinnig die Macht und fürstliche Repräsentation. Seine königliche Freigebigkeit wurde zum tödlichen Verhängnis der Königin Gertrud, von der Theoderich von Apolda, der Biograph ihrer heiligen Tochter Elisabeth, sagt: „von männlichem Geist erfüllt, habe sie selber die Staatsgeschäfte geführt." Denn die maßlose Begünstigung ihrer Ver-

---

[17] Zitiert nach Pauler, a. a. O. (Anm. 12) Bd. II. S. 492.

wandtschaft und deren Gefolgschaft — sie waren recht zahlreich, nach dem Königsmord in Bamberg fand auch der
geachtete Bischof Ekbert in Ungarn Zuflucht — gab Anlaß
zur blutigen Verschwörung, der 1213 auch die Königin zum
Opfer fiel.

Andreas aber jagte weiter nach Ruhm, Vergnügung und
außenpolitischen Abenteuern. Ergebnislos versuchte er jahrzehntelang Galizien als Secundogenitur für seinen jüngeren
Sohn Koloman zu sichern. Den Kreuzzug, den er seinem
sterbenden Vater hatte geloben müssen, führte er erst, als er
glaubte, die Kaiserkrone von Konstantinopel erringen zu
können. Auch sein Vetter ersten Grades, Herzog Leopold VI.
von Österreich, und seine Schwäger, Ekbert, Bischof von Bamberg, und Herzog Otto von Meran, nahmen am Unternehmen
teil, das in jeder Hinsicht erfolg- und ruhmlos endete. Real-
politisch begründet und vom vollen Erfolg begleitet war nur
seine energische Aktion gegen den Deutschen Ritterorden, der
das ihm 1211 anvertraute Burzenland und das angrenzende
kumanische Gebiet in der späteren Walachei als unabhängigen
Ordensstaat unter päpstlicher Lehnshoheit dem Königreich
Ungarn entreißen wollte, 1225 aber mit Waffengewalt vertrieben wurde.

Für die fast jährlichen Kriege brauchte Andreas II. gut
ausgerüstete Soldaten, und die anspruchsvolle Hofhaltung, wo
nacheinander eine deutsche, eine französische und eine italienische Königin den Ton angab, verlangte immer mehr Geld.
Die traditionellen Kraftquellen des Königtums reichten aber
längst nicht mehr aus. Andreas II. beschloß daher, sowohl die
Heeresorganisation als auch die Finanzen des Landes auf neue
Grundlagen zu stellen. Er setzte sich über den offenen Widerspruch des Erzbischofs von Esztergom und die Bedenken
mancher Mitglieder des königlichen Rates hinweg und — wie er
selbst in einer seiner Urkunden schreibt — „änderte den von
den Vorfahren unversehrt bewahrten Stand seines Landes und
verteilte die Burgen, Komitate, Äcker und die übrigen Ein-
kunftsquellen des reichen Ungarlandes als *ewiges Erbe* unter

seine Barone und Ritter"[18]. Das bedeutete freilich die vollständige Liquidierung der alten Domanial- und Burgwirtschaft, der althergebrachten materiellen Grundlage der königlichen Macht. Erhebung außerordentlicher Steuer, die im Westen, auch in Deutschland seit langem im Gebrauch war, Verpachtung der Regalien, vor allem des Münzrechtes, ebenfalls nach westlichem Muster an jüdische und mohammedanische Finanzmänner, und schließlich die Geldverschlechterung sollten die ausgefallenen Einkünfte nicht nur ersetzen, sondern die Einnahmen des Königs den erhöhten Ansprüchen gemäß sogar noch steigern.

Mit den im ungarischen Donationssystem bis jetzt unerhörten erbrechtlichen Schenkungen wollte aber der König auch die privilegierte Stellung des Erbbesitzes der alten landnehmenden Sippen und des seit Koloman mit ihm gleichgestellten, vom hl. Stephan stammenden Donationsbesitzes aufheben. Auf diesen lastete ja grundsätzlich nur die Landesverteidigung als unbedingte militärische Verpflichtung. Die Abwälzung sämtlicher Kriegslasten auf *alle* Grundbesitzer war jedoch in einer Gesellschaft, wo das westliche Lehnsrecht nie tiefere Wurzel fassen konnte, von vornherein zum Scheitern verurteilt. Nutznießer der Verteilung der königlichen Domänen wurde tatsächlich allein der verhältnismäßig enge Kreis der treuesten Anhänger und Günstlinge um den König. Die Folge aller Neuerungen und Reformen war eine Mißwirtschaft, die bei der häufigen Abwesenheit des Königs bald zum allgemeinen Chaos zu führen drohte. Den Druck des wirtschaftlichen und politischen Übergewichts habgieriger Aristokraten und die ausbeuterischen Methoden der neuen „privatisierten" Finanzverwaltung bekam selbst die Kirche zu spüren. Als die einzige wirklich organisierte und von Rom aus einheitlich gelenkte Kraft setzte sie sich als erste zur Wehr und erzwang Anfang 1222 ein umfassendes Privileg. Noch mehr bedroht war die

---

[18] Aus einer Urkunde von 1217 zitiert von Hóman, Geschichte des ungarischen Mittelalters, Bd. II, Berlin 1943, S. 61.

breite Mittelschicht der Burgministerialen und der zum persönlichen Militärdienst verpflichteten begüterten Gemeinfreien, die „im Hause und Hofe" des Königs die „goldene Freiheit" der königlichen Gefolgschaft genossen und daher als „servientes regis" bezeichnet wurden. Aber auch viele an der Macht und der königlichen Gunst nicht beteiligte Großen betrachteten die Verschenkung von ganzen Komitaten und die Donationen als „ewiges Erbe" überhaupt sowie die Finanzreformen als flagrante Verletzung des guten alten Rechts und der von König Stephan gewährten Freiheiten.

So kam es zum stürmischen außerordentlichen Gerichtstag vom Frühling 1222, auf dem eine Gruppe von Adligen, die nach dem Tode Emerichs durch die Anhänger Andreas' aus der Regierung verdrängt worden war, mit Hilfe der dynamischen Massen der „servientes regis" vom König die Entlassung der bisherigen Würdenträger und die sog. „Goldene Bulle" erzwang. Die ganze revolutionäre Bewegung richtete sich sowohl gegen die umstrittenen Reformen des Königs, vor allem die Verschenkung von Gütern an Ausländer, als auch gegen die Übergriffe der Aristokratie.

Der Zauber des Königtums war jedoch immer noch so wirksam, daß man die Wiederherstellung und Sicherung der alten Freiheiten und Rechte eben von ihm erwartete und die „servientes regis" sich ihre unmittelbare Abhängigkeit vom König verbriefen ließen, um der gutsherrschaftlichen Entrechtung zu entgehen. Sie erwirkten aber gleichzeitig ihre Befreiung von der Teilnahme an Kriegszügen jenseits der Landesgrenze und erlangten dadurch eine Rechtsstellung, die sich nur mehr hinsichtlich des Erbrechtes von der des alten Adels unterschied. Das war ein allzu deutliches Zeichen der Auflösung althergebrachter Lebensformen: die Kampfbereitschaft der Berufskrieger von einst war dahin, sie sind bequeme Gutsbesitzer geworden. Das bedeutete freilich auch das endgültige Scheitern der von Andreas II. angestrebten Umgestaltung der Heeresorganisation. Gleicherweise mußte er auch seine Finanzreformen rückgängig machen.

Die Goldene Bulle war also das Ergebnis einer „traditionellen Revolution". Nur die die Rechtsstellung der „servientes regis" betreffenden Bestimmungen erwiesen sich als Anzeichen einer entscheidenden Wendung. Hier trat das erste Mal als aktive und selbstbewußte politische und soziale Kraft die Masse der begüterten Gemeinfreien auf, aus der, nachdem die höheren Burgministerialen und andere Waffendienst leistende Elemente in sie eingeschmolzen waren, jene rechtlich einheitliche adlige Mittelschicht hervorging, die bis ins 19. Jahrhundert hinein den Kern der sog. politischen Nation bilden sollte. Zehn Jahre nach der Goldenen Bulle werden im Komitat Zala die Anfänge der Selbstverwaltung der Servienten, die Keime des autonomen adligen Komitats schon urkundlich faßbar.

Andreas' ältester Sohn und Nachfolger, Béla IV. (1235–1270), hatte ganz andere Vorstellungen von der Verantwortung und den Pflichten eines Herrschers als sein Vater. Er nahm Béla III. zum Vorbild und war fest entschlossen, Macht und Ansehen des Königtums, wie einst unter seinem Großvater gewesen, wiederherzustellen. Es war freilich nicht mehr möglich, die alte Domanialwirtschaft als Grundlage eines zeitgemäßen Staatshaushaltes zu restaurieren. Doch traf die Zurücknahme zahlreicher Donationen und rechtswidrig entfremdeter Burggüter alle grundbesitzenden Schichten, auch die Kirche, empfindlich. Die stolze Unzugänglichkeit des Königs, der mit der griechischen Kaisertochter Maria Laskaris verheiratet war, nur über die Kanzlei schriftlich eingereichte Bittgesuche entgegennahm und im Hofleben byzantinisch-strenge Formen einführte, löste in der feudalen Oberschicht ebenfalls nur Befremdung und Erbitterung aus. All das geschah aber zu einer Zeit, als eine noch nie dagewesene schreckliche Gefahr nahte, welche von Königtum und Gesellschaft die höchste Kraftanstrengung forderte: die von der reiternomadischen Idee der Weltherrschaft besessenen Mongolen oder Tataren.

Der Sturm kam nicht ganz unerwartet. Die Ungarnkönige hatten stets ein starkes Interesse an dem Geschehen im südrussischen Raum gehabt. Die Nachrichten vom ersten mongolischen Erkundungsfeldzug im Osten Europas und von der katastrophalen Niederlage der verbündeten Kumanen und Russen am Flusse Kalka gelangten 1223 über Ungarn nach Westen. Als daraufhin die westlichen Kumanen auf der moldauischen und walachischen Ebene Rückhalt an Ungarn suchten, nahm sich eben „der jüngere König" Béla ihrer mit besonderem Eifer an. Tatkräftig förderte er die Mission der ungarischen Dominikaner, denen noch der Ordensstifter die Bekehrung der Kumanen ans Herz gelegt hatte. 1227 nahm Béla die Lehnshuldigung des Fürsten Barc entgegen, der sich mit 15 000 Kumanen taufen ließ. Kurz darauf wurde ein kumanisches Bistum errichtet, und König Andreas bestätigte die alten Freiheiten und Besitzungen des Volkes. Béla IV. aber legte sich nach seiner Thronbesteigung auch den Titel „rex Cumaniae" zu.

Während der Westen und auch das Papsttum in den Mongolen immer noch das Volk des christlichen Priesterkönigs Johannes sahen, erkannte Béla die wahre Natur der neuen Machtballung am fernen östlichen Horizont. Die Dominikaner, die er auf die Suche nach Ungaria Magna, dem Lande der im Osten verbliebenen heidnischen Ungarn, schickte, hatten auch die Tatarengefahr zu erkunden. Der Mönch Julianus konnte im Jahre 1237 die inzwischen von den Mongolen verwüstete Heimat des Brudervolkes zwar nicht mehr erreichen, kehrte aber am Ende des Jahres mit genauen Informationen über die Kriegsvorbereitungen der Mongolen gegen die russischen Fürstentümer und Europa zurück. Er brachte auch einen Brief Batu Khans an den Ungarnkönig mit, der u. a. die ultimative Aufforderung zur Unterwerfung und Auslieferung der „kumanischen Knechte" des Mongolenkhans enthielt. Im Sinne des göttlichen Weltherrschaftsauftrages wurde auch Kaiser Friedrich II. aufgefordert, die Oberhoheit des Großkhans anzuerkennen. Im Westen Europas nahm niemand solche Aufforderungen ernst; noch wußte jemand, daß die Mongolen durchaus in der Lage waren, ihre Drohungen wahr zu machen. Auch Béla IV. fiel es gar nicht ein, dem Ultimatum Folge zu leisten, er ahnte aber, was ihm bevorstand, und rüstete für den Krieg.

1239 hat Batu die östlichen Kumanen niedergerungen. Ihr Fürst Kuthen floh mit einem Teil seines Volkes und der Donez-Alanen nach Westen und hoffte — wie manche Reiternomaden vor ihm — hinter dem Wall der Karpaten Zuflucht zu finden. Béla IV. nahm ihn gern auf; denn die etwa 40 000 Reiterkrieger Kuthens bedeuteten eine wesentliche und recht willkommene Stärkung der königlichen Militärmacht. Ein so zahlreiches türkisches Reiternomadenvolk konnte jedoch nicht auf Anhieb in das bereits christlich-abendländisch geartete ungarische Leben integriert werden. Ausschreitungen, blutige Zusammenstöße zwischen der seßhaften Bevölkerung und den streifenden Hirten und Kriegern waren an der Tagesordnung. Die bevorzugte Behandlung der kumanischen Führer durch den König schürte nur die allgemeine Unzufriedenheit, vermochte aber keineswegs das wachsende Mißtrauen gegen die Kumanen zu zerstreuen. Manche sahen in ihnen eine fünfte Kolonne der Tataren. Ihr Verdacht fand eine scheinbare Bestätigung darin, daß im mongolischen Heer unter den zahlreichen unterworfenen Türk-völkern der südrussischen Steppe auch Kumanen eingesetzt wurden. So kam es inmitten der Vorbereitungen für den ent-scheidenden Kampf zur Ermordung Kuthens, und sein Volk zog, rachedurstig sengend, mordend und plündernd, nach Bulgarien ab.

König Béla IV. verlor seine mächtigsten Verbündeten, als die mongolische Offensive gegen sein Reich bereits im Gange war. Denn nach den russischen Fürstentümern, die in zwei Jahren erobert worden waren, sollte 1241 Ungarn unterworfen und als Staat vernichtet werden. Das Becken der mittleren Donau als Ausläufer der eurasischen Steppenzone bot sich — wie einst den Hunnen — auch den Mongolen, die mit Weib, Kind und Vieh in den Krieg zogen, als die beste Basis für weitere Operationen gegen Westen an. Als Grund des Angriffes gegen Ungarn und Polen gab Batu Khan allerdings die Auf-nahme der geflüchteten russischen Fürsten und Kumanen an.

Nach mongolischer Auffassung verdienten beide Länder, hauptsächlich aber der Ungarnkönig, exemplarische Strafe. In der Tat gestaltete sich der Krieg gegen Ungarn als eine furchtbare Treibjagd gewaltigen Ausmaßes nach dem König. Nach allen Regeln moderner Großraumstrategie wurde das Land eingekreist und von fünf Seiten her angegriffen; denn auch der polnische Feldzug, der zur Vernichtung des deutsch-polnischen Heeres Heinrichs II. von Schlesien bei Liegnitz führte, stellte sich schließlich als eine meisterhafte Flügelbewegung zur Sicherung der rechten Flanke des in Ungarn selbst operierenden Batu Khans heraus[19].

Béla IV. war pflichtbewußt, umsichtig und auch tapfer, aber kein Feldherr. Das Aufgebot seiner Servienten und Burgsoldaten war kein Berufsheer mehr. Unter den Großen gab es manche, die schadenfroh eine Niederlage des stolzen und starken Königs erwarteten. Andere schätzten die Kraft der Tataren zu gering ein und drängten auf Angriff. Béla gab ihnen nach und ging dem Feind entgegen. Alle erhielten am 11. April 1241 bei Mohi, am Zusammenfluß der Flüsse Sajó und Hernád, eine furchtbare Lektion. In einer Kesselschlacht wurden das an Zahl überlegene ungarische Heer und die kirchlichen und weltlichen Würdenträger des Landes größtenteils niedergemetzelt. Mit dem König brachen aber ihm treu ergebene junge Ritter durch und brachten ihn auf Umwegen an die Westgrenze in Sicherheit.

Alles spielte sich mit erstaunlicher Präzision ab. Die fünf Kolonnen trafen planmäßig im Herzen des Landes an der Donauebene zusammen. Doch war der Krieg noch nicht gewonnen, Ungarn noch nicht erobert. Das königliche Wild war entwischt, und die Donau bereitete den Jägern aus der mongolischen Wüstensteppe zunächst ein unüberwindliches Hindernis. Östlich und nördlich des Stromes war alles den Mongolen

---

[19] Siehe M. de Ferdinandy, Tschingis Khan — Der Einbruch des Steppenmenschen, Hamburg 1958 (Rowohlts Deutsche Enzyklopädie 64), S. 142 ff. Karte S. 143.

ausgeliefert, nur einige auf Berghöhen errichtete oder vom Wasser umgebene Komitatsburgen leisteten erfolgreichen Widerstand.

Erst Anfang Februar 1242 gelang es den Mongolen über die zugefrorene Donau in Transdanubien, das am dichtesten bevölkerte und blühendste Gebiet Ungarns, einzudringen. Während Kadan, der Sohn des Großkhans, die Verfolgung des Königs wieder aufnahm, wollte Batu sein Hauptquartier in Esztergom aufschlagen und den Weg nach Westen erkunden. Seine Aufklärer stießen weit über Wien vor, mit den Felsen und Mauern der Graner Burg und der Abtei Pannonhalma (Martinsberg) wurde jedoch selbst die chinesische Belagerungstechnik nicht fertig. Das plötzlich eingetretene Tauwetter machte auch die von Sümpfen umgebene Krönungsstadt Székesfehérvár unzugänglich. Ein königliches Heer gab es jedoch nicht mehr, aus dem Ausland war keine Hilfe zu erwarten. Der Vetter und Nachbar, Friedrich von Österreich, entpuppte sich sogar als schamloser Erpresser, der außerdem die Flüchtlinge plünderte und auch in das wehrlose Land mit Waffengewalt einfiel. Das Schicksal des ganzen Königreichs schien besiegelt zu sein.

Für die Mongolen war allerdings der König zunächst wichtiger als manche Burg und die reichste Beute. Solange er am Leben war, konnte auch sein Reich nicht als endgültig erobert betrachtet werden. Aber auch für die Ungarn war die Person des Königs mit dem Heil seines Volkes und Reiches aufs innigste verbunden. Vergeblich raste Kadan „wie ein sommerlicher Hagelsturm" durch Transdanubien und „gleichsam in der Luft fliegend"[20] über die unwegsamen Berge Kroatiens. Die dalmatinischen Städte blieben dem Ungarnkönig auch in der größten Not treu. Béla IV. rettete sich schließlich in die Inselstadt Trau (Trogir), und das Schiff stand schon bereit, ihn übers Meer zu bringen, falls die Tataren in die Stadt hätten eindringen können. In diesem Augenblick wurde der ganze

---

[20] Worte des Thomas, Archidiakon von Split, MGH. SS. XXIX. S. 592, 593.

Europa-Feldzug plötzlich abgebrochen. Batu hatte die Nachricht vom Tode des Großkhans erhalten und eilte in seinen Reichsteil zurück, um sich in die neue Auseinandersetzung um Dschingis Khans Erbe einschalten zu können. In wenigen Wochen wurde Ungarn vollständig geräumt, doch haben auch die zurückflutenden Armeen, die möglichst über noch nicht verheerte Gebiete zogen, eine grausame Verwüstung angerichtet.

Der Feind war abgezogen, nicht aber die Gefahr einer neuen Katastrophe. Bulgarien, Kumanien und Galizien, die beiden letzteren vor kurzem noch Vasallenländer des Ungarnkönigs, sind den Mongolen tributpflichtig geworden und verblieben unter der Kontrolle des von Batu gegründeten Staates, der Goldenen Horde. Béla IV. erreichten oft Nachrichten von einem bevorstehenden Angriff auf Europa, 1259 und 1264 sogar ultimative Aufforderungen zum Bündnis. Der König war überzeugt, daß Ungarn allein einem neuen Ansturm der Tataren nicht standhalten könnte und gezwungen wäre, im besten Falle, sich der Goldenen Horde zu unterwerfen. Er machte aus dieser seiner Überzeugung kein Hehl, als er sich immer wieder an den Papst wandte. In seinen Briefen kommt das erste Mal zum Ausdruck das bittere Bewußtsein der innigen und unlösbaren Verbundenheit mit dem christlichen Abendland, das aber eben in der größten Not versagt. Diese Vorstellung sollte von der Zeit der Türkenkriege an bis heute die Einstellung der meisten Ungarn zum Westen bestimmen. Béla IV., dessen Land im abendländisch-christlichen Bereich von dem Mongolensturm am schwersten getroffen worden war, begriff freilich nicht die weltumspannende Politik der römischen Kurie, die den Islam als Erzfeind betrachtete und in den auf religiösem Gebiet toleranten und leicht beeinflußbaren Mongolenherrschern — im Nahen Osten nicht ohne Grund — potentielle Verbündete sah. Ebensowenig konnte er ahnen, daß der Zerfall des Riesenreiches schon begonnen hatte und die Wiederholung eines gesamtmongolischen Feldzuges gegen Europa unmöglich machte. Der König wurde den Alpdruck der Mongolengefahr nie wieder los, und diese anhaltende psychologische Belastung wirkte indirekt vielleicht noch tiefer auf die ungarische Geschichte als die unmittelbaren Folgen des verheerenden Sturmes.

Um alle diese Folgeerscheinungen zu erfassen, muß die Gesamtentwicklung der ganzen zweiten Jahrhunderthälfte bis zum Erlöschen der Árpáden berücksichtigt werden. Die Augenzeugen und Zeitgenossen wurden durch das Massensterben und den Anblick der verwüsteten Kulturlandschaft am meisten erschüttert. Der Chronist von Niederaltaich schrieb zum Jahre 1242: „Ungarn wurde nach 350jährigem Bestand von den Tataren in diesem Jahre vernichtet." Das totgesagte Königreich vermochte jedoch trotz des fürchterlichen Aderlasses nicht nur den erneuten Eroberungsversuchen Herzog Friedrichs von Österreich Widerstand zu leisten, sondern griff nach dessen Tode selber in den Kampf um das Erbe der Babenberger ein, und Steiermark kam vorübergehend unter ungarische Herrschaft. Im Süden konnte Dalmatien mit einigen Verlusten gegen Venedig gehalten werden, und die der Save-Donau-Grenze vorgelagerten Banate von Ozora, Só, Kucsó und Macsó sind eben jetzt fest organisiert worden.

Diese erstaunlich schnell wiedererlangte politische Aktionsfähigkeit erklärt sich teils aus der Ungleichheit der Verwüstungen, teils aus der natürlichen Regenerationskraft des eigenen Volkstums und aus der planmäßigen Siedlungspolitik des Königs. Es war jedenfalls ein Glück im Unglück, daß 1241–1242 gerade die am dichtesten bevölkerten westlichen Landesteile am wenigsten gelitten hatten. Die hiesigen lokalen Kräfte reichten schon 1242 aus, Herzog Friedrichs Angriff zurückzuschlagen.

Durch den Mongolensturm wurde der im Karpatenraum seit der Karolingerzeit vorhandene Unterschied der Volksdichte zwischen West und Ost nur noch vergrößert. Im Westen war das Siedlungsgebiet schon am Ende des 12. Jahrhunderts weitgehend aufgefüllt. Im Komitat Neutra z. B. bestanden zu dieser Zeit etwa 80 v. H. sämtlicher ungarischer und slowakischer mittelalterlicher Siedlungen. Das Ungartum begann eben in den Jahrzehnten nach der Katastrophe in das nördliche slowakische Bergland mit Militärdienst belastete Siedler zu entsenden, die an den Flußufern ungarische Volksinseln bildeten. Die Slowaken aber weiteten ihr Siedlungsgebiet jenseits des Sohler Waldes nach Osten aus. Dort trafen sie außer den Resten der im Kampf gegen die Tataren stark dezimierten „Lanzenreiter" und den deutschen Kolonisten der Zips auch auf Polen und Ruthenen, die vor den mongolischen Streifzügen hinter den Schutzwall der Karpaten geflüchtet waren. Das Ostslowakische verdankt dem polnisch-ruthenischen Einschlag seine heute noch auffallende Eigenart.

Ohne die Überschußgebiete des ungarischen Volkstums hätte die Binnenkolonisation des Ostens nicht eben nach dem Mongolensturm einen gewaltigen Aufschwung nehmen können. Sie erreichte zwar erst im 14. Jahrhundert ihren Höhepunkt, doch erschienen z. B. im mittleren Teil Siebenbürgens, im Komitat Klausenburg, allein in der zweiten Hälfte des 13. Jahrhunderts mehr neue ungarische Siedlungen als zuvor während 250 Jahren. Auch die „Sachsen" breiteten sich stark aus. Kolozsvár (Klausenburg), das Zentrum des Komitats, wo die Tataren „unzählige Ungarn niedergemetzelt hatten"[21], begann sich erst jetzt zu einer Bürgerstadt deutscher Prägung zu entwickeln. Sehr gering scheint dagegen der Anteil der Rumänen gewesen zu sein. Bis zum Ende des 13. Jahrhunderts sind in den Urkunden nur 9 rumänische Siedlungen erwähnt. Zur Bestimmung der Zahl der nomadisierenden Berghirten gibt es freilich überhaupt keine Anhaltspunkte.

Der langsame, natürliche Regenerationsprozeß konnte den König nicht befriedigen. Eine seiner Urkunden aus dem Jahre 1268 sagt, um das Land zu bevölkern, habe er aus allen Teilen der Welt Bauern und Soldaten ins Land gerufen. Den Weg der Bauern können wir allerdings an Hand von Quellen nur höchst selten verfolgen. Gewisses natürliches Einsickern aus den relativ dichter bewohnten Ostalpenländern und dem

[21] Annales Frisacenses MGM. SS. XXIV. S. 65.

böhmisch-mährischen Raum dauerte an. So haben die neuen Großgrundbesitzer das frühere Grenzödland urbar machen können. Auch die von Lokatoren geführten Scharen zogen nicht in die verwüsteten Dörfer, sondern suchten vielmehr im Wald und Gebirge neues Kulturland zu erschließen. Von der stillen Arbeit der Bauern sprechen die Quellen fast nie.

Um so mehr Beachtung fanden die Soldaten. Die Kumanen und die alanischen Jazygen[22], die wahrscheinlich schon im Jahre 1243 in die entvölkerten Gebiete der Donau-Theiß-Ebene zurückgerufen wurden, sind die politisch und wohl auch zahlenmäßig stärkste fremde Volksgruppe gewesen, die nach dem Mongolensturm in Ungarn Aufnahme fand. Der König gewann mit ihnen ein stets kampfbereites, schlagkräftiges Heer, dem in der Geschichte des Landes bald eine wichtige Rolle zufiel. „Leider" — schrieb Béla IV. an Papst Innozenz IV. — „lassen wir jetzt durch Heiden unser Land verteidigen und die Feinde der Kirche niedertreten"[23]. Die Johanniter aber erhielten das Banat Severin, um das Donautal vor jedem Einfall aus der kumanisch-walachischen Ebene zu schützen.

Die Urkunde von 1268 vergißt merkwürdigerweise die Förderung des Städtewesens. Sie hat nicht nur neue Einwanderer ins Land geführt, sondern auch bedeutende wirtschaftliche und kulturelle Fortschritte in die Wege geleitet. Die Anfänge des Städtewesens reichen in Ungarn freilich viel weiter zurück als die Siedlungsaktionen nach dem Mongolensturm. Die Städte der ungarischen Kerngebiete entwickelten sich allmählich aus den Suburbien und Märkten der Königs- und Bischofsburgen zu Handels- und Gewerbezentren. Das ungarische Wort für „Stadt", „város", das zur Bezeichnung der mittelalterlichen Stadt auch von den Rumänen, Serben, Kroaten und Albanern übernommen worden war, wurde aus „vár", d. h.

---

[22] Ungarisch „jász" genannt. Mit den Jazygen des Altertums hatten diese „jász" Alanen nichts zu tun. Die gelehrte lateinische Bezeichnung war nur auf die lautliche Ähnlichkeit basiert.

[23] Am Martinstag (11. November), wahrscheinlich des Jahres 1250.

„Burg", gebildet und spiegelt heute noch die geschichtliche Entwicklung.

Die Zusammensetzung der Oberschicht der ältesten ungarischen Städte läßt sämtliche Hauptrichtungen des Fernhandels im 11. und 12. Jahrhundert erkennen. Auf der Rhein-Donau-Straße kamen die Franzosen, meist Wallonen, und Deutsche. Venetianer und andere Norditaliener ließen sich ebenfalls zahlreich nieder. Mohammedaner, die sog. Ismaeliten, waren vor allem am Osthandel beteiligt. Natürlich fehlten auch die Juden nicht. An der Spitze der Entwicklung standen Esztergom (Gran), eine der wichtigsten Umschlagplätze des Handels zwischen Kiew und Regensburg, und die Krönungsstadt Székesfehérvár (Stuhlweißenburg), deren Recht als das beste und daher als vorbildlich galt. In den Randgebieten boten Bergmannkolonien wichtige Ansätze zur Städtebildung. Bayerische Bergleute wurden zur Ausbeutung der reichen Silber-, Gold- und Kupfervorkommen eingerufen, während an der uralten, lebenswichtigen Salzgewinnung und an der Entstehung ihrer Städte vornehmlich Ungarn beteiligt waren.

Nach dem Mongolensturm ging die Führung der Stadtentwicklung von den sog. „Latini", hauptsächlich Franzosen, auf die Deutschen über. Das erklärt sich teils schon aus der Neigung der Siebenbürger und Zipser Sachsen zum Handel und Gewerbe, teils aus der rasch zunehmenden Bedeutung des Bergbaus in einem Königreich, dessen Haushalt auf die Geldwirtschaft umgestellt werden mußte. Ebenso entscheidend war aber, daß die neuen Gründungen nur mehr durch die deutsche Ostbewegung mit Bürgern und oft auch mit Rechtsnormen versorgt wurden. König Béla IV. scheint allerdings auch bei der Förderung des Städtewesens weniger auf die wirtschaftlichen Vorteile als auf die Wehrkraft des Landes bedacht gewesen zu sein. Bezeichnend ist die Errichtung des Castrum novi montis Pestiensis, der neuen befestigten Residenzstadt Buda (Ofen), mit einer deutschen Kolonie auf einem Berg in der Nähe der Stelle, wo es den Mongolen gelungen war, über „das Wasser des Widerstandes" — so nennt der König die Donau in seinem schon zitierten Brief an Innozenz IV. — zu setzen. Auf ähnliche Weise wurde bereits im Jahre 1242 auf dem Berg Grec die spätere Hauptstadt Kroatiens, durch den Bischof von Agram gegründet. Belehrt durch die Erfahrung von 1241/42, wollte Béla IV. in seinem Reich möglichst viele mit Steinmauern befestigte Orte sehen, wo das Volk im Falle eines neuen Mongolensturmes Schutz finden konnte.

Im Interesse der Landesverteidigung gab der König seinen Widerstand gegen die Entfaltung der feudalen Aristokratie auf. Die weltlichen und kirchlichen Großgrundbesitzer wurden sogar durch Schenkung und Tausch geeigneter Plätze ermuntert, überall im Lande Privatburgen zu errichten. Béla IV. war sich aber auch über die Gefahren der Oligarchie im klaren. Als er den Aufstieg der Servienten und Burgministerialen und ihre Verschmelzung zu einem einheitlichen Adelsstand durch zahlreiche königliche Privilegien förderte, verfolgte er wohl ein zweifaches Ziel. Die mit persönlichem Militärdienst belastete neue Mittelschicht, auf die jetzt der Name „nobilis", „Edelmann", in der Goldenen Bulle von 1222 noch Bezeichnung der Magnaten, der späteren Barone, überging, sollte einerseits die Wehrkraft des Landes stärken, andererseits aber politisches Gegengewicht zur Aristokratie bilden. In der Tat fanden die Servienten schon früh ihre politische Organisationsform im adligen Komitat, das bis zum Ende des Jahrhunderts im inneren ungarischen Kerngebiet die alten königlichen Gespanschaften überall ablöste.

Der mongolische Alptraum spielte auch in der Heiratspolitik König Bélas, die ja das wichtigste Mittel der Außenpolitik war, eine entscheidende Rolle. Vier seiner sieben Töchter verheiratete er an russische Prinzen und polnische Herzöge, um durch die dortigen Freunde von den Absichten der Tataren rechtzeitig unterrichtet zu werden. Es ist bezeichnend, daß er diese Heiratsverbindungen, die 100 Jahre früher in der Árpádendynastie überaus häufig waren, in seinem eben erwähnten Brief an den Papst mit den Worten „die königliche Würde erniedrigend" als ein schweres Opfer charakterisierte. Die größte Überwindung kostete aber dem stolzen und frommen König und seiner Frau, der byzantinischen Kaisertochter, die kumanische Heirat des schon als Kind zum jüngeren König gekrönten Thronfolgers Stephan. Durch diese besonders folgenschwere Verbindung sollte das Reiternomadenvolk politisch fest an das Königtum gebunden und sein Übertritt in die christlich-abendländische Kulturgemeinschaft eingeleitet werden.

Ein zweiter Mongolensturm als Prüfung der Wirksamkeit seiner Maßnahmen blieb dem König erspart. Seine starke Hand gewährte Ungarn zwei Jahrzehnte hindurch Ordnung und Beständigkeit; so erlebte er auch die anderweitigen, oft verhängnisvollen Folgen nicht mehr. Sein letztes Jahrzehnt füllte aber die unglückliche Auseinandersetzung mit seinem machthungrigen Sohn aus, die bald zur De-facto-Teilung des Königreiches führte. Die Alleinherrschaft Stephans V. (1270–1272), eines begabten und energischen Mannes, dauerte kaum zwei Jahre. Nach seinem frühen Tode traten plötzlich alle schwelenden politischen, sozialen und geistigen Gegensätze und Spannungen offen zutage.

Es war vor allem die Zentralgewalt, die versagte. Stephans Sohn, Ladislaus IV. (1272–1290), war noch ein Kind, und die Königinmutter Elisabeth brachte mit der stolzen Umschrift ihres Siegels „Königin von Ungarn, Tochter des Kaisers der Kumanen" nur ihr Minderwertigkeitsgefühl gegenüber der noch im Tode gehaßten Schwiegermutter, der echten Kaisertochter Maria Laskaris, zum Ausdruck. Sie erwies sich als vollkommen unfähig, die Regentschaft zu führen, und wurde zum Werkzeug von Oligarchencliquen und gewissenlosen Günstlingen.

In der Oligarchie zeichneten sich bald zwei große Machtkonzentrationen ab, die mit wechselndem Glück einen erbitterten Kampf um die Herrschaft über den Staatsapparat führten. Die eine entstand um die alten ungarischen Adelsgeschlechter Csák und Aba. Der Schwerpunkt ihrer Macht lag in Oberungarn. An der Spitze der anderen standen die Güssinger (eigentlich nach Güns = Köszeg in Westungarn genannt), die den Westen und Südwesten des Königreiches zu beherrschen trachteten. Letzten Endes suchten alle diesen Oligarchen eine

Familienmacht wie die der Territorialfürsten in Deutschland aufzubauen. Die Güssinger hielt ihre deutsche Abstammung nicht davon ab, Ottokar II. von Böhmen und die Habsburger ebenso rücksichtslos zu bekämpfen wie den Ungarnkönig, wenn eben nicht sie, sondern die Gegner am Ruder waren. Auch hohe Geistliche, selber Angehörige oder Anhänger einer mächtigen Sippe, nahmen an den blutigen Fehden leidenschaftlich teil.

Unter diesen Umständen lastete die Übermacht der Oligarchie immer schwerer auf den niederen Gesellschaftsschichten. Das beschleunigte den Zusammenschluß der Servienten und Burgministerialen zur Gemeinschaft (communitas) des Adelskomitats. Das Königtum war allerdings unfähig, den entstehenden niederen Adel, seinen natürlichen Verbündeten, zur Stärkung seiner Position der Oligarchie gegenüber zu verwenden. Dieser aber nützte die Schwäche der Zentralgewalt aus, um die gesamte Last und Verantwortung der Landesverteidigung soweit als möglich auf den König abzuwälzen. Wenn auch der Reichstag von 1289 — wie in Frankreich — als „generalis congregatio regni" und „parlamentum publicum" bezeichnet wurde, war man von einem Ständestaat noch weit entfernt. Gerade in der Landespolitik konnte sich der neue niedere Adel nicht durchsetzen. Er wurde vielmehr oft abhängig von den mächtigen Großgrundbesitzern, indem er als „familiaris" in ihren Dienst trat, um bei ihnen Schutz vor der Gewalttätigkeit anderer Großen zu finden.

Wurden durch die Parteikämpfe der Oligarchen das ganze Land und seine Bevölkerung in Mitleidenschaft gezogen, hatte das Verhalten des heranwachsenden Königs Ladislaus IV. in der Kumanenfrage geradezu verheerende Folgen. Die kumanischen Reiter leisteten in den auswärtigen Kriegen wertvolle Dienste, daher wurde ihnen die Gleichstellung mit dem Adel wiederholt zugesichert. Der in Auflösung begriffene Stammesverband stellte kein ernstes politisches Problem mehr dar. Es ging vielmehr um die Umgestaltung der reiternomadischen Lebensform. Der langwierige Angleichungsprozeß benötigte freilich mehrere Generationen. Ein dauernder Kleinkrieg mit den seßhaften Nachbarn war zunächst eine unvermeidliche, aber vorübergehende Begleiterscheinung, gleichsam das heilende Wundfieber der Verpflanzung des lebenskräftigen, fremdem Volkes in die schon längst „more christiano" lebende ungarische Umwelt. In der Tat fand die wirtschaftlich-gesellschaftliche und religiöse Anpassung im 15. Jahrhundert ihren Abschluß, die sprachliche Assimilation sogar erst im 16. Jahrhundert.

Die Königinmutter Elisabeth hatte durch die maßlose Begünstigung ihres Volkes diesen Prozeß eher gehindert als gefördert. Ihr Sohn aber beschwor eine wirkliche Krise herauf. Auf dem Schlachtfeld von Dürnkrut, wo 1278 das Heer des jungen Königs den Kampf zwischen Rudolf von Habsburg und Ottokar II. von Böhmen und damit die Zukunft Österreichs entschied, schien er noch dem Vorbild seiner edelsten Vorfahren zu folgen. Bald entwickelte er sich zu einem hemmungslosen Psychopathen, der weder Pflicht noch Verantwortung kannte und als Herrscher sein eigenes Leben, aber nach kumanischer Art leben wollte. Seine Willkür sollte das oberste Gesetz sein, und die rohe Gewalt seiner nach mongolischem Muster organisierten heidnischen Gefolgschaft blieb ihm schließlich als einziges Machtmittel. Seine Frau, die Anjou-Prinzessin Isabella aus Neapel, sperrte er ins Kloster, er selbst warf sich in die Arme kumanischer Geliebten, wollte eine tatarische Fürstentochter heiraten und drohte, „angefangen vom Erzbischof von Gran und seinen Bischöfen bis hinauf nach Rom, der ganzen Sippschaft mit Tatarensäbeln den Kopf abzuhauen"[24]. Im absurden Kampf, der das Land in ein noch tieferes Elend stürzte, mußte der König, der das Rad der Geschichte zurückzudrehen suchte, zugrunde gehen. Seine Kumanen ermordeten den kaum 28 jährigen, wohl nicht ohne Zutun ungarischer Herren.

Ladislaus IV. scheiterte, aber die kumanische Orientierung seines Hofes blieb nicht ohne Wirkung. Sie trug in gewissem Maße auch zur Entstehung des merkwürdigen Geschichtsbildes

[24] Aus dem Brief vom 8. 5. 1288 des Graner Erzbischofs Lodomerius an den Papst, zitiert von Hóman, a. a. O. (Anm. 18) II. S. 215.

bei, das im Werk des Simon von Kéza, Hofgeistlichen des Königs, überliefert ist. Als erster Teil der Geschichte der Ungarn erscheint eine größtenteils fiktive Hunnengeschichte, die Attila und die ganze Heidenzeit im Gegensatz zur westlichen Auffassung rehabilitiert. Dazu kommt ein Gesellschaftsbild, in welchem die sozialpolitischen Wunschträume des aufstrebenden niederen Adels, vornehmlich der Wille der Gemeinschaft der freien Krieger als Quelle jeder fürstlichen Macht, in Anlehnung an in Frankreich und Italien aufgekommene neue Anschauungen formuliert werden [24a]. Alle diese geschichtlichen Fiktionen sind bald Gemeingut geworden und haben das Selbstverständnis und das historische Bewußtsein des ungarischen Adels bis in die Neuzeit hinein weitgehend bestimmt.

All das geschah in einem Land und zu einer Zeit, wo gleichzeitig tiefgehende religiöse Erneuerungsbestrebungen im durchaus westlichen Sinne am Werke waren. Die westeuropäische Laienfrömmigkeit fand mit dem wallonischen Beginenwesen schon am Anfang des 13. Jahrhunderts Eingang und bereitete den Boden für die beiden Bettelorden vor, die in den zwanziger Jahren Fuß faßten und sich schnell ausbreiteten. Angehörige vornehmster Geschlechter traten in ihre Klöster ein. Béla IV. und seine Frau wurden Tertiarier des Franziskanerordens, ihre Tochter, die hl. Margarete, Dominikanerin auf der heute nach ihr genannten Budapester Donau-Insel. In den Akten ihres Kanonisationsprozesses aus den siebziger Jahren des 13. Jahrhunderts werden die Anfänge volkssprachlicher Literatur faßbar. Die um 1300 niedergeschriebene *Altungarische Marienklage,* eines der schönsten Gedichte in ungarischer Sprache, entstand im Dienste dieser Frauenfrömmigkeit. Asketische Weltflucht rief den einzigen ungarischen Mönchsorden, den der Paulinereremiten, ins Leben, dessen Regeln 1263 vom Papst auf die Fürsprache des hl. Thomas von Aquino bestätigt wurden.

[24a] J. Szücs, Theoretical Elements in Master Simon of Kéza's Gesta Hungarorum (1282—1285), Budapest 1975 (Studia Historica 96).

Aus dem von König Ladislaus hervorgerufenen politischen Chaos entstand etwa ein Dutzend Territorialherrschaften, das den größten Teil des Königreiches kontrollierte. Da Ladislaus kinderlos starb, versuchte seine ganz anders geratene Schwester Maria, Königin von Neapel, mit Hilfe des Papsttums die ungarische Krone für ihren Sohn zu sichern. Doch war die charismatische Kraft der Dynastie noch stärker. Sie verhalf Andreas III. (1290—1301), einem Enkel Andreas' II. von seinem nachgeborenen Sohne Stephan, dessen legitime Herkunft Béla IV. und sein Bruder bestritten hatten, zur allgemeinen Anerkennung. Mit ihm, der 1301 plötzlich starb und nur eine Tochter hinterließ, brach „das dem männlichen Zweig von König Stephans des Heiligen Stamme, seiner Sippe und seinem Blute entsprossene letzte Goldzweiglein"[25] ab. Ungarn wurde zu einer Wahlmonarchie, wo aber das dynastische Prinzip weiterhin eine entscheidende Rolle spielte. So fiel die Wahl der mächtigsten Oligarchen zuerst auf den Verlobten der Tochter Andreas' III., den böhmischen Thronfolger Wenzel (1301—1305). In den Machtkämpfen der Großen konnten sich jedoch weder er noch Otto von Bayern, ein Enkel Bélas IV. (1305—1307), behaupten. 1308 wurde die seit Jahrzehnten zäh verfolgte Politik der Neapolitaner Anjou vom endgültigen Erfolg gekrönt. Dank der Unterstützung der päpstlichen Diplomatie — die allerdings den Anspruch auf Lehnshoheit fallenlassen mußte — wurde der Enkel Königin Marias, Karl Robert (1308—1342), als König von Ungarn anerkannt.

[25] Aus einer Urkunde von 1303 des iudex curiae, Stephan, zitiert nach Hóman, a. a. O. II. S. 235.

IX. UNGARN ALS GROSSMACHT UNTER DER ANJOU-DYNASTIE

Rund 80 Jahre hindurch herrschte die Anjou-Dynastie über Ungarn. Das Zeitalter Karls I., wie Karl Robert hier genannt wurde, und seines Sohnes, Ludwigs I. des Großen, kann als Einheit betrachtet werden, die in merkwürdigem Gegensatz zum späten 13. Jahrhundert und dem ersten Jahrzehnt des vierzehnten steht. Aus dem Chaos der Oligarchenkämpfe hob sich ein innerlich gefestigter, durch starke Königsmacht regierter Staat empor, der unter König Ludwig auch auswärts eine aktive, sogar expansive Politik zu treiben vermochte. Dieser Aufschwung ist ein Verdienst der Anjou-Könige.

Festigung der sozialen Struktur und Umgestaltung der wirtschaftlichen Grundlagen des Königtums haben ihn ermöglicht. König Karl I., der den Sinn für Politik und Wirtschaft des in der italienischen Stadtkultur beheimateten Menschen mit der Kenntnis und Achtung der ungarischen Mentalität und Tradition in sich vereinte, hat die erste eingeleitet und die zweite auch durchgeführt. Ohne in die vorgefundene Ordnung der Gesellschaft gewaltsam einzugreifen, verstand er es, die gegensätzlichen Kräfte ins Gleichgewicht zu bringen und sich dienstbar zu machen. Freilich mußte Karl zunächst die Macht der ehrgeizigen Oligarchen brechen. In der Entscheidungsschlacht, die er 1312 bei Rozgony gegen die mächtigsten Oligarchen, die Aba-Sippe und Mathäus Csák, lieferte, leisteten den königlichen Truppen die Johanniter und das Fußvolk der Zipser Sachsen und Kaschauer Bürger die wertvollste Hilfe. An die Stelle der alten, entmachteten Oligarchie trat eine neue königstreue Aristokratie. Etwa 50 Familien stellten die Hauptwürdenträger des Königreiches und die Mitglieder des königlichen Rates, der allerdings noch keine feste Organisation besaß. Die Kontingente ihrer

„Familiares" waren — wie schon in der 2. Hälfte des 13. Jahrhunderts — der Kern des ungarischen Heerbannes. Selbst der niedere Adel, unter den letzten Árpáden sowenig kampf- und opferbereit, folgte ihm, dem Bezwinger der Oligarchie, und seinem Sohn, dem Ritterkönig Ludwig, auch außer Landes bereitwillig. Als Belohnung seiner Treue erwirkte er 1351 von König Ludwig die Erneuerung der Goldenen Bulle von 1222 mit einigen in die ferne Zukunft weisenden Änderungen. Das königliche Dekret verkündete „ein und dieselbe Freiheit" für alle Adligen im ganzen Königreich und bestätigte das althergebrachte Erbrecht der adligen Sippe auf sämtliche Besitzungen ihrer Angehörigen. Diese „Aviticitas" genannte Bindung des adligen Grundbesitzes blieb bis 1848 in Kraft. Die unmittelbare Lebensgrundlage des persönlich wehrpflichtigen niederen Adels bildeten aber die Leistungen der Bauern. Deshalb regelte Ludwig gleichzeitig auch die Feudalrente und die Freizügigkeit der Grundsassen einheitlich. Die Folgen des Schwarzen Todes von 1348/49 werden diese Maßnahmen mitbestimmt haben, obwohl die Epidemie zu keiner demographischen Katastrophe führte wie in West- und Mitteleuropa. Das Dekret von 1351 bedeutete den wichtigsten Schritt auf dem Wege zur Ausbildung des Gemeinadels und des Bauerntums als einheitliche soziale Schichten.

Die Großgrundbesitzer bildeten noch keine vom niederen Adel streng getrennte und geschlossene Klasse und hatten auf das Walten der Herrscher zunächst keinen entscheidenden Einfluß. Die beiden Anjou-Könige beherrschten den Staat und auch die Kirche fast wie einst die mächtigsten Árpáden. Denn nach der Festigung seiner Stellung leitete König Karl I. seine Würde ausschließlich vom Geblütsrecht ab, und die öffentliche Meinung des Landes erkannte ihn, seinen Sohn und sogar dessen Tochter Maria vorbehaltlos als einzige rechtmäßige Erben und von Gott berufene Bewahrer der Tradition der „heiligen Könige" der Árpádendynastie an. So konnten sich Karl und Ludwig erlauben, nach 1323 keinen Reichstag mehr abzuhalten. Dadurch wurde die politische Tätigkeit des niederen Adels auf die Komitatsautonomie beschränkt und die Entwicklung zum Ständestaat verzögert. Weiter ausgebaut wurden dagegen das zentrale Kanzlei- und Gerichtswesen und die dezentralisierte Regalienverwaltung.

Denn die ausschlaggebende Neuerung des Regierungssystems der Anjou war die Umstellung der Reichsfinanzen auf die Geldeinnahmen der Regalien. Die königliche Domänenwirtschaft wurde zwar — wie einst unter Béla IV. — wiederhergestellt und reorganisiert, sie diente aber fortan nur zum Unterhalt der Hausmacht des Königs. Das Edelmetallreichtum des Landes bildete hauptsächlich die Grundlage der vom Schatzmeister Demetrius Nekcsei durchgeführten Reformen. Ungarns Goldproduktion, die in Europa schon früher an erster Stelle gestanden hatte, erhielt durch die Liberalisierung des Bergrechtes, die Gründung neuer Bergbaustädte und die Förderung der alten einen mächtigen Auftrieb. Gleichzeitig wurde das Edelmetallmonopol eingeführt, und so konnten, im Einvernehmen mit dem in der Silbergewinnung führenden Böhmen, mehrere Währungsreformen durchgeführt und schließlich eine wertbeständige Doppel-(Gold-Silber-)Währung geschaffen werden. Der Name der ungarischen Währungseinheit „Forint" erinnert heute noch daran, daß König Karl I. 1325 gleichzeitig mit Johann von Böhmen die Prägung von Goldmünzen nach florentinischem Muster begann. Das Edelmetallmonopol hat aber nicht nur eine zunächst 30- bis 40 prozentige Beteiligung am Gewinn des Bergbaus dem Fiskus gesichert, sondern auch den Außenhandel stark belebt. Einem ertragreichen Handelsverkehr mit dem Westen stand jedoch das 1312 erneuerte Stappelrecht Wiens im Wege. Karl brachte gegen Habsburg-Österreich eine ungarisch-böhmisch-polnische Koalition zustande, der auch Heinrich von Wittelsbach, Herzog von Niederbayern, zugezogen wurde. Die Konferenz der drei Könige auf der ungarischen Königsburg Visegrád im Herbst 1335 hat sowohl die Streitigkeiten zwischen König Johann von Böhmen und Kasimir von Polen sowie zwischen Polen und dem Deutschen Ritterorden geschlichtet als auch den Weg der „verbündeten böhmisch-schwäbisch-rheinischflandrischen Kaufleute" nach Ungarn über Prag und Brünn umgeleitet. Gleichzeitig wurde auch für Nordost- und Ostungarn die Handelsverbindung mit dem Westen über Krakau gesichert. Im Inland stieg die zentralgelegene und mit umfassendem Stapelrecht ausgestattete künftige Hauptstadt Buda (Ofen) zum wichtigsten Umschlagplatz auf.

Die Anjou haben Ungarn in den europäischen Wirtschaftsorganismus wie nie zuvor eingefügt. Die Wechselbeziehungen mit dem Ausland wurden hauptsächlich durch die Unterschiede der Bevölkerungsverhältnisse und der Produktion bestimmt. Die infolge des Mongolensturmes stark zurückgegangene Einwohnerzahl des Karpatenraumes wird unter König Karl I. den Stand am Ende des 12. Jahrhunderts, d. h. etwa zwei Millionen wieder erreicht haben. Doch war Ungarn mit seiner durchschnittlichen Bevölkerungsdichte von 8–10/km² des bewohnten Gebietes ein verhältnismäßig volkarmes Land, das die Auswanderer des übervölkerten Westens immer noch anzog. Aus dem deutschen Siedlungsraum förderten die Anjou im Rahmen ihrer Wirtschaftspolitik den Zuzug von Städtern. Um die Jahrhundertmitte versiegte aber der Kolonistenzustrom plötzlich, wahrscheinlich infolge des Schwarzen Todes. Die unter den Anjou aufgekommene Stadtkultur der Randgebiete bewahrte doch ihre deutsche Prägung bis in die Neuzeit, obwohl auch ungarische, slowakische und kroatische Siedlungen den Weg der städtischen Entwicklung beschritten und Ungarn, Slowaken oder auch Kroaten das fremde Bürgertum immer mehr durchdrangen. Die fortschreitende Rodung der Wälder Oberungarns erfolgte zwar durch „nach deutschem Recht" angesiedelte Bauern, doch waren diese nur zu oft einheimische Slawen.

Erst jetzt, im 14. Jahrhundert, nahm die östliche Einwanderung größeren Umfang an. Rumänen wurden durch das Königtum als Grenzwächter in den Süd- und Nordostkarpaten auch planmäßig angesiedelt und unter Führung ihrer eigenen Woiwoden und Knesen militärisch organisiert. Meistens handelte es sich aber um rumänische oder auch ruthenische Wanderhirten, die sich nicht nur auf den unbewohnten Hochweiden der

Karpaten und des siebenbürgischen Berglandes ausbreiteten. Auch private Grundherren begannen sie auf ihren Besitzungen seßhaft zu machen. Im Verhältnis zur alteingesessenen Bevölkerung bildeten die meist nomadisierenden Rumänen oder Walachen noch eine kleine Minderheit, die mit ihrer primitiven sozialen und wirtschaftlichen Lebensform kaum in Erscheinung trat. Ungarns eigentliche Stärke lag in den Ackerbau und Großviehzucht treibenden Massen der am dichtesten bevölkerten fruchtbaren Ebenen und Flußtäler. Das Bauerntum, das mancherorts auf die Dreifeldwirtschaft übergegangen war, produzierte auch schon für den Markt.

König Karls Wirtschaftsreformen schufen die materielle Basis für die starke außenpolitische Aktivität der Anjou. Die Sicherung der Handelsbeziehungen spielte aber dabei nur eine untergeordnete Rolle. Ziele und Mittel dieser Außenpolitik wurden vielmehr durch dynastische Interessen und Ambitionen, auf dem Balkan auch durch die Tradition der Árpáden bestimmt. Die Familienpolitik der Anjou unterschied sich allerdings wesentlich von der der Árpáden. Die Auffassung, daß es eine Ehrenpflicht sei, dem bedrängten fürstlichen Verwandten Hilfe zu leisten, hatte die osteuropäischen Herrscherhäuser des Frühmittelalters in die verwickeltsten Verpflichtungsbeziehungen zueinander gebracht. Für die großen abendländischen Fürstengeschlechter des Spätmittelalters, die ihr Streben nach Macht und Ruhm naturgemäß zu Rivalen machte, bedeutete die Verwandtschaft keine Verpflichtung mehr, und auch die Ehen wurden vereinbart und geschlossen, um auf friedliche Weise neue Provinzen oder gar Königreiche für die Familie zu erwerben. König Karl, obwohl ein Enkel Rudolfs von Habsburg, richtete seinen Blick aus Ungarn auf Böhmen und Polen. Seine zweite Frau wurde die Schwester des Königs Johann von Böhmen aus dem Hause Luxemburg, in dritter Ehe führte er die Tochter des Polenkönigs Wladislaw Lokietek heim. Eine Enkelin König Johanns wurde die erste Frau seines Sohnes Ludwig, und dieser verlobte seine Tochter Maria, die ihm auf dem Thron folgen sollte, mit Sigismund, dem jüngeren Sohn Kaiser Karls IV. König Karl war offensichtlich bestrebt, gegen seine österreichischen Vetter sich auf die Luxemburger und Piasten zu stützen. Das hinderte jedoch weder ihn noch seinen Sohn, sich — je nach der Lage — mit diesen gegen die Luxemburger zu verbinden, zumal wenn es um die großen Pläne, die Erwerbung der Kronen von Polen und Neapel ging. 1370, nach dem Tode Kasimirs des Großen, des letzten Piasten-Königs, kam durch die Wahl Ludwigs des Großen zum König von Polen die in dem 1339 geschlossenen Familienvertrag schon vorgesehene polnisch-ungarische Personalunion zustande. Eine außerordentliche Belastung für Ludwig eben zur Zeit der heraufziehenden Türkengefahr und in Polen selbst nie populär geworden, brach sie nach dem Tode des Königs sofort auseinander.

Um Neapel für den ungarischen Zweig der Anjou zu erwerben, verlobte Karl 1333 seinen jüngeren Sohn Andreas mit Johanna, Erbin des Königreiches. Diese ließ aber ihren Gatten 1345, kurz vor seiner Krönung, ermorden. In dem darauffolgenden langwierigen Kampf um Krone und Vergeltung haben ungarische Truppen Neapel dreimal besetzt, und kurz vor seinem Tode erlebte Ludwig auch noch, daß Johanna abgesetzt, gefangengenommen und erdrosselt wurde und sein Kandidat Karl von Durazzo, genannt „der Kleine", den Thron bestieg. Es gelang jedoch nicht, das süditalienische Königreich der Anjou dauernd mit Ungarn zu verbinden. Ludwigs Pläne scheiterten hauptsächlich am Widerstand der Päpste, der Lehnsherren Neapels und Siziliens, die — nach den Erfahrungen mit den Staufern — eine fremde Großmacht von Italien unbedingt fernhalten wollten. Das Papsttum wurde von Venedig wirksam unterstützt. Denn Ungarn, das den Handel der dalmatinischen Städte förderte und schützte, stand der venezianischen Expansion mächtig im Wege. Die Inselrepublik bekämpfte daher nicht nur jeden Eingriff der Ungarnkönige in die italienischen Angelegenheiten, sondern versuchte, vor allem durch Unterstützung der aufsteigenden serbischen Macht, auch die Balkanpolitik der ungarischen Anjou zu durchkreuzen. In den wechselvollen Kämpfen behielt aber schließlich immer der von den italienischen Rivalen Venedigs, Genua und Padua, unterstützte König Ludwig die Oberhand.

Auf dem Balkan herrschte zu dieser Zeit — abgesehen von der kurzen Glanzperiode Serbiens als Großmacht unter Stephan Dušan (1331—1355) — ein Wirrwarr vieler in erbitterte Machtkämpfe verwickelter kleiner Staaten. Neue Machtzentren bildeten sich in der Walachei und der Moldau aus, wo die Rumänen von ihrer Herrenschicht größtenteils turko-tatarischer Abstammung politisch organisiert wurden und die ungarische Oberherrschaft abschüttelten. Die miteinander streitenden Fürstentümer fanden nur ab und zu, von einer äußeren Großmacht bedroht, vorübergehend zusammen. Die Anjou folgten auf dem Balkan dem Beispiel der Árpáden, und es gelang ihnen, freilich nicht ohne schwere Rückschläge, den alten Schutzgürtel der der Save-Donau-Karpaten-Grenze vorgelagerten Banate und Vasallenfürstentümer von Bosnien bis nach der Walachei wieder aufzurichten. Dem tiefreligiösen Ludwig ging es dabei vornehmlich um die Bekehrung der Schismatiker und Bogomilen, wodurch der Widerstand der einheimischen Bevölkerung nur versteift wurde. Mit der Bekämpfung des bosnischen Bogomilentums hing wohl zusammen, daß der verwitwete König die Tochter des mit den Árpáden eng verwandten Stephan Kotromanović, Banus von Bosnien, heiratete. Auch die erste ungarische Universität wurde 1367 im Süden des Landes, in Pécs (Fünfkirchen), gegründet, jedoch ohne theologische Fakultät.

1354 hatte aber schon die türkische Macht, erfüllt von der furchtbaren Dynamik der Glaubenskämpfer des Islams, begonnen, auf europäischem Boden vorzudringen und die Balkanstaaten von Südosten her schrittweise zu unterwerfen. Die einzelnen Fürsten konnten durch eine Schaukelpolitik ihren Untergang nur verzögern, nicht aber aufhalten, zumal weil König Ludwigs Feldzug und Sieg über Sultan Murad und den Bulgarenzaren Schischman im Jahre 1377 — woran die von ihm gestiftete Gnadenkapelle von Maria Zell heute noch erinnert — zu spät kam, um das Schicksal seiner Vasallen und des Balkans wenden zu können. Die ungarische Großmacht versagte wegen der Zersplitterung ihrer Kräfte gegenüber eben den Türken, die zum Verhängnis des Ungartums werden sollten.

Die Zeitgenossen wurden dieser Versäumnis freilich nicht gewahr. Im Inneren des Landes herrschte mehrere Generationen hindurch Ruhe. Dem aufstrebenden Kleinadel boten die zahlreichen Kriegszüge Gelegenheit, sich auszuzeichnen und emporzukommen. Barone und Kirchenfürsten sonnten sich im Glanz einer höfischen Kultur, die künstlerisch hauptsächlich Italien verpflichtet war. Vor aller Augen stand aber der Ritter und Gottesstreiter Ludwig, ein würdiger Nachfolger des allgemein verehrten heiligen Königs Ladislaus. So lebte er als „der Große" in der Erinnerung seiner Untertanen fort.

X. UNGARN ALS WAHLKÖNIGTUM

König Ludwig hatte seine ältere Tochter Maria und ihren am ungarischen Königshof erzogenen Verlobten Sigismund von Luxemburg zu Erben seiner beiden Königreiche bestimmt. Die Polen lösten jedoch die Personalunion mit Ungarn und krönten die jüngere Hedwig zum „König". Durch Hedwigs Heirat mit Jagiello, dem Großfürsten von Litauen, kam die polnisch-litauische Union zustande und begann der Aufstieg Polens zur Großmacht. In Ungarn bestieg die 11jährige Maria sofort den Thron, und ihre Mutter übernahm die Regentschaft. Sie und der Palatin Nikolaus Garai wollten Maria an Ludwig von Orléans verheiraten, die Barone der südlichen Landesteile erhoben Karl von Anjou, genannt „den Kleinen", aus Neapel, zum König. Im Kampfe der männlichen Thronprätendenten richteten sich die beiden Parteien gegenseitig zugrunde. Schließlich gelang es Sigismund, der die Ehe mit Maria mit Waffengewalt erzwungen hatte, sich durch die mächtigsten Barone und Prälaten zum König wählen zu lassen. So wurde Ungarn zum Wahlkönigtum, während in Westeuropa sich das Zeitalter der absoluten Erbmonarchien ankündigte. Den „Willen der Nation" repräsentierten allerdings nur die Großgrundbesitzer. Denn sie waren die wirklichen Machthaber. Ein Drittel des ungarischen Bodens gehörte ihnen, und auch ein beträchtlicher Teil des niederen Adels, darunter eben die kriegserfahrenen Elemente, war durch die „Familiaritas" von ihnen abhängig. Ihr Aufstieg zur politischen Macht nach dem Tode des starken Königs erinnert an die Entfaltung der Oligarchie nach dem Aussterben der Árpáden. Wirkliche Separatisten gab es aber nur unter den südlichen Vasallen. Die neue Aristokratie des 14. Jahrhunderts war durch die ritterliche Schule der Anjou gegangen und wollte vor allem mitherrschen.

Sigismund aber strebte einen modernen, zentralistisch regierten, starken Staat an[26]. Die Kraftquellen Ungarns sollten ihm die Verwirklichung seiner ehrgeizigen Pläne, die Erwerbung Böhmens und der Kaiserkrone, ermöglichen, diese äußere Machtzunahme aber auch seine Stellung gegenüber den Großen seines ungarischen Königreiches festigen. Sigismunds Rechnung ging größtenteils auf, obwohl es 1401 zu einer dramatischen Spannung zwischen dem König und den seinen böhmischen Plänen widerstrebenden, vom Erzkanzler Johannes Kanizsai, Erzbischof von Esztergom, geführten Großen kam. Sigismund wurde gefangengesetzt, die Barone, Prälaten und Würdenträger, die im königlichen Rat die Geschäfte im Namen „der heiligen Krone" weiterführten, stellten aber keinen selbstbewußten Geburtsadel, sondern nur eine Gruppe dar, deren Mitglieder je nach ihren augenblicklichen Interessen sich verbanden oder befehdeten. Ihre Gemeinschaft war also kein Staatsapparat, der das Königreich ohne König hätte regieren können. Vielmehr waren König und Barone aufeinander angewiesen. Durch seine zweite Ehe mit Barbara von Cilli sicherte König Sigismund sich die Unterstützung nicht nur des mächtigen steirischen Grafengeschlechtes, sondern auch seiner nicht weniger einflußreichen ungarischen Verwandtschaft, namentlich der Garai. Je stärker der König durch die aus seinen weit über die Grenzen Ungarns hinausreichenden Plänen folgenden Verpflichtungen in Anspruch genommen wurde, desto mehr mußte er die ungarischen Angelegenheiten den feudalen Würdenträgern überlassen. Diese leisteten ihm aber auch in der internationalen Politik wertvolle Dienste. Nach seiner Wahl zum römischen König wurde Johannes Kanizsai 1411 sein erster Reichskanzler, und der Palatin Nikolaus Garai führte die schwierigsten Verhandlungen zur Beilegung des kirchlichen Schismas. Auch in der Militärpolitik baute Sigismund vor-

---

[26] E. Mályusz, Die Zentralisierungsbestrebungen König Sigismunds in Ungarn, in: Etudes historiques publiées par la Commission Nationale des Historiens Hongrois Bd. I., Budapest 1960, S. 317—58.

nehmlich auf die feudale Aristokratie[27]. Von Anfang an war er bestrebt, das Heerwesen des Königreiches an Stelle des Aufgebots des kampfunwilligen Gemeindels auf die aus Berufssoldaten bestehenden Truppen der Barone umzustellen. Denn nur diese konnten es aufnehmen mit der Türkenmacht, auf deren rasche Verdrängung aus Europa nach der Katastrophe des letzten von Sigismund selbst geführten Kreuzzuges bei Nikopolis (1396) kaum Hoffnung mehr bestand. Die Last der Landesverteidigung trugen fortan jahrzehntelang die oft mit der Finanzhilfe des Königs aufgestellten Kontingente der weltlichen Würdenträger. Dieses System wurde auch die Basis der historischen Rolle des Johannes Hunyadi.

Trotz der lebenswichtigen Aufgaben, die der feudale Hochadel erfüllte, scheint Sigismund sein Ziel, die stabile, zentralistisch regierte Monarchie, nie aus den Augen verloren zu haben. Nur auf kirchlichem Gebiet hat er seine Konzeption weitgehend verwirklicht, zumal weil die Päpste in den Thronstreitigkeiten immer seine Gegner unterstützten. Die Einschränkung der päpstlichen Verfügungsgewalt über Ungarns Kirche haben die Kardinäle 1417 auf dem Konzil zu Konstanz durch die Anerkennung des königlichen Patronatsrechtes sanktioniert[28]. Sigismund machte sich seine langen Auslandsaufenthalte zunutze, um durch das Heranziehen gemeinadliger und bürgerlicher, oft fremder Fachleute an seine Person auch ein Regierungszentrum aufzubauen, das — voll verwirklicht — ihn vom königlichen Rat der weltlichen und kirchlichen Würdenträger unabhängig hätte machen können. Privilegien der Handelsstädte dienten zur Förderung der wirtschaftlichen Einheit des Staates, und dem niederen Komitatsadel wurden wichtige richterliche Befugnisse übertragen. Die Erhebung des Ge-

---

[27] J. Deér, Die Landesverteidigungspolitik König Sigismunds (ungar.) in: Hadtörténeti Közlemények 33, 1936.

[28] E. Mályusz, Das Konstanzer Konzil und das königliche Patronatsrecht in Ungarn (Studia Historica 18), Budapest 1959.

meinadels und des Bürgertums zum politischen Gegengewicht der Barone ist jedoch unterblieben.

Noch kein Herrscher Ungarns spielte in der europäischen Politik eine so bedeutende Rolle wie Sigismund. Während er gefühlsmäßig am meisten mit seinem ungarischen Königreich verbunden war, auf der Burg Buda eine schöne Residenz errichtete und sich nicht in einem Kaiserdom, sondern in der Kathedrale von Nagyvárad (Großwardein) „zu Füßen des hl. Ladislaus" begraben ließ, wirkte sich die Personalunion mit dem Deutschen Reich wegen des rein persönlichen Charakters der Herrschaft und Administration auf lange Sicht doch zuungunsten des kleineren Landes aus. Nicht nur die angestrebte Umgestaltung des ungarischen Herrschaftssystems blieb in den Anfängen stecken, ebensowenig vermochte er die akuten Probleme der Außen- und Innenpolitik zu meistern. Im Süden ging Dalmatien an Venedig verloren, und es mehrten sich die Einfälle der Türken, die stellenweise schon an der Donaulinie Fuß faßten. Sigismunds Verhalten im Verfahren gegen Johann Hus veranlaßte dessen Anhänger, Oberungarn wiederholt schwer heimzusuchen. Die weltlichen und kirchlichen Großen strebten, dem Beispiel ihrer westeuropäischen Standesgenossen folgend, immer rücksichtsloser und gewalttätiger nach Macht, Besitz und Geld. Dadurch wurden die sozialen Spannungen immer mehr verschärft, trotz der Steigerung der wirtschaftlichen Produktivität. Im letzten Regierungsjahr Sigismunds erlebte Siebenbürgen den ersten großen, zeitweilig auch von Kleinadligen und Bürgern unterstützten Bauernaufstand der ungarischen Geschichte. Er konnte nur durch die zu diesem Zweck gebildete „Union der drei Nationen" Siebenbürgens, d. h. des ungarischen Adels, der Székler und der Sachsen, niedergeschlagen werden.

Wie einst Sigismund, wurde auch sein Schwiegersohn Albrecht von Habsburg (1437—1439) von einer kleinen, aber einflußreichen Gruppe zum König gewählt, nachdem er ihre z. T. gegen Sigismunds Reformen gerichteten Bedingungen angenommen hatte. Ungarns Angelegenheiten und Geschicke blieben weiterhin mit denen Österreichs und Böhmens eng verflochten. Um sich von der Bevormundung durch die Oligarchie zu befreien, förderte Albrecht, vermutlich von Johannes Vitéz, dem hervorragenden Humanisten der ungarischen Geheimkanzlei, beraten, die Einschaltung des Gemeinadels in die Landespolitik. Die entscheidenden Beschlüsse wurden fortan nicht im königlichen Rat, sondern auf den Reichstagen gefaßt. Nach dem frühen Tode Albrechts machten aber die umstrittene Thronfolge, der immanente Selbständigkeitsdrang des Großgrundbesitzes und die das ganze politische Geschehen überschattende Türkengefahr eine ruhige Evolution in Richtung des Ständestaates unmöglich.

Die Stände hatten 1439 das Erbrecht der Königin als Tochter Sigismunds ausdrücklich anerkannt. Sie versuchte jetzt den Thron für ihren nachgeborenen Sohn Ladislaus zu sichern. Es gelang ihr, den Säugling mit der gestohlenen heiligen Krone schnell krönen zu lassen, hatte ja doch eine solche Krönung schon nach dem Tode Andreas' III., des letzten Árpádenkönigs, als unerläßliche Bedingung der Legitimität des Nachfolgers gegolten. Königin Elisabeth konnte sich aber nur auf den Söldnerführer Sigismunds, Giskra von Brandeis, stützen, der die wirtschaftlich ertragreichsten Gebiete Oberungarns über 20 Jahre lang im Namen der Königin, später Ladislaus' V. beherrschen sollte. Der ständische Geist und das Prinzip der Idoneität siegten über die Legitimität. Die Mehrheit der Barone und der Gemeinadel wählten den Polenkönig Wladislaw I. Jagiello (1440—1444) zum König, weil sie von ihm wirkungsvolle Hilfe gegen die Türken erwarteten. Feierlich wurde die Krönung Ladislaus' für ungültig erklärt und „die Wirksamkeit und die Kraft" der von Königin Elisabeth entwendeten hl. Krone, „die ja von der Zustimmung der Landeseinwohner abhängt", auf die Krone eines Stephanreliquiars der Krönungskirche zu Székesfehérvár (Stuhlweißenburg) übertragen, um mit ihr den gewählten König krönen zu können. Vom ritterlichen Geist erfüllt, nahm Wladislaw die bei seiner Wahl eingegangene Verpflichtung des gemeinsamen Kampfes gegen die

Heiden durchaus ernst. Sein jugendlich leichtsinniger Heldenmut kostete dem erst 19jährigen 1444 bei Varna das Leben und verwandelte den schon beinahe errungenen Sieg des von Johannes Hunyadi geführten ungarisch-polnischen Heeres zu einer katastrophalen Niederlage.

Jetzt gewannen die Legitimisten die Oberhand, den kleinen Ladislaus hielt aber Kaiser Friedrich III. zurück. Es folgte ein Interregnum, das zunächst, mit der Herrschaft der sieben „Hauptkapitäne", der mächtigsten Barone, die Gefahr einer feudalen Anarchie in dem von den Türken immer stärker bedrängten Lande heraufzubeschwören schien. Steuer und Regalien flossen meist in die Hände von Würdenträgern aus der Oligarchie. Mit Ausnahme Giskras, der Nordungarn im Namen Ladislaus' V. besetzt hielt, übernahmen sie jedoch dafür lebenswichtige, vor allem militärische Aufgaben des Staates. Dieses System ermöglichte auch Johannes Hunyadis Aufstieg und weltgeschichtliche Rolle.

XI. DAS ZEITALTER DER HUNYADI

Einer aus der Walachei eingewanderten Knesen-Familie entstammend, begann Hunyadi seine militärische Laufbahn im Gefolge Sigismunds und, wie alle seine Zeitgenossen, strebte er nach Reichtum und Macht. Dank seinem hervorragenden Feldherrentalent stieg er zum reichsten Großgrundbesitzer Ungarns empor. Mit beispiellosem Pflicht- und Verantwortungsbewußtsein gegenüber seinem Vaterland und der ganzen Christenheit, übernahm er jedoch auch die Hauptlast der Türkenkriege. Sein Ziel, die Verdrängung des Islams aus Europa, konnte er nicht erreichen; denn Ungarn führte — wie Hunyadi dem Papst bitter klagte — den ungleichen Kampf seit sechzig Jahren eigentlich allein. Zweimal, 1444 bei Varna und 1448 auf dem Amselfeld, mußte Hunyadi schwere Niederlagen hinnehmen, doch wurde er der fast mythische Held serbischer und byzantinischer Volkssagen und die letzte Hoffnung der belagerten Kaiserstadt Konstantinopel. Als er nach seinem letzten und bedeutendsten Sieg, den er zusammen mit Johannes von Capistrano 1456 bei Belgrad über Mehemed II., den Eroberer, errungen hatte, von der Seuche dahingerafft wurde, trauerte das Abendland mit vollem Recht um seinen Retter. Ungarns Zusammenbruch aber wurde um 70 Jahre aufgeschoben.

Auch in der inneren Entwicklung Ungarns ist Johannes Hunyadi eine schicksalhafte Rolle zuteil geworden. Der „Emporkömmling" unter den Oligarchen wurde zum Gegenpol der fürstlich-international versippten Grafen von Cilli und Garai, obwohl die Umstände die Gegner oft zur Zusammenarbeit zwangen. Als geborener Soldat stellte Hunyadi das Interesse des Türkenkampfes über die Legitimität. Damit zog er alle an, die schon zu Sigismunds Zeiten geneigt waren, die Schuld an allem Übel den ausländischen Verpflichtungen der

Könige und ihren fremden Günstlingen zuzuschreiben. Mit Unterstützung des gleichgesinnten Gemeinadels ist Hunyadi 1446 für die Dauer des Interregnums zum Reichsverweser mit beinahe königlichen Befugnissen gewählt worden. Die Staatskunst lag ihm allerdings viel ferner als das Kriegshandwerk. Sechs Jahre hindurch, bis Kaiser Friedrich III., von den verbündeten Ständen von Ungarn, Österreich, Böhmen und Mähren bedrängt, ihren 12jährigen König Ladislaus freiließ, regierte Hunyadi Ungarn, wie er auch seinen feudalen Eigenbesitz verwaltete. Als der mächtigste der Barone konnte er der feudalen Anarchie Einhalt gebieten und auch die Kräfte der Rivalen in den Dienst der Landesverteidigung stellen. Die freie Königswahl vermochte er jedoch nicht durchzusetzen, und an eine durchgreifende Reform der Herrschaftsordnung, die schon Sigismund angestrebt hatte, dachte Hunyadi anscheinend überhaupt nicht.

Ebenso scheiterte aber der Versuch der Gegner, nach dem Tode Hunyadis seine Familie und Anhängerschaft zu beseitigen. Der blutigen Auseinandersetzung, die zum Bürgerkrieg zu entarten drohte, fielen Ulrich von Cilli, der letzte seines Geschlechtes, und Ladislaus, der ältere Sohn Hunyadis, zum Opfer. Als aber Ladislaus V. 17jährig ohne Erben starb, schlossen die beiden Parteien ein Kompromiß, dem zufolge der jüngere Hunyadi-Sohn, Mathias, zum König ausgerufen wurde.

König Mathias I. (1458—1490) erbte das Feldherrentalent seines Vaters, übertraf ihn aber weit nicht nur als Staatsmann, Diplomat und Kunstfreund, sondern auch an politischem Ehrgeiz. Er wurde ein Renaissancefürst mit der ritterlichen Gesinnung des ungarischen Edelmannes. Aus den heterogenen Komponenten seiner Gedankenwelt erklären sich die Widersprüche und oft verschlungenen Wege seiner Innen- und Außenpolitik.

Der 16jährige befreite sich in einigen Monaten von jeder Bevormundung durch die Großen, die ihn auf den Thron erhoben hatten. In kaum 10 Jahren verschaffte er dem Königtum absolute Überlegenheit im Ständestaat, indem er durch die

Umgestaltung des Steuer- und Regalienwesens sich die Mittel zur Schaffung und Erhaltung eines stehenden Söldnerheeres sicherte. Mathias führte die schon von Sigismund angestrebte Modernisierung des Herrschaftssystems vor allem auf Kosten der feudalen Großgrundbesitzer durch. Wie einst Karl von Anjou, löste auch er die alte Aristokratie durch eine ihm ergebene neue ab. Gegen den Autokraten, der als berufener Hüter des Gemeinwohls sich über feudale Vorrechte und seine eigenen Verpflichtungen gleich unbekümmert hinwegsetzte und auch mit der traditionellen Türkenpolitik seines Vaters brach, lehnten sich vergeblich eben die treuesten alten Anhänger des Hunyadi-Hauses auf. Niemals bediente er sich aber der hinterlistig-grausamen Methoden seiner italienischen Zeit- und Standesgenossen. Persönliche Despotie lag ihm fern, in der Erinnerung der niederen Volksschichten lebte er sogar als „Mathias der Gerechte" fort.

Sein Ziel war eine stabile, auf dem Ständetum begründete, aber im wesentlichen doch absolute Erbmonarchie. Zu diesem Zweck förderte er die Gemeinschaften, wo eine oligarchische oder persönliche Machtzusammenballung ausgeschlossen war: den Komitatsadel, die Handelsstädte der Randgebiete und die „oppida" genannten Bauernstädte der Tiefebene. 1485 erhielt der Reichstag das Recht der Wahl des Palatins, dessen Befugnisse wesentlich erweitert wurden, um den Wirren des Thronwechsels vorzubeugen und die Beständigkeit des Herrschaftssystems zu sichern. Das „Decretum majus" von 1486, das umfassendste Gesetz des Königs aber wurde, im Gegensatz der Rechtsauffassung der Zeit, für „ewig gültig" erklärt.

Das stehende Söldnerheer machte den König von der Kriegsmacht der Aristokratie weitgehend unabhängig und ermöglichte eine selbständige und oft recht gewagte Außenpolitik. Die Türkengefahr hat für Mathias den absoluten Vorrang bald verloren. Mehemed II., der Eroberer, wagte ja nach seiner Niederlage bei Belgrad auf Ungarn keinen Großangriff mehr. Das klägliche Scheitern des von Papst Pius II. einberufenen Fürstenkongresses von Mantua (1460) hat aber gezeigt, daß an einen gesamteuropäischen Kreuzzug, der allein die Türken aus Europa hätte verdrängen können, nicht mehr zu denken war. Der Kleinkrieg ging allerdings weiter, und Mathias ließ den Feind nie aus den Augen. Er griff aber nur selten, bei ernster Gefährdung des südlichen Verteidigungssystems persönlich und mit Einsatz aller Kräfte ein. Die Last des fast pausenlosen Abwehrkampfes trug das Aufgebot der ungarischen Grenzgebiete, geführt von den territorialen Würdenträgern.

Im Westen versuchte Mathias mit Waffengewalt und Diplomatie zu erzwingen, was vor ihm Sigismund als Erbe Karls IV., jedoch sich ebenfalls auf Ungarns Kraft stützend, erreicht hatte: die Krone Böhmens und vielleicht auch die des Reiches. Zunächst bekämpfte er an der Seite des Papsttums und des Kaisers den hussitisch gesinnten König Georg Podiebrad, dann stand er einer böhmisch-polnisch-österreichischen Koalition gegenüber und hatte schließlich Kaiser Friedrich III. zum Gegner. Dank seiner militärischen und diplomatischen Überlegenheit gewann Mathias außer dem böhmischen Königstitel Mähren, Schlesien, Lausitz, Steiermark, Kärnten und Niederösterreich mit Wien. Hier bereitete der frühe Tod — man munkelte von Giftmord — seinem Aufstieg ein jähes Ende.

Die schwere Auseinandersetzung mit den nördlichen und westlichen Nachbarn wurde dem König nicht unmittelbar, durch äußere Umstände aufgezwungen. Doch ging der Kampf eigentlich um die Vorherrschaft in Ostmitteleuropa; denn Kasimir von Polen hatte seinen Anspruch auf die ungarische Krone nie aufgegeben, der Kaiser aber arbeitete immer darauf hin, Ungarn für das Haus Habsburg zu erwerben. Diesen Hegemoniebestrebungen stellte Mathias seine eigene imperiale Konzeption entgegen. Ob sein Trachten nach der Kaiserkrone völlig ernst gemeint war und dem Zweck diente, mit den vereinten Kräften des Reiches und Ungarns die Türkengefahr zu beseitigen, muß allerdings dahingestellt bleiben. Jedenfalls trafen realpolitische Motive mit dem persönlichen Geltungsbedürfnis des Königs zusammen.

Mathias' Eroberungen gingen nach seinem Tode bald verloren, und auch sein innenpolitisches Reformwerk wurde größtenteils vernichtet. Seine wirkliche Bedeutung für die ungarische Geschichte liegt vielmehr in der starken und anhaltenden geistigen Wirkung seiner Persönlichkeit. Eine glänzende Hofhaltung in Buda und Visegrád zeugte vom Stolz und Ehrgeiz des Renaissancefürsten. Sie wurde zum ersten Herd florentinischer Renaissancekultur nördlich der Alpen. Der Hofhistoriker Antonio Bonfini erdichtete für Mathias zum Familienwappen der Hunyadi eine vornehme altrömische Abstammung, daher der Beiname „Corvinus". Die Gesinnung des Königs und seiner ungarischen Umgebung brachten aber die den Zeitgenossen ebenso geläufigen Bezeichnungen „secundus Attila" und „der skythische Mars" viel besser zum Ausdruck. Dem antikisierenden Heidentum wurde der ebenfalls heidnische Attila-Mythos entgegengestellt. Der Gelehrsamkeit und dem bürgerlichen Utilitarismus der italienischen Hofhumanisten aber stand das Sendungsbewußtsein der „unbändigen skythischen Rasse" gegenüber, die wegen ihrer Kriegstüchtigkeit von Gott selbst zur Verteidigung der Christenheit bestimmt worden sei und ebendeshalb keine Zeit und Muße zur geistigen Bildung gehabt habe. Die christliche Wurzel dieses gemeinadligen Lebensideals war schon bei König Béla IV., die heidnische in der Hunnengeschichte Kézais zu erkennen. In den Äußerungen König Mathias' und seiner Humanisten zuerst literarisch formuliert, gelangte es aber zu einer Geltung, wodurch die Lebensauffassung und das politische Denken der Massen bis zum Ende des Ständestaates weitgehend bestimmt wurden.

Der volkstümliche Patriotismus des Königs enthielt schon gewisse Ansätze eines Sprachnationalismus. Dieser war dem Humanismus keineswegs fremd, entsprach aber auch der ungarischen Wirklichkeit der Zeit. Denn die Magyaren, die sich als Staatsvolk fühlten, bildeten am Ende des Mittelalters im Karpatenraum, dem Kernland des Königreiches, 75 bis 80 v. H. der Bevölkerung. Die Gleichgültigkeit der Reiternomaden gegen das Sprachenproblem scheint jedoch ebenfalls noch weitergewirkt zu haben, so führte der glühende Fremdenhaß, eine allgemeine Erscheinung der Zeit, hier nicht zu solchen folgenschweren Spannungen wie etwa in Böhmen. Aus den Reichstagsbeschlüssen geht klar hervor, daß nur Ausländer, nie aber die anderssprachigen Landesbewohner als Fremde galten. Die von König Mathias 1486 geschaffene „sächsische Nationsuniversität" in Siebenbürgen wurde sogar als Vollendung einer konsequenten Politik die erste autonome Organisation einer nationalen Minderheit in Europa. Eine weniger entwickelte territoriale Autonomie besaßen nicht nur die Zipser Sachsen, sondern auch die ungarisch sprechenden Székler und die sprachlich und kulturell schon teilweise assimilierten Kumanen und Jazygen. Alle blieben außerhalb der ständischen Organisation der Komitate und sollten im Dienste des Königtums der feudalen Aristokratie entgegenwirken. Die Versuche, die Rumänen auf gleiche Weise durch territoriale Autonomie dem Königtum unmittelbar dienstbar zu machen, führten zu keinem bleibenden Erfolg. Wie die Slowaken und Ruthenen, gliederten sich auch die Rumänen in die ungarische Gesellschaft ein, die Massen wurden Fronbauern, die Oberschicht aber ging im ungarischen Adel auf, ohne jedoch ihre Sprache überall zwangsläufig einzubüßen. Es wirkte überhaupt nur die natürliche Assimilation; sie kam freilich hauptsächlich der ungarischen Mehrheit zugute.

Entstanden „nationale" Spannungen, so waren sie stark wirtschaftlich und sozial bedingt wie der meist erfolglose Kampf des deutschen Patriziats mancher Städte gegen die aus der Umgebung zugezogenen Ungarn oder Slowaken. Jeder städtische Magistrat gleich welcher Zunge suchte z. B. den Zuzug von Adligen zu verhindern. Die ungarische Staatsidee wurde aber nicht einmal durch das abgeschlossen für sich lebende sächsische Bürgertum in Frage gestellt. Hätte Ungarn auf dem von Mathias eingeschlagenen Weg fortschreiten und das Zeitalter des Absolutismus als staatliche Einheit unter einer starken, einheimischen Dynastie erleben können, wäre vermutlich auch im Karpatenraum ein wenn nicht in ethnischer, so doch in politischer Hinsicht einheitlicher „Nationalstaat" wie in Westeuropa entstanden.

XII. DIE KATASTROPHE
DES STÄNDESTAATES

König Mathias' Versuch, eine Dynastie zu gründen, schlug fehl. Sein natürlicher Sohn, Herzog Johannes Corvinus, erwies sich als ein Schwächling. Mit dem Jagiellonen Wladislaw II. (1490—1516), König von Böhmen, erhob die feudale Aristokratie einen Herrscher auf den Thron, den sie jederzeit „beim Schopf halten konnte". Das Regierungs- und Verteidigungssystem und das soziale Gleichgewicht, die Mathias mühsam aufgebaut hatte, wurden bald zerstört. Hoch- und Gemeinadel waren nur im Bestreben einig, die ganze Last der Landesverteidigung dem Königtum aufzubürden, das sie bettelarm gemacht hatten. Sonst wurde der mittlere und niedere Adel von den Großgrundbesitzern in die Opposition gedrängt. Er organisierte sich immer mehr als eine Massenpartei, die auf den Reichstagen manche, hauptsächlich gegen die Ausländer gerichteten Beschlüsse erzwingen, die Exekutive aber höchstens vorübergehend an sich reißen konnte. Im sog. Tripartitum, der von Stephan Verböczy 1514 dem Reichstag vorgelegten Sammlung der ungarischen Gewohnheitsrechte, setzte der Gemeinadel die Fiktion der „una et eadem libertas" aller Privilegierten und die Theorie der hl. Krone als Inbegriff der adligen Nation und Quelle der königlichen Macht den realen Machthabern, Magnaten und dem hohem Klerus entgegen. Obwohl nie zum Gesetz erhoben, wurde das Tripartitum bald zur Grundlage des ungarischen Staats- und Rechtsdenkens und blieb es bis 1848.

Die Leidtragenden der Habsucht und der Interessenkämpfe der machthungrigen weltlichen und kirchlichen Aristokratie waren hauptsächlich das Bauernvolk und die früher privilegierten „oppida". Ihre Erbitterung war es, die den von Kardinal Thomas Bakócz im Auftrage des Papstes Leo X.

verkündeten Kreuzzug 1514 in einen erbarmungslosen Bauernkrieg verwandelte. Ein armer Edelmann und tapferer Soldat der Türkenkriege, Georg Dózsa, und auch mehrere Pfarrer der Bauernstädte führten die aufrührerischen Massen an, die erst Johann Zápolyai, Wojwode von Siebenbürgen, ebenso grausam niederschlagen konnte. Als Vergeltung beschloß der Reichstag „die ewige Hörigkeit" der Bauern, die Verböczy sofort in sein Tripartitum aufnahm. Dadurch wurde die ungarische Gesellschaft für Jahrhunderte in eine alles Recht besitzende „politische Nation" und ein völlig rechtloses Volk gespalten, gerade in dem Augenblick, wo Sultan Suleiman II. sich anschickte, die volle Kraft seines mächtig erweiterten Reiches gegen Ungarn einzusetzen.

Diplomatie und Geld der Päpste konnten nicht ersetzen, was korrupte und unfähige Führer in Ungarn und die um die europäische Hegemonie ringenden Mächte im Westen versäumt hatten. Ohne auf die Truppen des Wojwoden Johann Zápolyai zu warten, trat der junge König Ludwig II. (1516–1526) mit kaum 25 000 Mann am 29. August 1526 bei Mohács der etwa fünffachen Übermacht des Sultans entgegen. Nach einem kurzen, heldenmütigen Kampf blieben der größte Teil des Heeres und fast alle kirchlichen und weltlichen Würdenträger auf dem Schlachtfeld liegen. Der fliehende König ertrank in einem angeschwollenen Bach. Die Katastrophe von Mohács bedeutet einen traurigen Wendepunkt der ost- und mitteleuropäischen Geschichte. Ungarn wurde als selbständige politische Macht, die fast 150 Jahre hindurch die Hauptlast des Abwehrkampfes gegen den Islam getragen hatte, und die türkische Herrschaft auf dem Balkan immer gefährdete, endgültig ausgeschaltet. Für die islamische Großmacht öffnete sich damit der Weg in das Herz Europas.

Das siegreiche türkische Heer plünderte die Hauptstadt, verwüstete zwölf Komitate im Herzen des Landes und zog mit angeblich 150 000 Gefangenen beiderlei Geschlechts aus Ungarn vorerst zurück. Die innere und äußere Lage des Landes hatte sich aber völlig geändert. Um den verwaisten Thron begann ein verhängnisvolles Ringen. Zuerst gelang es Johann Zápolyai, sich zum König wählen und krönen zu lassen. Der reichste Großgrundbesitzer Ungarns stützte sich hauptsächlich auf den niederen Adel, für den er als Repräsentant echten Ungartums, als ein „nationaler König" galt. Ferdinand von Habsburg berief sich vergebens auf die mit den Jagiellonen geschlossenen Erbverträge. Auch er mußte den Grundsatz des Wahlkönigtums anerkennen. Da man von ihm die Hilfe des mächtigen Kaiserreiches gegen die Türken erhoffte, hatte Ungarn Ende 1526 schon zwei Könige. Keiner war jedoch stark genug, den anderen endgültig aus dem Lande zu verdrängen, geschweige denn die Türkengefahr zu bannen. König Johann suchte in seiner Bedrängnis an den Feinden der Habsburger Rückhalt. Die Verbindung mit Frankreich führte zwangsläufig zum türkischen „Bündnis", das ihn und sein Land in der Tat dem Sultan auslieferte.

Manche haben die Gefahren der Spaltung erkannt, und der ungarische Gemeinadel hat mehrmals vergeblich die Wiedervereinigung versucht. Eine weitreichende geschichtliche Bedeutung wurde aber nur den Bemühungen des letzten Ratgebers und Vertrauten von König Johann, des Paulinermönches Frater Georgius Utješenić-Martinuzzi, zuteil. Die moralische Integrität des Menschen ist eine Ausnahmeerscheinung der Zeit. Die Entwicklung seiner Gesinnung und sein tragisches Ende können für Hunderte von anderen ähnlichen Schicksalen stehen. Der ehemalige Soldat aus dem kroatisch-dalmatinischen Kleinadel kannte die Türken und wußte genau, wie sie zu behandeln sind. Seine tiefe christliche Frömmigkeit hinderte ihn nicht, im Interesse seines Herrn, König Johann, die Verständigung mit ihnen zu suchen. Wie aber der ergebene Diener und Vertrauensmann des unfähigen Schützlings Suleimans zum unermüdlichen Verfechter der Einheit Ungarns wurde, zeugt sowohl von der Anziehungs- und Assimilierungskraft des Ungartums als auch von seinem staatsmännischen Weitblick. König Johann belohnte ihn mit dem reichen Bistum Várad (Großwardein); in realistischer Einschätzung der Kräfteverhältnisse arbeitete

aber Frater Georg auf eine Wiedervereinigung unter dem Habs-
burgerkönig hin. Schließlich wurde der Paulinermönch Erzbischof von Esztergom (Gran) und erhielt den Kardinalshut.
Als er jedoch das Unvermögen Ferdinands gegenüber den
Türken sah, begann er in dem von ihm verwalteten Ostungarn, dessen Kerngebiet Siebenbürgen werden sollte, einen
selbständigen Staatsapparat aufzubauen.

Die Pforte betrachtete Ungarn seit Mohács als erobertes
Königreich, doch war ihre Armee für eine dauernde Besetzung
noch nicht vorbereitet. So diente das Land vorerst nur als Auf-
marschgebiet gegen das Habsburgerreich, dem der nächste und
entscheidende Schlag gelten sollte. Suleimans erster Großangriff
brach 1529 vor den Mauern Wiens zusammen, den zweiten aber
hielt 1532 die kleine, von Nikolaus Jurisich mit einigen Husaren
und den dorthin geflüchteten Bauern verteidigte Burg Köszeg
(Güns) auf. Im Streit der Könige unterstützte Suleiman selbstverständlich Johann, der ihm 1529 bei Mohács als seinem
Suzerän huldigte. Nach islamischer Rechtsauffassung galt das
Königreich fortan als islamisches Gebiet. Frater Georg brachte
jedoch 1538 zwischen den beiden Königen den Frieden von
Várad und einen geheimen Erbvertrag zugunsten Habsburgs
zustande. Nach dem Tode König Johanns sah sich der Sultan
genötigt, das Kerngebiet Ungarns in das Osmanische Reich unmittelbar einzugliedern, um die Besitznahme durch Ferdinand
zu verhindern[28a]. Unter dem Vorwand der Beschützung des
einjährigen Waisen des Königs Johann gelang es ihm, 1541 die
Hauptstadt Buda ohne Schwertstreich endgültig zu besetzen. In
wenigen Jahren wurde die Mitte Ungarns, die fruchtbarsten
und am dichtesten bevölkerten Gebiete, dem Türkenreich eingegliedert.

[28a] J. Matuz, Der Verzicht Süleymans des Prächtigen auf die Annexion Ungarns, in: Ungarn-Jahrbuch 6, 1974—1975, S. 38—46.

XIII. DAS DREIGETEILTE UNGARN –
DIE TÜRKENZEIT BIS 1606

Ungarn wurde in drei Teile gespalten. Frater Georg gab jedoch seinen Kampf um die Einheit des Königreiches nicht auf. Nachdem Ferdinand der Witwe, der polnischen Königstochter Isabella, und dem Sohn König Johanns eine angemessene Entschädigung vertraglich zugesichert hatte, konnte sein General Castaldo 1551 mit einem kleinen deutsch-spanischen Heer auch in Siebenbürgen einziehen. Frater Georg, dem das Amt des Wojwoden von Siebenbürgen geradezu aufgezwungen wurde, hoffte den bevorstehenden türkischen Gegenschlag mit den bewährten Mitteln, Geld und Geheimdiplomatie, parieren zu können. Der italienische Söldnergeneral, ein tüchtiger Meister des Kriegshandwerks, war aber den politisch-diplomatischen Verwicklungen nicht gewachsen. Von Angst und Mißtrauen getrieben, benutzte er seine von Ferdinand erhaltene Vollmacht und ließ den Mönch, den einzigen Menschen, der Ostungarn mit Siebenbürgen für Habsburg vielleicht hätte retten können, bei nächtlicher Andacht durch seine Offiziere überfallen und ermorden. Erhebliche Ausweitung des türkischen Herrschaftsgebietes in allen Richtungen war die unmittelbare Folge. Schließlich mußte Castaldo auch Siebenbürgen räumen, das, mit Hilfe des Sultans, Isabella für ihren Sohn in Besitz nahm. Im dreigeteilten Ungarn zeichnete sich in seinen Hauptzügen das Kräftespiel ab, das die Geschicke des Karpatenraumes für über anderthalb Jahrhunderte bestimmen sollte.

Staatsrechtlich war das „königliche Ungarn" unter Habsburg die legitime Nachfolge des alten ungarischen Königreiches. Es schrumpfte jedoch zu einem schmalen Streifen im Westen und Norden zusammen. Preßburg (ungarisch Pozsony, slowakisch Bratislava) an der Westgrenze stieg zur Hauptstadt empor.

Hier residierte die Ungarische Kammer, wurden die Könige gekrönt und die Reichstage abgehalten. Es war ein Provisorium, das bis 1848 dauern sollte. Der Staatsapparat erfuhr aber tiefgehende Wandlungen. Da Karl V., verhängnisvoll verwickelt in den weltpolitischen Machtkampf und die Wirren der Glaubensspaltung, seinem Bruder keine entscheidende Hilfe gewähren konnte, versuchte dieser sich die Kräfte des ihm zugefallenen heterogenen Länderkomplexes durch moderne, absolutistische Zentralisierungsmaßnahmen dienstbar zu machen. Das führte zwangsläufig zu einem schrittweisen Abbau der selbständigen Verwaltung in Ungarn. Das Amt des Palatins blieb Jahrzehnte hindurch unbesetzt. Wichtige, hauptsächlich wirtschaftliche, finanzielle und militärische Befugnisse gingen auf zentrale Behörden wie Hofrat, Geheimrat, Hofkanzlei und Hofkammer über. Diese Bindungen wurden noch verstärkt dadurch, daß das königliche Ungarn immer mehr zu einem Vorfeld des Reiches herabsank. Die Habsburger mußten den Frieden mit den Türken immer wieder durch Diplomatie, Geschenke und Tributzahlungen erkaufen und statt der Befreiung die weitere Ausbreitung der Türkenmacht durch einen ausgedehnten Grenzburggürtel aufhalten. Zum Aufbau und Unterhalt dieser Festungslinie, „der nächsten Vormauer der teutschen Nation", trugen aber nicht nur die Erbländer, sondern auch das Reich durch seine „mitleidige beharrliche Hilfe" bei[29]. So begann die Ausgestaltung eines Regierungssystems, das im Sinne des neuzeitlichen Absolutismus gewiß fortschrittlich war, jedoch mit den in Ungarn herrschenden Souveränitätsvorstellungen und der ständischen Verfassung nie recht in Einklang gebracht werden konnte. Die Gegensätze verschärften sich infolge der zunehmenden Entfremdung zwischen Ungarn und dem in Wien oder Prag residierenden Hof und seiner Bürokratie, die gerade bei der Lösung der finanziellen und militärischen Probleme des Türkenkampfes, der nach ungarischem Standpunkt lebenswich-

---

[29] Zitiert nach Szekfü (B. Hóman — Gy. Szekfü, Ungarische Geschichte III. [ungar.], 3. Aufl. Budapest 1935. S. 142).

tigen Aufgabe, meist versagte. Den offenen Bruch löste jedoch erst das Verhalten Rudolfs (1576—1608) aus. Seine Behörden versuchten durch Konfiskation der Güter von angeblichen Hochverrätern der chronischen Finanzmisere abzuhelfen und die Rekatholisierung des überwiegend protestantisch gewordenen Landes mit Gewalt durchzusetzen. Von da an war die Sache der Religionsfreiheit von der des politischen Selbstbestimmungsrechts nicht mehr zu trennen.

Das im Osten des ungarischen Königreiches entstandene und dem Sultan tributpflichtige Fürstentum Transsilvanien umfaßte außer Siebenbürgen auch das sog. „Partium", die östlichen, durch den mächtigen türkischen Keil vom königlichen Gebiet abgeschnittenen Teile Ungarns. Sein von Frater Georg geschaffener staatlicher Aufbau war im wesentlichen die Fortsetzung des alten ungarischen. Als prekäre Grundlage dienten die seit der Mitte des 15. Jahrhunderts wiederholt geschlossenen „Unionen", d. h. Schutz- und Trutzbündnisse der drei „Nationen": der in Adelskomitaten organisierten Ungarn und der autonomen Gemeinschaften der Székler und Sachsen. Ihre Vertreter wählten den Fürsten, der vom Sultan bestätigt wurde. Wie einst König Mathias Corvinus, konnte aber ein fähiger Fürst unter dem Schein der Ständeverfassung seinen Willen immer durchsetzen. In der Tat sicherte eben die fürstliche Macht den Fortbestand des Kleinstaates, der weder ethnisch noch konfessionell eine organische Einheit bildete. Die „sächsische Universität" hat durch die Annahme des lutherischen Bekenntnisses ihre soziale, politische und kulturelle Eigenständigkeit weiter gefestigt. Die innere Krise des Széklertums, ausgelöst durch die unvermeidliche Angleichung an die Gesellschafts- und Verwaltungsordnung der Ungarn, hat sich jedoch immer mehr verschärft. Während die Oberschicht dem ungarischen Adel gleichgestellt wurde, büßte die Masse der Gemeinszékler ihre Vorrechte und Freiheit größtenteils ein und begann in die Hörigkeit abzusinken. Ihren Aufstand hat Fürst Johannes Sigismund, Sohn des Königs Johann Zápolyai, blutig niedergeschlagen, das Széklerland aber wurde für Jahrhunderte ein Herd von Unruhen, wo das Volk immer bereit war, fremden Mächten gegen die fürstliche Zentralgewalt als williges Werkzeug zu dienen.

Nach der Schätzung eines gut informierten Zeitgenossen, des Humanisten und späteren Erzbischofs von Esztergom (Gran), Anton Verancsics, hat die Zahl der Rumänen in Siebenbürgen um die Mitte des 16. Jahrhunderts die der Ungarn, Székler oder Sachsen erreicht. Ihre Grenzwächterbezirke entwickelten sich zu regelrechten autonomen Komitaten mit überwiegend rumänischem Adel. Die niedrigere Kulturstufe der Berghirten, der Mangel an Nationalbewußtsein und eigener kirchlicher Hierarchie haben sie jedoch gehindert, die ihnen zugesicherten Ansätze einer Autonomie zu einer umfassenden politischen Organisation zu entfalten. Nationale Gesichtspunkte spielten dabei keine Rolle, bezeichnenderweise ging die Pflege der rumänischen Volkssprache von Siebenbürgen und nicht von den Wojwodenschaften aus. Sächsische und ungarische Mäzene waren es, die im 16. Jahrhundert die ersten rumänischen Bücher überhaupt im Dienste der Reformation drucken ließen.

Zu der ethnischen Mannigfaltigkeit trat seit der Reformation die religiöse. Der erste Fürst, Johannes Sigismund, wechselte viermal seinen Glauben, und der Kampf um die Seelen führte zu einer mehr oder weniger friedlichen Koexistenz der Konfessionen. Diese gegenseitige Toleranz bedeutete zwar keine Religionsfreiheit im modernen Sinne, war aber im damaligen Europa ohnegleichen. Während die sächsische Universität sich geschlossen zum Luthertum bekannte, wurden die Ungarn zum Teil Kalvinisten, zum Teil Unitarier. Die Székler aber blieben katholisch oder folgten dem Beispiel der Ungarn. Alle vier Konfessionen wurden durch die Stände „rezipiert", d. h. anerkannt. Die Orthodoxie galt als „geduldete" Religion, weil ihre Anhänger, ausschließlich Rumänen, keine ständische Nation bildeten.

Dem Fürstentum Siebenbürgen gab nicht nur die Tradition ein ungarisches Gepräge. Das Übergewicht der Ungarn wurde durch das fruchtbare und dichtbevölkerte „Partium" gesichert. Bis zur zweiten Hälfte des 17. Jahrhunderts stammten auch die

Fürsten aus dem ungarischen Adel diesseits des Königspasses. Das ungarische Element war es auch, das im überwiegend protestantischen Kleinstaat schließlich dem Kalvinismus zur Vorherrschaft verhalf.

In der Außenpolitik des Fürstentums Siebenbürgen spielte im 16. Jahrhundert die Wiedervereinigung mit dem königlichen Ungarn eine entscheidende Rolle. Schon Johannes Sigismund hatte die Oberhoheit König Maximilians 1570 im Vertrag von Speyer anerkannt, desgleichen sein Nachfolger Stephan Báthory, der erste gewählte Fürst von Siebenbürgen (1571—1576) und der spätere hervorragende Polenkönig. Sein Neffe Sigismund (1581 bis 1597) beteiligte sich sogar als Verbündeter Kaiser Rudolfs an dem Krieg gegen die Türken. Seine von Stephan Bocskay geführten Truppen halfen dem walachischen Wojwoden, Michael dem Tapferen, 1595 bei Giurgiu den türkischen Großvezir vernichtend zu schlagen, und er selbst erhielt eine Habsburger Prinzessin zur Frau. Nach der unglücklichen Schlacht von Mezökeresztes (1596) wurde der Türkenkrieg noch zehn Jahre hindurch als aussichtsloses Ringen um einzelne Grenzburgen weitergeführt, der vielversprechende junge Fürst aber entwickelte sich zu einem abartigen Psychopathen, dessen politische Eskapaden sein Land in fürchterliches Elend und Chaos stürzten. Nach den türkischen Vergeltungszügen, die die ungarische Bevölkerung der fruchtbaren Täler des Körös und Szamos ausgerottet hatten, beschwor er durch die Übergabe Siebenbürgens an Rudolf die Schreckensherrschaft des Generals Georg Basta und das ebenfalls blutige Eingreifen Michaels des Tapferen herauf. Die Stände Siebenbürgens erwiesen sich als unfähig, die Geschicke des Fürstentums selbst in die Hand zu nehmen, und dem walachischen Wojwoden gelang es, unterstützt von den unzufriedenen Széklern, für kurze Zeit außer Moldau auch Siebenbürgen unter seine Herrschaft zu bringen.

Die bereits erwähnten Gewaltmaßnahmen kaiserlicher Behörden gegen ungarische Großgrundbesitzer und den Protestantismus haben 1604 den Aufstand des Stephan Bocskay entfesselt. Der frühere Anhänger und Ratgeber Rudolfs, kalvinistischer

Magnat aus dem „Partium", begann seinen Kampf mit den Haiducken, einem ursprünglich aus Südslawen bestehenden, verwegenen, aber berüchtigten Kriegsvolk, das zu dieser Zeit sich schon hauptsächlich aus heimatlosen ungarischen Flüchtlingen rekrutierte. Politische und Religionsfreiheit waren als Ziel und Aufgabe nunmehr miteinander so untrennbar verbunden, daß der Aufstand sich nicht nur auf die Ungarn beschränkte. Die ständische Verfassung Ungarns kannte ja keine sprachlichen oder völkischen Unterschiede, und die rücksichtslose Anwendung des Grundsatzes „cujus regio illius religio" zugunsten der katholischen Kirche traf zuerst und am schwersten gerade das überwiegend deutschsprachige Bürgertum der königlichen Städte in Oberungarn. Bürger, Bauern, Kleinadel schlossen sich in Massen dem Aufstand an, und Bocskay, 1605 zum Fürsten Ungarns und Siebenbürgens ausgerufen, erzwang im Wiener Frieden von 1606 wichtige religionspolitische Zugeständnisse und schließlich auch die Beendigung des Türkenkrieges auf Grund des Status quo.

XIV. DIE TÜRKENZEIT UND IHRE FOLGEN –
DER KAMPF GEGEN DEN ABSOLUTISMUS

Bocskays Auftreten und Sieg eröffneten eine neue Epoche in
Ungarns Geschichte. Das Verhältnis zwischen West und Ost hat
sich gründlich geändert. Nach seiner Konzeption, die er kurz
vor seinem Tode in einem politischen Testament niederlegte,
war ein friedliches Gleichgewicht zwischen dem Deutschen und
dem Türkischen Reich lebenswichtig für Ungarn, das selbständige und territorial erweiterte Fürstentum Siebenbürgen aber
sollte als Hort ungarischer Eigenstaatlichkeit unter dem Schutz
des Sultans fortbestehen, solange „die Krone dort oben bei dem
Deutschen sei". Unter Gabriel Bethlen (1613–1629) und
Georg I. Rákóczi (1630–1648) hat Siebenbürgen diese Aufgabe
vollends erfüllt. Bethlens moderner, merkantilistisch geprägter
Absolutismus ließ das Land und seine kalvinistisch-ungarische
Geisteskultur aufblühen. Beide Fürsten nahmen am Dreißigjährigen Krieg als gleichberechtigte Partner der protestantischen
Mächte teil. Ihr Hauptmotiv wird allerdings persönlicher Ehrgeiz gewesen sein, doch wurden in den Separatfrieden, die ihre
Züge gegen Habsburg 1622 in Nikolsburg, 1624 in Wien, 1626
in Preßburg, 1645 in Linz abschlossen, auch die Forderungen
der Stände Ungarns berücksichtigt. Ohne Siebenbürgen wäre
Ungarn das gleiche Schicksal zuteil geworden wie Böhmen nach
der Schlacht am Weißen Berge. Der übertriebene Ehrgeiz des
Fürsten Georg II. Rákóczi wurde jedoch Siebenbürgen zum Verhängnis. Sein unüberlegter Griff nach der polnischen Krone
wider den Willen des Sultans kostete ihn 1660 Thron und Leben. Unter dem Marionettenfürsten Michael Apafi war Siebenbürgen nur mehr ein willenloser Satellit des Türkenreiches.

Die Kriegszüge Bethlens und Georgs I. Rákóczi vermochten
den Sieg der Gegenreformation im königlichen Ungarn nicht

aufzuhalten. Denn der Jesuit Peter Pázmány, Erzbischof von Esztergom und Kardinal, sowie seine Ordensbrüder bedienten sich im Kampfe um die Seelen meisterhaft der gleichen geistigen Waffen, mit denen die Reformation im 16. Jahrhundert Ungarn fast restlos erobert hatte. Pázmány gründete 1635 in Tyrnau (Nagyszombat, slowakisch Trnava) die in Budapest heute noch bestehende Universität und erwies sich in seinen Predigten und Schriften als einer der glänzendsten und wirkungsvollsten Stilisten der ungarischen Sprache. Er führte die mächtigsten Magnatenfamilien West- und Nordungarns in die katholische Kirche zurück. Oft mußte ihnen das gesamte Volk ihrer Ländereien folgen.

Die Rekatholisierung stärkte erheblich die Bindung an die Habsburgerdynastie und gehörte seit Rudolfs Zeiten zur offiziellen Regierungspolitik. Sie vertiefte aber die Spaltung zwischen Ost und West nicht nur konfessionell, sondern auch in bezug auf die Türken. Seit Bocskay hat sich Siebenbürgen mit der Osmanenherrschaft notgedrungen abgefunden. Die nun mehr überwiegend katholische Elite des königlichen Ungarns fühlte sich der gesamtungarischen Tradition des 15. und 16. Jahrhunderts verpflichtet, die Ungarn als Bollwerk der abendländischen Christenheit und den Türkenkampf als eine nationale Aufgabe betrachtete. Die Türken sorgten jedoch selber dafür, daß diese Ideen auch im Osten nicht vollständig abstarben. Denn die Schutzherrschaft des Padischah bedeutete keine Sicherung der siebenbürgisch-osmanischen Grenze. Das Fürstentum mußte sein Gebiet vor den Einfällen der türkischen Grenzgarnisonen ebenso schützen wie das königliche Ungarn. Die Linie der Grenzfestungen umschloß daher in einem großen, von der Adria bis zu den Südkarpaten reichenden Bogen den mächtigen, bis in das oberungarische Bergland ragenden türkischen Keil. Sie bildete allerdings keine geschlossene und unüberwindbare Trennwand. Händler, Bauern, Boten gingen hin und her, aber die Waffen ruhten nie. Auf der christlichen Seite waren auch kaiserliche Söldnertruppen stationiert, der türkischen Taktik des ständigen Kleinkrieges erwiesen sich jedoch nur die Einheimischen gewachsen. Heimatlose Flüchtlinge, ihren Herren entflohene Leibeigene, habgierige Abenteurer, gewalttätige Edelleute kämpften Seite an Seite; es entstand eine Solidarität, die soziale und ethnische Unterschiede weitgehend verwischte. Verwegene Beutezüge und kühne Handstreiche, blitzschnelle Angriffe aus dem Hinterhalt und ritterliche Zweikämpfe formten einen neuen Kriegertyp und auch eine neue Waffengattung: die der Husaren.

Man lernte den tapferen Feind achten, blieb jedoch des unüberbrückbaren Gegensatzes zwischen Christenheit und Islam stets bewußt. Diese harte Welt der Grenzfestungen, die eine Poesie von eigenartiger Schönheit hervorbrachte, hat auch die politische Mentalität der Ungarn und ihrer Schicksalsgenossen nachhaltig beeinflußt[30]. Ohne ihre Kenntnis kann man naturgemäß die Kuruzen-Kriege nicht verstehen, die am Ende der Türkenzeit und in den darauffolgenden Jahrzehnten eine entscheidende Rolle spielen werden.

Im 17. Jahrhundert zeigte allerdings auch der Adel des königlichen Ungarns schon Zeichen einer gewissen Kriegsmüdigkeit. Doch wurde der Türkenkampf hier, im Gegensatz zu Siebenbürgen, grundsätzlich immer noch bejaht, und es gab auch mächtige Herren, die größtenteils auf eigene Kosten regelrechte Feldzüge gegen die Osmanen führten. Der Graf Nikolaus Zrinyi, Staatsmann, Feldherr, Schriftsteller und Dichter, dessen Urgroßvater 1566 bei der Verteidigung von Szigetvár sein Leben geopfert hatte, errang durch seine Siege europäischen Ruhm.

Er und der ganze gleichgesinnte ungarische und kroatische Hochadel kannten nur das eine Vaterland „Regnum Hungariae" und erwarteten vom König, der zugleich Kaiser war, dasselbe, was einst die Anhänger von Ferdinand I. erhofft hatten: die wirksame Unterstützung des Reiches. Die Hilfe kam auch jetzt nur zögernd oder gar nicht, selbst die Gründe der enttäuschen-

---

[30] Vgl. A. Angyal, Die Welt der Grenzfestungen. Ein Kapitel aus der südosteuropäischen Geistesgeschichte des 16. und 17. Jahrhunderts, in: Südost-Forschungen 16, 1957. S. 311—42.

den Passivität haben sich kaum geändert. Die Dynastie wollte mit dem Sultan unbedingt Frieden haben, zunächst wegen des Dreißigjährigen Krieges, dann um den Machtkampf mit Frankreich ausfechten zu können. In Ungarn hätte kaum einer diesen Grund begreifen können. Angesichts der Türken, die keine Gelegenheit versäumten, aus Ungarns Boden immer mehr an sich zu reißen, kümmerte hier niemanden das Schicksal der Niederlande oder der Kurpfalz.

Dazu kamen auch andere, weit zurückreichende Gegensätze. An erster Stelle steht der Gegensatz zwischen dem Ständestaat und der absoluten Monarchie. Den Ungarn kam es anscheinend weniger auf das Grundsätzliche als auf die Methoden der Wiener Behörden an. In Siebenbürgen hatten ja die einheimischen Fürsten kaum Schwierigkeiten, die Stände gefügig zu machen und absolutistisch zu regieren. Im königlichen Ungarn stießen ähnliche Versuche der Habsburger auf immer größeren Widerstand. Die ständische Verfassung wurde die wirkungsvollste Waffe im Kampf um das Selbstbestimmungsrecht und gegen jede von außen her aufgezwungene Reform. Dabei bot die Macht des fürstlichen Absolutismus Siebenbürgens einen willkommenen Rückhalt, zuweilen auch aktive Unterstützung. Darin hat auch Kardinal Pázmány, obwohl unerschütterlicher Anhänger Habsburgs, als Ungar die historische Aufgabe des Fürstentums erkannt und im Sinne Bocskays bejaht. In Wien aber war man geneigt, das starre Festhalten an den Einrichtungen eines Staatsorganismus, der ganz auf sich gestellt kaum hätte fortbestehen können, als verwerfliche Aufsässigkeit auszulegen.

Das Mißtrauen war besonders verhängnisvoll, weil es in den militärischen Kreisen tief wurzelte und von diesen genährt wurde. Das Verhältnis der in Ungarn stationierten und operierenden kaiserlichen Generale und ihrer Söldner zu der einheimischen Bevölkerung gestaltete sich zu einem furchtbaren Teufelskreis. Sie kamen von weit her, fühlten sich fremd und verlassen. Sie hausten wie im Feindesland, für rückständigen Sold entschädigten sie sich auf die damals übliche Soldatenart: durch Raub und Mord. Des Hasses und der Feindschaft, die sie heraufbeschworen, glaubten sie wiederum mit Gewalt Herr werden zu können. Die kaiserlichen Militärs haben für Habsburg in Ungarn mehr Feind als Freund gewonnen und seinen Interessen oft mehr geschadet als genützt. Ihrer Söldnermentalität war unbegreiflich, daß einfache Leute aus dem Volke, zu den Waffen gerufen, erklären konnten: „Wir gehen gegen die Heiden, aber gegen Ungarn ziehen wir das Schwert nicht!"[31] Für den berühmten kaiserlichen General Montecuccoli, der zur Kriegführung drei Dinge für nötig hielt: Geld, Geld und Geld, galten die Ungarn als „Rebellen und Räuber und ruchlose Menschen" — und er war mit seiner Meinung gar nicht allein. Das gleiche Mißtrauen, das einst die Tragödie des Fraters Georg herbeigeführt hatte, schloß die Ungarn aus der wichtigsten Behörde, dem Hofkriegsrat, aus, ließ ihre kriegserfahrenen Kontingente als Kanonenfutter verbluten und manche Initiative, gegen die Türken entscheidende Schläge zu führen, im Keime ersticken. Nicht einmal einem Nikolaus Zrinyi wurde ein seinen Fähigkeiten wirklich entsprechendes Kommando zugeteilt.

Nach der Jahrhundertmitte versuchte aber der tatkräftige Großvezir Mohammed, aus dem albanischen Geschlecht Köprülü, den Niedergang des Türkenreiches durch aggressive Außenpolitik aufzuhalten. Die Nachrichten vom bedrohlichen Vordringen der Osmanen, aber auch von den Siegen Zrinyis ließen das abendländisch-christliche Solidaritätsgefühl wieder aufleben. Montecuccoli trat 1664 mit seinem internationalen Heer erst vor den Grenzen Steiermarks der türkischen Hauptarmee entgegen, die bei Szentgotthárd eine vernichtende Niederlage erlitt. Zehn Tage später wurde jedoch in Vasvár ein Frieden geschlossen, dessen Nachricht in Europa Bestürzung, in

---

[31] Diese Antwort hörte man in Transdanubien auf den Aufruf des Palatins Paul Esterházy, als er 1682 die Komitate gegen die Kuruzen Thökölys zu den Waffen rief. (Zitiert nach I. Szabó, Ungarisches Volk — Geschichte und Wandlungen, Budapest — Leipzig 1944, S. 124.) Ganz ähnlich war die Reaktion der Haiducken, die der kaiserliche General Belgiojoso Barbiano 1604 gegen Bocskay schicken wollte.

Ungarn tiefste Erbitterung auslöste. Den Türken wurden nicht nur alle ihre neuesten Eroberungen belassen, sondern sie erhielten als „Geschenk" auch eine beträchtliche Kriegsentschädigung, als ob sie die Entscheidungsschlacht gewonnen hätten. Wien brauchte Frieden im Osten, um in der im Westen zu erwartenden Auseinandersetzung freie Hand zu haben.

Wie früher, ging die Rechnung Wiens auch jetzt nicht auf. Nicht nur Europa war bestürzt, in Ungarn hatte der Friede von Vasvár zur Folge, daß selbst das katholische Magnatentum sich vom Hofe abzuwenden begann. Mit dem Primas Georg Lippay waren manche überzeugt, daß die Regierung Ungarn absichtlich dem türkischen Erzfeind ausgeliefert hatte. Die höchsten Würdenträger des Königreiches suchten die Verbindung mit Ludwig XIV., der freilich nicht versäumte, die Unruhen im Rücken der österreichischen Habsburger eifrig zu schüren, ohne sich wirklich zu engagieren. Wie in einem Schockzustand verloren hochgestellte katholische Magnaten aus Ungarn und Kroatien ihren Sinn für politische Realität und moralische Maßstäbe. Ihre schon am Anfang verratene Verschwörung kam den Wiener Hofkreisen sehr gelegen. Nach Ansicht tonangebender Männer in Wien hatte Ungarn durch seine Aufsässigkeit alle seine Freiheitsrechte „verwirkt". Auf Grund dieser „Verwirkungstheorie", die in der österreichischen Ungarnpolitik auch später eine unglückliche Rolle spielen wird, wurde eine Gleichschaltung durch blutige Vergeltung und gewaltsame Rekatholisierung versucht. Von den primitiv absolutistischen und nicht koordinierten Maßnahmen funktionierte nur die rohe Gewalt. Um das Land besser in die Hand zu bekommen, wurden von den 11 000 „unzuverlässigen" ungarischen Soldaten der Grenzfestungen 8 000 entlassen. Diese schlossen sich größtenteils dem protestantischen Kuruzenaufstand an, der, vom jungen Graf Emerich Thököly geführt und von den Türken unterstützt, in Oberungarn siegreich vordrang. Der tiefreligiöse Leopold, der dem primitiv grausamen Absolutismus widerstrebte und sich durch seinen Krönungseid gebunden fühlte, berief 1681 den Reichstag ein, der das Amt des Palatins durch die Wahl Paul Esterházys wiederbesetzte. Das erstemal war im 17. Jahrhundert die Mehrheit der Stände wieder katholisch. Obwohl mit den Beschlüssen des Reichstages über Religionsangelegenheiten keine der Parteien zufrieden war, nahm die Wiederherstellung der ständischen Verfassung Thököly weitgehend den Wind aus den Segeln.

Bei der Abschaffung des Absolutismus folgte Leopold auch dem Rat des Wiener Nunzius Buonvisi. Denn Papst Innozenz XI., der im Zurückdrängen des Islams seine Lebensaufgabe sah, betrachtete die echte Befriedigung Ungarns als unabweisbare Voraussetzung zu seiner Befreiung von der Türkenherrschaft. Wien schien der Kampf gegen die französische Expansion und die herannahende spanische Erbfolgekrise allerdings viel wichtiger, als der Großvezir Kara Mustafa 1683 die Kaiserstadt selbst angriff, um das Schicksal der absinkenden Türkenmacht durch einen großen äußeren Sieg zu wenden. Herzog Karl von Lothringen und der Polenkönig Johann Sobiesky zerschmetterten in der Schlacht am Kahlenberge das Türkenheer, und Innozenz XI. hat mit seiner Diplomatie das kaiserlich-polnische Defensivbündnis zu einem internationalen Kreuzzug verwandelt. Dem überaus reichlich rollenden päpstlichen Gold war es zu verdanken, daß die chronische Finanzmisere des Kaiserhofes den Vormarsch der Gegenoffensive nicht erlahmen ließ.

Mit dieser großen und unerwarteten Wendung des Türkenkampfes hatte auch Thököly ausgespielt. Dem ehrgeizigen Kuruzenführer fehlte der staatsmännische Weitblick. Der Pascha von Buda mochte ihm den Königstitel verleihen, die Mehrheit der Kuruzen verließ ihn und schloß sich der Befreiungsarmee an. An der Zurückeroberung von Buda beteiligte sich 1686 fast die gesamte abendländische Christenheit, und an der Spitze der Reichstruppen stürmten eben die Haiducken Thökölys. Der Türkenkrieg dauerte noch dreizehn Jahre. Max Emmanuel, Kurfürst von Bayern, eroberte Belgrad, Markgraf Ludwig Wilhelm von Baden, der „Türkenlouis", drang weit auf dem Balkan vor und sicherte endgültig den Besitz Siebenbürgens. Der Angriff Ludwigs XIV. im Westen ermöglichte es den Türken, Nordserbien zurückzuerobern. Prinz Eugen von Savoyen hat durch

111

seine Siege erreicht, daß der Sultan im Frieden von Karlowitz 1699 auf ganz Ungarn mit Siebenbürgen verzichtete, das Banat ausgenommen, das erst nach einem neuen Krieg 1718 zurückgewonnen wurde.

Die Rückeroberung Budas war nicht nur militärisch entscheidend, sondern hatte auch eine durchschlagende moralische und politische Wirkung. Auf dem Reichstag von 1687/88 erkannten die Stände „aus Dankbarkeit" das Erbrecht der männlichen Linie des Hauses Habsburg an und verzichteten auf das in der Goldenen Bulle von 1222 verankerte Widerstandsrecht. Das war ein wichtiger Schritt in Richtung der absoluten Monarchie.

Die Neuorganisierung des schrittweise befreiten Königreiches war eine dringende Aufgabe. Zweifellos war der Ständestaat längst reformbedürftig. Es fehlte nicht an Vorschlägen und Plänen; was verwirklicht wurde, diente jedoch nur dazu, bei Ausschaltung der Stände, aus dem Lande soviel wie möglich für den Fiskus zu erpressen. Von den alten, rechtmäßigen Eigentümern der Güter auf dem ehemals türkischen Gebiet verlangte eine Wiener Sonderkommission, die sog. „neoacquistica commissio", als „Erstattung der Befreiungskosten" hohe Beträge, die nur ganz wenige aufbringen konnten. Die Unfähigkeit und Korruption der Militärverwaltung, die während des 16 jährigen Befreiungskrieges praktisch ganz Ungarn beherrschte, erwies sich als besonders verhängnisvoll. Die Kasernierung des nunmehr stehenden Heeres war unbekannt, die bei den Bauern einquartierten Soldaten hausten oft schlimmer als die Türken. Der „Generalkriegskommissär" Antonio Carafa selbst war der grausamste Erpresser. Tortur der Zivilbevölkerung gehörte zu den täglichen Praktiken der militärischen Steuereinnehmer. In Eperjes (Prešov) schickte Carafa sogar 20 vermögende Bürger und Adlige, Deutsche und Ungarn gleichermaßen, als „Verschwörer" auf das Schafott, um ihr Hab und Gut beschlagnahmen zu können. Die Mißbräuche des Militärs wurden auch solchen überzeugten Anhängern des kaiserlichen Absolutismus, wie z. B. dem Erzbischof und Kammerpräsident Leopold Kollonich und dem Auditor Jämnitzer, zuviel. Sie abzuschaffen war es ihnen ebensowenig möglich wie den ungarischen Ständen, die nach 1687 nicht mehr einberufen wurden.

Die Vertreibung der Türken brachte also für Ungarn weder echte Befreiung noch Befriedung. Die örtlichen Bauernaufstände, die Anfangs stark sozial geprägt waren und ziemlich leicht unterdrückt werden konnten, mündeten 1703 in den von Franz II. Rákóczi geführten Freiheitskampf, der bald ganz Ungarn und Siebenbürgen erfaßte. Frankreich unterstützte auch jetzt die Kuruzen mit Geld und Entsendung von Offizieren. Seinem Bundesgenossen, dem bayerischen Kurfürst Max Emmanuel, hat Rákóczi die ungarische Königskrone angeboten. Als aber 1707 der Reichstag von Ónod das Haus Habsburg auf Betreiben Ludwigs XIV. für abgesetzt erklärte, hatten der Kaiser und seine Verbündeten im Spanischen Erbfolgekriege bereits entscheidende Erfolge erzielt. Dem siegreichen kaiserlichen Heer, in dessen Reihen auch zahlreiche Ungarn, die sog. „Labanzen", kämpften, konnten die Kuruzen keine gleichwertige reguläre Armee und moderne Taktik entgegenstellen. Im Wirrwarr des Ringens um den Thron Spaniens und die Hegemonie im Norden Europas waren auch alle Bemühungen Rákóczis um starke und zuverlässige Verbündete vergeblich. Die Kriegsmüdigkeit nahm zu, aber noch stärker als der Krieg lichtete die Pest die Reihen. Als ein Ungar, Graf Johann Pálffy, den Oberbefehl der kaiserlichen Armee in Ungarn erhielt, war die Vernichtung des Gegners nur mehr eine Zeitfrage. Pálffy begann jedoch zu verhandeln, und in Abwesenheit Rákóczis wurde 1711 ein Kompromiß geschlossen: der Frieden von Szatmár, der allgemeine Amnestie gewährte und die Aufrechterhaltung der Religionsgesetze sowie der Verfassung Ungarns und Siebenbürgens versprach. Rákóczi, der seinerzeit die Führung des Aufstandes nur widerstrebend übernommen hatte, lehnte die Amnestie ab und wählte die Emigration. Die Erinnerung an seinen Freiheitskampf lebte jedoch in allen Volksschichten fort, um so mehr als der Frieden weder die sozialen Spannungen der ständischen Gesellschaft noch den Gegensatz zwischen Ständestaat und absoluter Monarchie hatte aufheben können.

Der erste große Abschnitt der neuzeitlichen Geschichte Ungarns, der 1711 zu Ende ging, wurde hauptsächlich durch die Osmanenherrschaft geprägt. Um klar zu sehen, was diese rund 170 Jahre für Ungarn und insbesondere für das ungarische Staatsvolk bedeuteten, müssen wir auf das Leben der türkisch besetzten Gebiete zurückblicken und die Auswirkungen der Türkenzeit auf die ethnischen und sozialen Verhältnisse des Karpatenraumes kurz zusammenfassen.

Mit den Türken drang ein orientalischer Sklavenhalterstaat in Europa ein. Nach jedem Angriff auf Feindesland führten die abziehenden osmanischen Truppen die Einwohner massenweise in die Sklaverei. Manche, die der Verschleppung oder dem Massaker entkommen waren, brachen auf, um eine sichere Heimat zu suchen. Nach der Besetzung Süd- und Mittelungarns wurde die Zone der Grenzfestungen für anderthalb Jahrhunderte zum Kampfgebiet, wo man auch zu Friedenszeiten einen ständigen Kleinkrieg führte. Ein türkischer Einfall entvölkerte manchmal ganze Dörfer. Die Krimtataren aber, die vom Ende des 16. Jahrhunderts an als Hilfstruppen öfters durch Ungarn und Siebenbürgen zogen und in Türkisch-Ungarn überwinterten, verschonten nicht einmal die Untertanen des Sultans im Hinterland.

Die völkische Kraft der Osmanen reichte jedoch nicht aus, die neugewonnenen Randgebiete ihres Reiches zu füllen. Die Eroberer bildeten eine dünne Oberschicht, die wegen der eigenartigen türkischen Staats- und Gesellschaftsstruktur in Ungarn nie verwurzeln konnte. Denn wie das ganze Osmanenreich, wurden auch die einverleibten ungarischen Gebiete in militärischen Verwaltungsbezirken, sog. Ejalets, organisiert. Eigentümer des gesamten Bodens wurde der Staat, der ein Fünftel, die sog. „Khas-Güter", „zu Allahs Gunsten" unmittelbar verwaltete. Das übrige Land erhielten die Amtsträger als Entlohnung und Berufssoldaten, die Spahis, als Lehen. Die einheimische christliche Bevölkerung, die „Rajahs" (Herde), bildete die unterste Gesellschaftsschicht. Im Osmanenreich, dessen Zentralismus bei manchen Herrschern und Staatswissenschaftlern des Abendlandes Neid und Bewunderung erregte, gab es jedoch keine Ämter und Belehnungen auf Lebenszeit und mit Erbrecht. Die Paschas des Ejalets von Buda wurden z. B. im Laufe von 145 Jahren 98 mal abgelöst. Die Folge war eine unsinnige Raubwirtschaft und rücksichtslose Ausbeutung, besonders auf den Soldatengütern. Selbst in Friedenszeiten sah der Bauer oft keine andere Rettung vor den erdrückenden Lasten als die Flucht in eine nahe Khas-Gemeinde. So hat das türkische System selber die wirtschaftlichen Grundlagen seiner sonst hervorragenden Militärorganisation weitgehend zerstört. Daran konnte auch das Gedeihen der staatlichen Güter nichts ändern. Denn die Beständigkeit der Verwaltung, gewisse Rechtssicherheit, kollektive Besteuerung, innere Selbstverwaltung ließen manche Khas-Dörfer sich zu ansehnlichen und verhältnismäßig wohlhabenden Bauernstädten entwickeln. Diese nahmen die Überlebenden zahlreicher verwüsteten Ortschaften der Umgebung auf und einverleibten ihren Grund und Boden. Ackerland wurde aber in Weide verwandelt, da das Vieh vor Steuereinnehmern und plündernden Soldaten leichter zu retten war. Die berühmte ungarische Pußta mit ihrer extensiven Großviehzucht ist größtenteils das Erbe der Türkenzeit. An ihrer Stelle standen im Mittelalter Dutzende von Bauernsiedlungen mit schmucken Dorfkirchen. Freilich versuchten auch die türkischen Grundherren ihre verödeten Güter zu besiedeln. Ungarn und Kroaten wurden nie angesiedelt, nur anspruchslose und unterwürfige orthodoxe Balkanslawen und Rumänen. Trotzdem ist die demographische Bilanz der Türkenzeit im Karpatenraum erschreckend. Seine Bevölkerung um 1600 kann auf etwa 2,5 Millionen geschätzt werden, 1—1,5 Millionen weniger als am Ende des Mittelalters. Im 17. Jahrhundert nahm die Einwanderung aus dem Süden immer mehr zu. Den größten Anteil daran hatten die Rumänen aus der Walachei, nachdem die Wojwoden am Ende des 16. Jahrhunderts und um 1665 versuchten, ihre Untertanen an die Scholle zu binden. Dem siegreichen christlichen Heere der Befreiungskriege folgten aber nicht nur zurückkehrende Flüchtlinge, sondern auch westliche Einwanderer. 1690/91 fanden rund 37 000 serbische Familien, geführt von Arsen Črnojević, Patriarch von Ipek, vor der osmanischen Gegenoffensive auf ungarischem Boden unter dem Schutz Leopolds Zuflucht. So wird die Einwohnerzahl des Karpatenraumes am Ende der Türkenkriege, um 1720, 4 100 000—4 200 000 erreicht und den spätmittelalterlichen Stand knapp überschritten haben. Unter normalen Umständen hätte sich aber die Bevölkerung Ungarns in 200 Jahren mindestens verdreifachen müssen. Der natürliche Zuwachs von 8—10 Millionen Seelen ging vollständig verloren — fast ausschließlich auf Kosten des Ungartums. Dieser Blutverlust, der nie mehr ersetzt werden konnte, steht am Anfang der Entwicklung, die nach dem Ersten Weltkrieg zur Aufteilung des historischen Ungarns führte.

Die Türkenzeit hat die ungarische Staatsidee nicht zerstören können, die Gesellschaftsstruktur und das Zusammengehörigkeitsgefühl haben sich jedoch erheblich geändert.

Der Adel des türkischen Herrschaftsbereiches wurde vernichtet oder rettete sich in die Randgebiete. Das bedeutete nicht nur eine Verlagerung der Schwerpunkte des politischen und kulturellen Lebens, sondern auch wirtschaftliche und soziale Strukturänderungen. Im Gegensatz zu Frankreich oder Polen galten bei dem Adel Ungarns Handel und Gewerbe nicht als völlig standeswidrig. Reiche Magnaten wie auch Gemeinadlige erwiesen sich sogar oft als recht geschäftstüchtig. Das deutsche Patriziat der oberungarischen Städte hatte öfters zu klagen über die Konkurrenz der Adligen, die ihre Privilegien, vornehmlich die Zollfreiheit, auch geschäftlich auszunützen verstanden. Vergeblich suchten die Städte Adligen die Niederlassung zu verwehren oder sie zur Aufgabe ihrer Rechte zu zwingen. Die Verschlossenheit des deutschen Bürgertums nahm manchmal die Züge einer völkisch-nationalen Selbstverteidigung an. Doch war es kein Nationalitätenkampf. Genauso wehrten sich die Magistrate ungarischer und Széklerstädte. Für die Gegner besaß der Begriff „Fremder" noch keinen sprachlich ethnischen Sinn. Bezeichnend ist die Argumentation der Slowaken von Neusohl gegenüber den deutschen Einwohnern der Stadt: „Jeder Slowake, Tscheche oder Kroate, falls ihn die königliche Gnade zum Edlen gemacht und ihn die Bewohner des Landes in den Adel aufnahmen, ist als echter Ungar zu betrachten."[32] Die Gnade der Könige oder der Fürsten von Siebenbürgen aber geizte nicht mit den Adelsbriefen. Die einfachen Soldaten der Grenzfestungen konnten auf dem Schlachtfeld, die Bauern durch ihren einflußreichen Grundherrn die Erhebung in den Adelstand ziemlich leicht verdienen. Die Lebensform dieser sog. Armalisten blieb meist unverändert; wie die adligen Einhufner, die sog. Kurialisten, trugen auch sie ihre Lasten, nur von der staatlichen Steuer waren sie befreit. Doch wurden Wege des Emporkommens geöffnet, und das adlige Bewußtsein erwies sich als mächtiger Antrieb. Bocskay konnte seine berüchtigten, heimatlosen Hayducken, denen er 1605 adlige Freiheit und Boden schenkte, in das zivilisierte Leben zurückführen. Manche hervorragende Vertreter der adligen Reformbewegung des 19. Jahrhunderts stammten aus Familien, deren Aufstieg erst in der Türkenzeit begonnen hatte.

An der Entwicklung, die den Kleinadel zahlenmäßig stark anschwellen ließ, nahm in beschränktem Maße auch das türkische Gebiet teil. Da es keine geschlossenen Grenzen gab, erlaubte der Türke nicht nur den großangelegten Viehhandel der Bauernstädte mit dem Westen, wovon er Nutzen hatte. Er duldete auch, daß die Gemeinden dem König und ihren abwesenden Grundherren Abgaben leisteten und Rechtsfälle den auswärts residierenden Komitatsbehörden vorlegten. Die neugeadelten Armalisten trugen wesentlich dazu bei, daß in der ersten Hälfte des 17. Jahrhunderts, als die türkische Verwaltung merklich erschlaffte, der Adelskomitat seinen Wirkungsbereich etwa bis zur Linie Kalocsa — Szeged wiederherstellen konnte.

Der arme Kleinadel hatte allerdings längst nicht mehr die politische Bedeutung wie am Ende des Mittelalters. Die schon unter Ferdinand I. eingeführte Teilung des Reichstages in die Obere Tafel der Magnaten und Bischöfe sowie die Untere

---

[32] Aus dem Jahre 1681, zitiert nach Szabó, a. a. O. (Anm. 31), S. 114.

Tafel des Adels, der königlichen freien Städte und des niederen Klerus wurde 1608 gesetzlich verankert. Die Führung lag eindeutig bei den Magnaten, die von den Habsburgern erbliche Titel wie Graf, Baron erhielten. Das ganze Mittelalter hindurch war die Großgrundbesitzer-Oberschicht ständig in Bewegung, erst unter den Habsburgern erstarrte sie zu einer geschlossenen Klasse.

Diese horizontale Gliederung der ständischen Gesellschaft setzte ihre Einheit als „politische Nation" voraus. Die Gemeinschaft, die — wie schon erwähnt — keine ethnische Unterschiede kannte, begann trotzdem sich vertikal zu spalten. Der überwiegend rekatholisierte Westen und der Osten, wo der Kalvinismus vorherrschend geblieben ist, unterschieden sich durch ihre kulturelle Atmosphäre und politische Mentalität, namentlich durch ihre Einstellung zu Wien. In Siebenbürgen erstarkte in den letzten, kritischen Jahren des 17. Jahrhunderts das Gefühl der Eigenständigkeit, der sog. Transsylvanismus, wodurch die direkte Unterordnung des Fürstentums den Wiener Hofämtern erleichtert wurde. Im Südosten war Kroatien während der ganzen Türkenzeit auf die Hilfe Innerösterreichs angewiesen, und angesichts der lebenswichtigen Verbindung mit den Erbländern verblaßte immer mehr die Erinnerung an die 600jährige ungarisch-kroatische Staatsgemeinschaft.

XV. UNGARN
IN DER HABSBURGER MONARCHIE –
KOMPROMISS UND WIEDERAUFBAU

Unter den Problemen, die der Frieden von Szatmár im Jahre 1711 nicht gelöst hatte, bereitete in den folgenden 70 Jahren der Gegensatz zwischen dem Ständewesen und der absoluten Monarchie die geringsten Schwierigkeiten. Ohne die Prinzipien aufzugeben, brach Kaiser Karl VI., der sich als Karl III. (1711–1740) zum König von Ungarn krönen ließ, mit den primitiv-absolutistischen Praktiken der leopoldinischen Ära. Die Aufrechterhaltung der adeligen Steuerfreiheit und der Komitatsverfassung war der Preis für eine Reihe von Neuerungen, die alle auf eine Vereinheitlichung der Gesamtmonarchie abzielten. Auf dem Reichstag von 1715 hielten die Stände an dem völlig veralteten Aufgebot des Adels, der sog. Insurrektion, fest, da die Steuerfreiheit darauf basierte. Dafür stimmten sie der Errichtung eines kaiserlich-königlichen stehenden Heeres zu. Die dazu notwendige Kriegssteuer mußte allerdings vom Reichstag bewilligt werden, belastete aber die erbuntertanen Bauern. 1722/23 wurde die ungarische Pragmatische Sanktion angenommen. Sie bedeutete nicht nur die Anerkennung des weiblichen Thronfolgerechts im Hause Habsburg, sondern auch die Sanktionierung der Union mit defensiver Zweckbestimmung, die das theoretisch unabhängige Königreich Ungarn und sämtliche Erbländer „inseparabiliter", untrennbar zusammenfaßte.

Die Souveränität des ungarischen Staates innerhalb der Gesamtmonarchie war freilich schon durch das Herrscherrecht nach wie vor beschränkt. Die auswärtigen Angelegenheiten, die Armee, die Regalien, das Schulwesen gehörten zum Machtbereich des Königs oder der zuständigen Zentralbehörden. In den Augen des Auslandes verschwamm das Königreich Ungarn immer mehr im Schatten des kaiserlichen Doppeladlers. Außerdem wurde die territoriale Integrität des der Ständegewalt unterstehenden Staatsgebietes nicht wiederhergestellt. Das Fürstentum Siebenbürgen, wo das Diploma Leopoldinum von 1691 die alte innere Ordnung bestehen ließ, erhielt wie die Erbländer ein von Wien unmittelbar abhängiges Gubernium. Zunächst verwaltete die Hofkammer das von den Türken befreite Slawonien, der Hofkriegsrat aber das Banat und die im Süden errichteten Militärgrenzbezirke, wo die vom Balkan geflüchteten Serben weitgehende kirchliche Autonomie und Rechtsprivilegien genossen.

Zur Ausdehnung der Zentralgewalt diente auch die Stärkung des Katholizismus mit Hilfe des Staates. Die Eidesformel schloß glaubenstreue Protestanten von den königlichen Ämtern praktisch aus. Die Zeit Karls III. und seiner Tochter Maria Theresia stand in Ungarn noch im Zeichen der Gegenreformation. Beide hüteten sich aber, bei der unvermeidbaren Modernisierung des Verwaltungsapparates, die Formen der ungarischen ständischen Verfassung anzutasten. Der Reichstag von 1723 beschloß die Errichtung des dem König unterstellten Statthaltereirates in Preßburg, der den erbländischen Gubernien entsprach. Dieses ständische Kollegium, dessen Mitglieder der König ernannte, war unter dem Präsidium des Palatins oder eines königlichen Statthalters bis 1848 die wichtigste ungarische Regierungsbehörde. Zu ihrem Zuständigkeitsbereich gehörte, mit Ausnahme der Finanzen und der Justiz, die ganze innere Verwaltung des Landes.

Der ungarische Reichstag wurde immer seltener einberufen, und seine Macht schwand dahin. Dieser Machtschwund kam jedoch nicht der Herrschergewalt, sondern vielmehr den Komitaten zugute. Ihr einziger königlicher Beamte, der Obergespan, war praktisch beinahe machtlos gegenüber den von den Ständen gewählten Amtsträgern, in deren Hand die Exekutive lag. Gerade in der Zeit der stärksten Entfaltung des absolutistischen Zentralismus in Österreich wurden die autonomen Komitate, auf denen das ganze Verwaltungssystem beruhte, zu Stützpunkten des mittleren und niederen Adels ausgebaut. Die Verlagerung der politischen Aktivität in die Komitate beschränkte allerdings immer mehr den Gesichtskreis der Stände. Nörglige Beschwerdepolitik und selbstgefälliger Lokalpatriotismus sollten sich bald als gefährliche Hindernisse des Fortschrittes erweisen.

Karl III. wurde durch sein Bündnis mit Rußland in den unglücklichen Türkenkrieg von 1737—1739 hineingezogen und hinterließ seiner Tochter Maria Theresia (1740—1780) ein materiell und moralisch erschüttertes Reich. Preußen, Frankreich, Spanien, Bayern und Sachsen fielen über die habsburgischen Erbländer her. Jetzt zeigte sich aber die Tragweite des Kompromisses, das die absolute Monarchie mit dem ungarischen Ständetum geschlossen hatte. Die junge Königin, von ihren Gegnern an den Rand des Abgrundes getrieben, appellierte vor dem zunächst widerstrebenden Reichstag von 1741 mit echt weiblicher Einfühlung „an die ungarische Tapferkeit und Treue". Die barock-pathetische Antwort der Stände: „Vitam et sanguinem pro rege nostro Maria Theresia!", erwies sich als keine leere Phrase. Das in Ungarn in größter Eile aufgestellte Heer von rd. 60 000 Mann, davon über die Hälfte das Aufgebot des Adels und die Portalmiliz (zum Waffendienst einberufene Bauern) trug wesentlich dazu bei, daß das Kriegsglück sich noch vor dem Eingreifen der „pragmatischen Armee" Englands gewendet hatte. Die Königin scheute sich nicht zu bekennen, daß sie die Behauptung des Thrones ihrer Ahnen „der ungarischen Nation" verdanke.

Maria Theresia ging fortan von dem Grundsatz aus, daß wer die Ungarn gut behandle und Liebe zu ihnen zeige, bei ihnen alles erreichen könne. Menschliche Neigungen der Königin, diesen zuwiderlaufende politische Traditionen des Hofes und die keimende Aufklärung gaben der Wiener Ungarnpolitik der theresianischen Zeit ein Gepräge, das manche Widersprüche aufwies. Kleine Gesten zeitigten oft weitreichende, manchmal unvoraussehbare Folgen für die politische Gesinnung und kulturelle Entwicklung. Die Oberschicht Ungarns geriet in den Bannkreis Wiens. Einige bekannten sich vorbehaltlos zur Idee der

Gesamtmonarchie, es entstand aber auch eine ungarische Hofaristokratie, die bald lernen sollte, Ungarns Probleme aus europäischer Perspektive zu sehen. Die 1760 errichtete ungarische adelige Leibgarde öffnete auf ähnliche Weise den Söhnen des Provinzadels die Augen und wurde zur Wiege einer nationalen Kulturbewegung im Geiste der Aufklärung. Aus Überzeugung und zugleich im Interesse der Vereinheitlichung des Reiches förderte Maria Theresia die katholische Kirche, wodurch das gegenseitige Mißtrauen zwischen dem immer noch starken ungarländischen Protestantismus und den Wiener Hofkreisen weiterhin geschürt wurde. Die siegreiche Gegenreformation aber schuf, hauptsächlich durch die Jesuiten, einen historisch bestimmten ungarischen Patriotismus barock-katholischer Prägung, der in der Idee des Regnum Marianum gipfelte. Obwohl der Dynastie voll ergeben, knüpfte er bewußt an die Tradition des mittelalterlichen nationalen Königtums an und wirkte somit gegen die Idee des Einheitsstaates. Dem Zauber seines Optimismus und Selbstgefühls konnte sich der kalvinische Gemeinadel ebensowenig entziehen wie die nichtmagyarischen Untertanen der Heiligen Krone.

Die Königin kam diesem historisch begründeten Patriotismus entgegen, indem sie die von König Sigismund an Polen verpfändeten Zipser Städte, Fiume, die Militärgrenzbezirke des Theiß-Maros Gebietes und das Banat von Temesvár wieder an Ungarn angliederte. Dabei wurden die politischen Sonderrechte der Serben in Südungarn erheblich eingeschränkt. Dagegen blieb das 1765 zum Großfürstentum erhobene Siebenbürgen weiterhin von Ungarn getrennt. 1761—1770 wurde hier sogar die rumänische und Székler-Militärgrenze errichtet. Der Widerstand der Székler mußte 1764 durch das sog. Blutbad von Mádéfalva gebrochen werden. Zahlreiche Familien flüchteten vor der aufgezwungenen und bedrückenden neuen Ordnung in die Moldau. Für die Masse der Rumänen brachte aber die Organisierung der Militärgrenze eine ungeahnte Hebung ihrer sozialen, wirtschaftlichen und kulturellen Lebensumstände. Die erzieherische Arbeit der kaiserlichen Offiziere

122

der siebenbürgischen Militärgrenze schuf erst die soziale Voraussetzung für die rumänische Nationbildung[33].

Der oben erwähnte Grundsatz Maria Theresias hat sich auf dem sozialen und wirtschaftlichen Gebiet nicht bewährt — zum Schaden der Monarchie und noch mehr der Ungarn selbst. Die Stände Ungarns weigerten sich hartnäckig, die Kriegssteuer dem tatsächlichen Bedarf der Armee und der wachsenden Leistungsfähigkeit des Landes entsprechend zu erhöhen oder zu den Kriegslasten freiwillig beizutragen. Die Besteuerung des adeligen Allodialbesitzes, wie es im westlichen Teil der Monarchie seit langem die Regel war, kam für sie überhaupt nicht in Frage. Das Festhalten an einer Verfassung, die sich einst als wirkungsvolle Waffe gegen einen fremden und brutalen Absolutismus erwiesen hatte, ist psychologisch verständlich, doch steckte nunmehr hauptsächlich kurzsichtiger Egoismus dahinter. Die Stände widersetzten sich auch den Bestrebungen der Königin, die grundherrschaftlichen Lasten des Bauerntums zu verringern, um seine Steuerleistung zu heben. Maria Theresia führte jedoch die Urbarialregelung, die der Reichstag von 1764 abgelehnt hatte, 1767 als königliche Verordnung ein. Gegen die Verfassung, die eine gerechte Verteilung der Lasten verhinderte, trat sie offen nicht auf. Der Reichstag wurde aber nicht mehr einberufen, und der Wiener Hofkommerzienrat erhielt freie Hand, ein hauptsächlich den Interessen der österreichisch-böhmischen Gebiete dienendes Wirtschaftssystems aufzubauen.

Die Wiener Hofkreise, die im Sinne des veralteten Merkantilismus nur die Kriegssteuerleistung und die Handelsbilanz, nicht aber die Zahlungsbilanz berücksichtigten, waren überzeugt, daß Ungarn zu wenig von den gemeinsamen Lasten der Monarchie trage. Der beste Wirtschaftsfachmann des dama-

---

[33] M. Bernath, Anfänge der Nationbildung an der unteren Donau, in: Südosteuropa-Jahrbuch 5, 1961, S. 45—55. Ders., Die Errichtung der Siebenbürgischen Militärgrenze und die Wiener Rumänenpolitik in der frühjosephinischen Zeit, in: Südost-Forschungen 19, 1960, S. 164—92.

ligen Österreichs, der Physiokrat Karl Graf Zinzendorf, wies jedoch nach, daß Ungarn, auch nach dem Verhältnis der Einwohnerzahl, zur Erhaltung der Monarchie mindestens so viel beisteuere wie Böhmen, die reichste Provinz des Reiches. Zinzendorfs Erkenntnis konnte sich aber gegen die bereits im letzten Viertel des 17. Jahrhunderts aufgekommene merkantilistische Konzeption nicht durchsetzen: während man sonst die Binnenzölle allmählich aufhob, wurde die von Österreich durch eine Zollgrenze getrennte ungarische Wirtschaft auf den halbkolonialen Stand der Rohstoffproduktion und des unfreien Absatzmarktes festgelegt. An dieser Entwicklung waren freilich auch die in wirtschaftlichen Dingen völlig unerfahrenen ungarischen Behörden schuldig, hatten sie selbst ja doch bei den Verhandlungen nur die ständischen Interessen im Auge gehabt.

Die Wiener Wirtschaftspolitik hat nicht nur in Ungarn zahlreiche, meist deutschstämmige alteingesessene Kaufleute zugrunde gerichtet. Zinzendorf prangerte mit guten Gründen ihre Schädlichkeit auch für die Gesamtmonarchie an. Sie wurde trotzdem bis 1848 fortgesetzt; der Wiener höfischen Bürokratie fiel das Umdenken nicht weniger schwer als den in ihren Privilegien befangenen ungarischen Ständen. Die Zentralisierung der Monarchie half dadurch zerstören, was Maria Theresia mit Klugheit, Taktgefühl und Herz aufgebaut hatte: die gefühlsmäßige Verbundenheit des Volkes mit seinem Herrscher. Denn von den Königen aus dem Hause Habsburg wurde sie allein, die sich der Rechtlosen aus echt christlicher Menschenliebe annahm, von ihren ungarischen Untertanen nicht nur geachtet, sondern auch geliebt. So konnte Maria Theresia ihre Herrschergewalt unbemerkt ausdehnen und hat auf dem Wege zur Gesamtmonarchie mehr erreicht als alle absolutistischen Versuche der vergangenen 200 Jahre.

XVI. VOM JOSEPHINISCHEN ABSOLUTISMUS ZUM „REFORMZEITALTER"

Als ihr Sohn, Joseph II. (1780–1790), Alleinherrscher wurde, ging er mit der Ungeduld des wirklichkeitsfremden Rationalisten daran, den von ihm erträumten Wohlfahrts- und Beamtenstaat zu verwirklichen. Unter einem aufgeklärten absoluten Herrscher sollte der bunte Bündel der habsburgischen Länder durch einheitliche Verwaltung, Armee und geistige Ausrichtung sowie durch die deutsche Amtssprache zu einem Einheitsstaat verschmolzen werden. In Ungarn — wie auch in den Österreichischen Niederlanden — galt es zunächst den ständischen Widerstand auszuschalten. Um freie Hand zu haben, berief Joseph II. den Reichstag nicht ein und ließ sich nicht zum König von Ungarn krönen. Mit dem Erzherzogshut von Österreich und der böhmischen Wenzelskrone kam auch die Stephanskrone als museale Antiquität in die Wiener Schatzkammer. Die Autonomie der Komitate wurde aufgehoben, und an die Stelle ihrer gewählten ständischen Amtsträger traten kaiserlich-königliche Beamte einer straff zentralisierten Verwaltung. Damit wuchs die Bedeutung des Statthaltereirates, dessen Sitz von Preßburg nach Buda verlegt wurde.

Selbstverständlich wurden die josephinischen sozial- und kirchenpolitischen Reformen auch in Ungarn durch Verordnungen in Kraft gesetzt. Joseph blieb jedoch das Schicksal manchen wirklichkeitsfremden Reformers nicht erspart: seine Absichten wurden mißverstanden, und die Gleichschaltungsmaßnahmen zeitigten Ergebnisse, die er nicht vorausgesehen, geschweige denn angestrebt hatte.

Joseph II. setzte die theresianische Sozialpolitik konsequent fort und verdiente mit Recht den Ruf des „Bauernbefreiers". Hatte schon die Urbarialregelung der Königin eine Gärung unter den Bauern ausgelöst, stifteten die Gerüchte über das Verhalten des Kaisers stellenweise verhängnisvolle Verwirrung. So kam es in Siebenbürgen, wo keine Urbarialreform stattgefunden hatte, zum Aufstand von 1784/85. Unter den primitiven rumänischen Bauernführern Horia, Cloşca und Crişan, die sich auf das „Einverständnis und den Befehl des Kaisers" beriefen, nahm die ursprünglich soziale Bewegung bald eine völkisch-politische Richtung. Sie wütete mit barbarischer Grausamkeit hauptsächlich gegen die Ungarn und mußte schließlich durch Militär unterdrückt werden. Josephs Reform brachte aber dem Bauerntum Ungarns auch weitgehende persönliche Freiheit, insbesondere die der Berufswahl. Dadurch wurde der soziale Aufstieg wesentlich erleichtert und begann die Auffüllung des weltlichen Mittelstandes durch Nichtadlige.

Das staatskirchliche Verwaltungssystem, dessen Aufbau von Kaunitz, dem Staatskanzler Maria Theresias, begonnen worden war, gelangte unter Joseph II. zu voller Geltung. Es hatte in Ungarn die gleichen Licht- und Schattenseiten wie in den anderen Ländern der Monarchie. Für die katholische Kirche überwogen die Schatten. Trotz des Widerstandes des romtreuen Episkopats wurde sie vollends dem Staat untergeordnet. Während die Protestanten und Orthodoxen schon 1790/91 die Autonomie erhielten, verblieb die katholische Kirche Ungarns bis zum Konkordat von 1855 unter der Vormundschaft des Staates. Josephs Toleranzedikt von 1781 brachte allerdings noch keine Gleichberechtigung der „Akatholiken", sicherte aber die freie Ausübung ihrer Religion und gab für sie den Weg zu den staatlichen Ämtern frei. Viele protestantische Adlige traten in der Tat bereitwillig in den Dienst des Kaisers und erleichterten dadurch den Aufbau des neuen zentralistischen Verwaltungsapparates. Für die westeuropäische Aufklärung und manche Reformen Josephs war der protestantische Adel durchaus aufgeschlossen, trotzdem sollte sich bald zeigen, daß der Kaiser in ihm keine zuverlässige Stütze der neuen Ordnung gewonnen hatte. Vielmehr wurde in das öffentliche Leben eine tatkräftige und selbstbewußte Schicht mit beschränktem Horizont eingeschaltet, die auf Grund ihrer geschichtlichen Erfahrung den absolutistischen Gesamtstaat der katholischen Habsburger ablehnen mußte.

Die unter Mißachtung der Traditionen und menschlichen Gefühle errichtete neue Ordnung überstand die Prüfungen der unglücklichen Außenpolitik Josephs nicht. In den Österreichischen Niederlanden hatte schon die Revolution gesiegt, als Ungarn, das die Hauptlast des im Bündnis mit Rußland begonnenen Türkenkrieges zu tragen hatte, am Rande des offenen Aufruhrs stand. Kurz vor seinem Tode nahm der Kaiser alle seine Reformen mit Ausnahme des Toleranzediktes, der Bauernbefreiung und der Volksseelsorge zurück, versprach die Einberufung des Reichstages und ließ die Stephanskrone nach Ungarn zurückführen.

Von den rücksichtslos durchgeführten Gleichschaltungsmaßnahmen löste in Ungarn die Einführung der deutschen Amtssprache eine besonders heftige und unerwartete Reaktion aus. Joseph II. dachte dabei nur an die bürokratische Zweckmäßigkeit, in Ungarn aber, wo das Deutsche an Stelle des Lateins treten sollte, wäre die überwiegende Mehrheit des Adels, darunter auch Kroaten, Slowaken, Rumänen, aus dem öffentlichen Leben ausgeschlossen worden. Nicht ohne Grund wurde die Verordnung als Germanisierungsversuch empfunden. Die Pflege der nationalen Sprache, die Georg Bessenyei und seine Freunde, Leibgardisten Maria Theresias, unter dem Einfluß der Aufklärung zum Programm erhoben hatten, erhielt einen mächtigen Auftrieb und politischen Gehalt. Die Verteidigung der lateinischen „lingua patria" schlug bald in den Kampf um die Einführung des Ungarischen als Staatssprache um. Das geschah aber in einem historischen Augenblick, als die ethnische und z. T. auch die soziale Wirklichkeit des Königreiches infolge der Türkenzeit und der eben abgeschlossenen „inpopulatio", d. h. der Neubesiedlung, den traditionsgebundenen Vorstellungen der Stände längst nicht mehr entsprach.

Denn die Verdrängung der Türken löste nicht nur eine innere Völkerwanderung aus. Im Sinne merkantilistischer Wirtschafts- und Bevölkerungspolitik wurde die Einwanderung hauptsächlich deutscher Kolonisten staatlich gefördert und meist auch organisiert. Mittlerweile flohen rumänische Bauernhirten aus der Moldau und der Walachei vor der Unterdrückung der Phanariotenherrschaft massenweise über die Karpaten und die Donau. Der teils organisierte, teils illegale Zustrom aus dem Ausland ließ die Einwohnerzahl des Königreiches Ungarn zwischen 1720 und 1787 sich mehr als verdoppeln, den Anteil der Ungarn jedoch gegenüber den 75–80 v. H. am Ende des Mittelalters und den 50 v. H. nach der Türkenherrschaft auf rd. 40 v. H. sinken. In der „Adelsnation" bildeten sie weiterhin die absolute Mehrheit, und der historisch-territorial bedingte ungarländische Patriotismus, der das Volks- und Sprachbewußtsein nichtungarischer Völkerschaften noch keineswegs ausschloß, beherrschte immer noch das Gemeinschaftsgefühl der alteingesessenen Bevölkerung. Seinem Einfluß konnte sich auch das neu eingewanderte, zunächst der Gesamtmonarchie treuergebene deutsche Bürgertum nicht entziehen. Die der orthodoxen Kulturwelt des Balkans entstammenden Serben und Rumänen lehnten jedoch eine solche Integration ab. Sie suchten und fanden Rückhalt beim Wiener Zentralismus. Die Serben, die ihre kirchliche Organisation aus dem Balkan mitgebracht hatten, wollten ihre Sonderstellung auf Kosten des ungarischen Staatsapparates immer mehr ausbauen. Die erst jetzt entstehende Elite der Rumänen aber, die in Siebenbürgen schon die absolute Mehrheit erreicht hatten, strebte die Anerkennung als „vierte Nation" des Großfürstentums an.

Auf dem Reichstag von 1790/91, den Joseph nicht mehr erlebte, spielte die adlige Mittelschicht, die wohlhabenden sog. „bene possessionati", unter ihnen zahlreiche Freimaurer, eine führende Rolle. Sie kleideten die ständische Reaktion auf den josephinischen Absolutismus in die Phrasen der Französischen Revolution. Josephs Bruder und Nachfolger, Leopold II. (1790–1792), war aber ein „Josephinist" mit konstitutionellen Neigungen und hervorragender taktischer Geschicklichkeit. Durch die Konvention von Reichenbach, welche die Gefahr eines österreichisch-preußischen Konflikts bannte, wurden auch die separatistischen Tendenzen in Ungarn isoliert und gelähmt. Leopold II. zeigte sich nachgiebig in den Fragen der mehr oder weniger formalen staatlichen Souveränität Ungarns, des Mitbestimmungsrechts der Stände und der Anstellung von Ungarn bei dem zentralen Staatsministerium, verstand jedoch zugleich durch das heimliche Schüren von Bauernunruhen und des Ungarnhasses der Serben die Stände einzuschüchtern und ihre ständisch-revolutionäre Stimmung abzukühlen. Den Plänen aber, das ständische Ungarn „ohne Aufsehen" durch eine insgeheim von oben gelenkte Aktion umzugestalten, setzte der plötzliche Tod des Kaisers und Königs ein Ende[34].

Der Sohn Leopolds, Franz I. (1792—1835), war ein gutmütiger Mensch, ohne die hohen geistigen Fähigkeiten und die Wendigkeit seines Vaters. Seiner Regierungszeit gab das Schockerlebnis der Jakobinerherrschaft in Frankreich und der Verschwörung des Ignaz Martinovics in Ungarn ihr Gepräge.

Der Ex-Franziskaner und Titularabt Martinovics, ein in jeder Hinsicht zweifelhafter Charakter, war ein Geheimagent Leopolds II. in Ungarn, der nach dessen Tode keine seinen Ehrgeiz befriedigende Anstellung erhielt. So wurde er Revolutionär. Seine unrealistischen Pläne und abortierte Geheimbündelei kosteten ihm und seinen engsten Mitarbeitern den Kopf und brachten eine kleine Anzahl von hochgebildeten Idealisten, die in die wirklichen Absichten von Martinovics nicht eingeweiht waren, für lange Jahre in den Kerker. Obwohl der Bewegung eine Massenbasis vollständig fehlte und sie keine reale Gefahr für die bestehende Ordnung darstellte, hat ihre Aufdeckung und blutige Bestrafung die Zeitgenossen tief beeindruckt. Erzherzog Alexander Leopold, der sonst politisch hochbegabte junge Palatin Ungarns, sah sich veranlaßt, für seinen Bruder Franz ein reaktionär-erzkonservatives Programm auszuarbeiten, in dem der Weg der franziszeischen und metter-

[34] D. Silagi, Ungarn und der geheime Mitarbeiterkreis Kaiser Leopolds II. München 1961.

nichschen Ära bereits vorgezeichnet war. In der Tat glaubten der Kaiser und seine engsten Mitarbeiter durch Zensur und Polizeigewalt jeden sozialen und geistigen Fortschritt unterbinden und damit in der Monarchie Ruhe und Frieden wahren zu können. Die gemeinsame Angst vor der Revolution vermochte die immanenten Spannungen zwischen der absolutistischen Wiener Zentralregierung und dem konstitutionell regierten ungarischen Ständestaat nicht zu beseitigen. Die Ungarn haben jedoch die Monarchie in den äußerst kritischen Zeiten der französischen Kriege nicht im Stich gelassen. Napoleons Aufruf von 1809 aus Schönbrunn, der auf die althergebrachten Ressentiments der adeligen Opposition zugeschnitten war, verhallte ungehört. Die Reichstage versuchten aber in der Sprachfrage und auf wirtschaftlichem Gebiet Zugeständnisse zu erzwingen. In der Gesetzgebung war das Ergebnis recht mager, doch mußte die Regierung die Erfahrung machen, daß sie mit ihrem Bestreben, den kulturellen Aufschwung, insbesondere das zunehmende Interesse für die ungarische Sprache, zu drosseln, gerade das Gegenteil erreichte. Restlos scheiterten die Bemühungen der Stände, Ungarn aus den durch die Kriege verursachten Finanzkrisen herauszuhalten. Die Devalvationen haben hier nicht nur die bescheidenen Ansätze einer Industrialisierung zerstört, sondern auch den größten Teil des grundbesitzenden Adels um die Gewinne der Kriegskonjunktur gebracht. Ungarns Wirtschaft verblieb in halbkolonialer Abhängigkeit von der der Erbländer, und das Land fiel in materieller Hinsicht hinter Österreich und Böhmen immer weiter zurück.

Die Gesetze Leopolds II. machten es unmöglich, der Einführung eines absolutistischen Regimes den Schein der Legalität zu geben. Wie schon im 18. Jahrhundert, glaubte man die widerspenstigen Stände dadurch ausschalten zu können, daß nach 1812 dreizehn Jahre hindurch kein Reichstag einberufen wurde. Der Widerstand verlagerte sich wieder in die Komitate, die öfters durch das Militär zur Durchführung der königlichen Verordnungen gezwungen werden mußten. Ungarn ist aber inzwischen, nach dem Verlust der westlichen Besitzungen und der Vormachtstellung im Reich, zu einem Kernland der Habsburgermonarchie geworden. Es war wohl Metternichs Einsicht, daß ein solches Regierungssystem in diesem lebenswichtigen Gebiet mit seiner politisch und national bewußten Führerschicht auf die Dauer nicht funktionieren würde. Vielmehr könne die konservative Regierungspolitik im Ständetum einen mächtigen Bundesgenossen finden im Kampf gegen die revolutionären und liberalen Ideen.

XVII. DER UNGARISCHE „VORMÄRZ"

Für das Jahr 1825 wurde der Reichstag wieder einberufen. Damit begann das sog. „Reformzeitalter", das aus dem ständischen Ungarn agrarischen Gepräges einen modernen parlamentarischen, den Weg der Industrialisierung beschreitenden Staat schaffen sollte. Es wurde ein langer, harter und wechselvoller Kampf mit vertauschten Rollen. Den Fortschritt vertrat nicht mehr der Herrscher mit seiner Zentralregierung, sondern eine zunächst nur kleine geistige Elite, die als Opposition im Reichstag stürmische Redeschlachten den von Wien unterstützten Konservativen lieferte.

Die bahnbrechende und für alle Zeiten hervorragendste Persönlichkeit der Reformbewegung war Graf Stephan Széchenyi. Er entstammte einer hochkultivierten Magnatenfamilie, die auch im Bannkreis des Kaiserhofes ihre Verbundenheit mit der Heimat bewahrte. Der Vater, Franz Széchenyi, hatte das Ungarische Nationalmuseum gegründet. Sein in Wien geborener Sohn hatte sich als Husarenoffizier in der Völkerschlacht bei Leipzig ausgezeichnet und begann sein öffentliches Wirken im Reichstag von 1825 mit der großzügigen Stiftung, welche die Errichtung der Ungarischen Akademie der Wissenschaften ermöglichte. Auf seinen weiten Reisen sammelte Stephan Széchenyi, vornehmlich in England, reiche ökonomische, technische und sozialpolitische Erfahrungen. Als Großgrundbesitzer kannte er die Probleme der Verschuldung des Adels ebenso wie die Not der Erbuntertanen. Im Gegensatz zur traditionellen ständischen Politik, gab er den sozialen und ökonomischen Problemen den Vorrang. Unermüdlich kämpfte er für die Beseitigung der den Fortschritt blockierenden antiquierten Verfassung, Aufhebung der adligen Vorrechte, Abschaffung der eine gesunde Kreditpolitik hindernden Avizität,

Befreiung der Bauern, Modernisierung von Verkehr, Handel und Industrie. Széchenyi hat somit die wesentlichen Ziele der Opposition formuliert. Er war jedoch kein Theoretiker, sondern ein Tatmensch. Die Schiffbarmachung des Eisernen Tores an der Donau, die Regulierung der Theiß, die Kettenbrücke von Budapest, die Schiffswerft von Óbuda, um nur einiges zu nennen, sind von ihm angeregt oder auch begonnen worden.

Széchenyi betrachtete die gesellschaftliche Umgestaltung und ökonomische Erstarkung Ungarns als die unabdingbare Voraussetzung für die Neuregelung des österreichisch-ungarischen Verhältnisses. Er war auch überzeugt, daß die notwendigen Reformen zum Wohle der Gesamtmonarchie sowie des ungarischen Volkes mit Hilfe einer einsichtigen Regierung verwirklicht werden könnten. Metternich aber verspottete ihn; als er die Bedeutung der Ideen des „Phantasten" erkannte, war es schon zu spät. Széchenyis persönliche Angriffslust und seine beißende, oft pietätlos erscheinende Kritik der ungarischen Zustände und Fehler sowie die oft revolutionären und doch realistischen, mit den Verhältnissen Ungarns rechnenden Pläne und Forderungen lösten freilich auch bei seinen Landsleuten nicht nur Zustimmung, sondern auch heftigen Widerspruch aus. Seine Beweggründe aber waren echt christliche Humanität, leidenschaftliche Liebe zu seinem Volk, das nunmehr alle Ungarn umfaßte, und ein tiefes, sogar übertriebenes Verantwortungsgefühl.

Moralische Größe und selbstlose Opferbereitschaft zeichnete auch die übrigen Mitglieder der kleinen Elite aus, die den Kampf um die Aufhebung ihrer eigenen Vorrechte aufnahm. Dieser Kampf mußte zuerst in den Komitaten ausgefochten werden; denn während die Mitglieder der Magnatentafel für sich sprechen konnten, waren die Abgeordneten der Unteren Tafel weisungsgebunden. Dabei half das persönliche Ansehen und Beispiel der geistigen Elite des wohlhabenden Gemeinadels Anhänger gewinnen für Reformen, die eine für sakrosankt gehaltene altehrwürdige Ordnung umwälzen sollten.

An der Ausgestaltung einer breiten, reformfreundlichen

öffentlichen Meinung hatte jedoch Ludwig Kossuth den Löwenanteil. Der Advokat aus dem besitzlosen Kleinadel erwies sich als glänzender Publizist und Redner. Er stieg zum großen Volkstribun auf, der die Geschichte Ungarns bald in die Hand nehmen sollte. Mit ihm und den Massen, die er für den Liberalismus westeuropäischer Prägung gewonnen hatte, traten in der Reformbewegung, entsprechend der formaljuristischen Bildung und dem romantischen Nationalismus des Gemeinadels, die öffentlich-rechtlichen Probleme und ein gefühlsbedingtes Wunschdenken in den Vordergrund. Daran war allerdings auch die Regierung schuld, die nach dem Tode Franzens I. sich vergeblich dagegen wehrte, daß der neue Monarch, der als Ferdinand I. den Kaiserthron bestiegen hatte, als Ferdinand V. (1835—1848) zum König des Stephansreiches gekrönt wurde. Es war ein Rechtsstreit ganz nach dem Geschmack der ungarischen Staatsrechtler, die mit ihrer Auffassung von dem dualistischen Aufbau der Monarchie den Sieg über den Wiener Zentralismus davontrugen.

Die für den gutmütigen, aber kranken Herrscher regierende sog. Geheime Staatskonferenz, das „Greisenregiment", wollte aber dann durch harte polizeiliche Maßnahmen und politische Prozesse die liberale Opposition brechen. Dem Palatin Erzherzog Joseph, Begründer eines sozusagen magyarischen Zweiges der Habsburger, gelang es durch seinen persönlichen Einsatz manche Mißgriffe abzuwenden oder wiedergutzumachen. Doch mußte auch Kossuth drei Jahre im Gefängnis verbringen. Als die Regierung sich endlich entschloß, ihre alte, für Ungarn schädliche Wirtschaftspolitik aufzugeben, vermochten die Stände nicht mehr das rechte Verständnis dafür aufzubringen. Kossuth schwebte schon ein wirtschaftlich autarkes Ungarn mit eigenem Schutzzollsystem vor.

Die Geisteshaltung der jungen Liberalen belastete aber auch das Verhältnis zu den Nationalitäten, die vor der Wahl zwischen der Wiener Regierung und der ungarischen liberalen Opposition standen. Das Gesetz von 1844 erhob das Ungarische zur Amtssprache des Königreiches mit Ausnahme Kroatiens. Die josephinischen Wurzeln dieser Entwicklung sind bekannt, das Ergebnis entsprach aber vollends auch der damaligen modernen, liberalen Vorstellung vom Nationalstaat. Der romantische Gedanke, die Volkssprache gehöre zum Wesen der Nationalität, hatte schon am Ende des 18. Jahrhunderts einen freiwilligen Magyarisierungsprozeß eingeleitet, vor allem unter dem slowakischen Adel, der die Bemühungen der Komitate, die Verbreitung der ungarischen Sprache über die Gesetze hinausgehend zu fördern, grundsätzlich bejahte. Dieser Prozeß griff auch auf das deutsche Bürgertum über, zumal die natürliche Anziehungskraft des Staatsvolkes durch die Aura liberaler Fortschrittlichkeit erhöht wurde. Hauptsächlich deutsch-liberale Autoren verleiteten aber die Romantiker des liberalen Nationalismus, von einem einsprachigen Nationalstaat zu träumen. Kossuth hielt eine Zeitlang die Freiheitsidee für die Zauberformel, womit das Ungartum die Nationalitäten an sich ziehen und sogar verwandeln könnte. Die ungeduldigen Schwärmer glaubten den Traum durch Verordnungen verwirklichen zu können. Die größten Reformpolitiker wie Széchenyi, Nikolaus Wesselényi, Franz Deák u. a. haben davor eindringlich gewarnt. Die meisten Politiker witterten jedoch in jeder Regung slawischen Bewußtseins die Gefahr der zaristisch-russischen Tyrannei, die der westeuropäische Liberalismus als Erzfeind betrachtete. Der romantische Kulturnationalismus der slawischen Erneuerer im Vormärz war der Herkunft nach und mit seiner schwärmerischen Russophilie eher konservativ. Kein Wunder, daß seine Vorkämpfer Wien oder den Austro-Slawismus wählten, ebenso wie der Illyrismus, der ja die Vereinigung aller katholischen Südslawen nur von Habsburg erhoffen konnte.

XVIII. 1848–1849:
ENDE DES STÄNDESTAATES
UND DER FREIHEITSKAMPF

Während der schleppenden Verhandlungen des letzten ständischen Reichstages schlug wie ein Blitz die Nachricht der Pariser Februarrevolution ein. Kossuth reagierte sofort und forderte im Reichstag auch für die österreichischen Erbländer eine Verfassung. Er stand noch fest auf der Grundlage der Gesamtmonarchie und wußte, daß ein modernisiertes, konstitutionelles Ungarn im Rahmen eines absolutistisch regierten Reiches unmöglich war.

Seine Rede wurde ein Fanal auch für Wien: zehn Tage später mußte Metternich vor der siegreichen Revolution flüchten. Kossuth riß die Initiative vollkommen an sich. Während am 15. März in Pest und Buda eine von der Jugend geführte unblutige Demonstration, eine symbolische Revolution, die Rede- und Pressefreiheit in die Tat umsetzte, empfing die Kaiserstadt Wien jubelnd Kossuth und die Abordnung des ungarischen Reichstages, die für Ungarn nunmehr eine moderne, parlamentarische Konstitution mit unabhängigem, der Volksvertretung verantwortlichem Ministerium forderte. Zwei Tage später wurde der Führer der liberalen Opposition auf der Magnatentafel, Graf Ludwig Batthyány, zum Ministerpräsidenten ernannt. Kossuth erhielt das Finanzministerium, die übrigen Mitglieder waren, wie Battyány selbst, angesehene, gemäßigte Reformpolitiker: Deák, Eötvös, Széchenyi u. a. In aller Eile wurden die Gesetze, die einen Ständestaat in eine parlamentarische Demokratie westeuropäischer bürgerlicher Prägung verwandelten, ausgearbeitet, votiert und am 11. April von Ferdinand V. sanktioniert. Die Zeit war allerdings zu kurz, um das Verhältnis Ungarns zur Gesamtmonarchie in allen Einzelheiten zu klären und genau festzulegen. Das hätte jedoch nicht zum Bruch führen müssen, wären nicht beiderseits vom Anfang an Kräfte am Werke gewesen, welche die ehrlich gemeinten amtlichen Bemühungen um das Funktionieren der neuen Ordnung durchkreuzten.

In Wien arbeiteten die sog. „Kamarilla" und hohe Militärs darauf hin, die ungarischen Reformen, die ihrer Ansicht nach die Einheit und Großmachtstellung der Monarchie zu zerstören drohten, rückgängig zu machen. Sie bedienten sich dazu vor allem der auch von Belgrad unterstützten Serben und der Kroaten. In Ungarn mußte der Finanzminister Kossuth öfters ohne Einhaltung der verfassungsmäßigen Formen improvisieren, um dieser akuten Gefahr begegnen zu können. Aber er war es auch, der im Dienste einer abstrakt-erhabenen Freiheitsidee sich über das Grundgesetz und die lebenswichtigen Interessen der Monarchie hinwegsetzte. Er glaubte im Sinne des unbesiegbar vordringenden Zeitgeistes zu handeln. Daher sein unerschütterlicher Optimismus und seine Überzeugung, stets recht zu haben, womit er nicht nur die Massen in seinen Bann zu zwingen vermochte, sondern auch auf das Parlament entscheidenden Einfluß gewann. Im Wunschdenken befangen, merkte Kossuth nicht, daß manches, was er unter dem stürmischen Beifall der radikal-revolutionären Minderheit unternahm, Wasser auf die Mühlen der Wiener Reaktion war, die sich mit Hilfe der Armee immer mehr durchsetzte. Die Bemühungen des Ministerpräsidenten Batthyány und der gleichgesinnten Politiker, wie Deák, um eine realistische Ausgleichung der Interessen und die Abwendung einer Krise, die zur Katastrophe der Ungarn führen sollte, scheiterten sowohl an dem österreichischen Kriegsminister Latour als auch an Kossuth.

Der ungarische Freiheitskampf von 1848/49 war eine recht komplexe historische Erscheinung. Er läßt sich jedenfalls nicht, wie es meist geschieht, auf die einfache Formel eines nationalen Unabhängigkeitskrieges oder eines Volkskampfes der Magyaren gegen Österreich und die Nationalitäten bringen. Eine Trennung von Österreich und Absetzung der Dynastie kam ursprünglich überhaupt nicht in Frage, am wenigsten bei der Armee. Nach der Abdankung Ferdinands V. zugunsten Franz Josephs, dessen Hand durch den Krönungseid nicht gebunden war, verkündete Görgey, der hervorragende Heerführer der ungarischen Honvéd-Armee, das Festhalten des Militärs an der Legalität, an der von König Ferdinand V. sanktionierten Verfassung. Am 4. März 1849 erließ jedoch der österreichische Ministerpräsident, Fürst Felix Schwarzenberg, in dem Glauben, Ungarn sei militärisch schon besiegt, die oktroyierte gesamtstaatliche Verfassung, die das Königreich zu einem Kronland degradierte und sein Staatsgebiet zerstückelte. Görgey drängte aber die kaiserliche Armee zurück, und so konnte Kossuth, der sich auch auf die von ihm verhängnisvoll falsch beurteilte und optimistisch dargestellte internationale Lage berief, in Debrecen die „Unabhängigkeitserklärung" vom 14. April 1849 als eine psychologisch verständliche Antwort auf die oktroyierte Märzverfassung durchsetzen. Sie wurde allerdings nicht nur von der Armee und der durch die radikale Minderheit eingeschüchterten Mehrheit des Parlaments, sondern auch vom Volk eher mit Unbehagen als mit Begeisterung aufgenommen.

Was den Volkstumskampf anlangt, waren die Fronten schwankend und besonders in den oberen Gesellschaftsschichten stellenweise verworren. Die Nationalitäten, die an der Seite der Wiener Regierung standen, waren ihrer Eigenständigkeit schon bewußt und besaßen eine eigene politische Führerschicht, die an Ungarn auch territoriale Forderungen stellte. Ihre Interessen und Ziele stimmten mit denen Österreichs und der Gesamtmonarchie nur teilweise überein. Den Aufstand der Serben, die ungarische, deutsche und rumänische Siedlungen ohne Unterschied angriffen, unterstützte die Belgrader Regierung im Dienste ihrer großserbischen Pläne mit mehr als 10 000 bewaffneten sog. Servianern. Hat Wien, wo der Zentralismus wieder Oberhand gewann, die Erwartungen nicht erfüllt, gab es überall bei den Kroaten, Serben, hauptsächlich aber bei den Rumänen, mehr oder weniger bedeutende Gruppen, die eine Verständigung mit der ungarischen Regierung suchten und manchmal auch erzielten, allerdings zu spät, um sie praktisch durchführen zu können. Die slowakische nationale Bewegung entbehrte noch der Massengrundlage. Die Vorstöße von Mähren aus brachen zusammen, während in der Honvéd-Armee über 40 000 Slowaken kämpften. Die ungarländischen Deutschen standen, mit Ausnahme der Siebenbürger Sachsen, den Magyaren zur Seite. Die Verknüpfung der liberalen Fortschrittlichkeit mit der nationalen Sache war eben die Stärke der ungarischen Seite. Das Honvéd-Heer hatte eine polnische, eine italienische und eine deutsche Legion. Viele nichtmagyarische Offiziere der kaiserlich-königlichen Truppen, die in Ungarn stationiert waren und auf Grund der April-Gesetze der ungarischen Regierung unterstellt wurden, traten später zu den Honvéds über und hielten bis zum bitteren Ende durch. Auf die Nachricht der Kämpfe aber haben sich aus Böhmen und Galizien ungarische Einheiten in die Heimat durchgeschlagen.

Das Rückgrat des Heeres, das keine österreichische Armee bezwingen konnte, waren die ehemaligen kaiserlichen Berufs- offiziere und Mannschaften. Kossuth war es aber, der ihnen Zehntausende von Rekruten zuführte und die unentbehrliche Kriegsindustrie aus dem Boden stampfte. Er wurde die Seele und der politische Führer des Kampfes, den er zwar nicht beabsichtigt hatte, aber innerlich wohl begrüßte. Seit der Unab- hängigkeitserklärung bekleidete er als Reichsverweser auch das Amt des Staatsoberhauptes. Zum Militär konnte er, der roman- tische Freiheitsfanatiker, jedoch nie das richtige Verhältnis ge- winnen. Seinen hervorragendsten Heerführer, den kühlen Ver- nunftmenschen Görgey, betrachtete er mit Mißtrauen und Eifer- sucht, wodurch die Kriegsführung oft schwer, in der Endphase sogar verhängnisvoll belastet wurde.

Die Entscheidung führte die russische Armee herbei, die Zar Nikolaus I. dem bedrängten österreichischen Kaiser zur Hilfe schickte. Gegen 194 000 Russen und 176 000 Österreicher mit 1200 Geschützen waren 152 000 Honvéds mit 450 Geschützen nur ein verlorener Haufen. Kossuth dankte ab und floh in die Türkei. Görgey, für einen Tag Staatsoberhaupt, streckte bei

Világos mit den Resten seiner Armee vor dem russischen General Rüdiger die Waffen. Anfang Oktober kapitulierte auch die starke Festung Komárom (Komorn), nachdem der Besatzung freier Abzug gewährt worden war.

XIX. VERGELTUNG
UND NEOABSOLUTISMUS

Schwarzenberg wollte zuerst „Exempel statuieren". Gleich
nach der Übergabe Komároms begann der Militärgouverneur,
Feldzeugmeister Baron Haynau, wegen seines Sadismus „die
Hyäne von Brescia" genannt, sofort mit der grausamen Arbeit
der Vergeltung. Görgey verdankte sein Leben nur der persönlichen Fürsprache des Zaren und wurde in Kärnten interniert.
Haynau ließ seine prominentesten Opfer am 6. Oktober hin-
richten, am Todestag des Kriegsministers Latour, der 1848 in
der dritten Wiener Revolution am Laternenpfahl geendet hatte.
In Pest mußte der erste Ministerpräsident Ungarns, Ludwig
Batthyány, unschuldig sterben, weil die Regierung die Existenz
der ihn entlastenden Akten dem Militärgericht gegenüber leug-
nete. In der Festung Arad wurden 13 in Gefangenschaft geratene Honvéd-Generale, die früher im kaiserlichen Heer
gedient hatten, gehängt oder erschossen. Unter ihnen befanden
sich auch ein hessischer Graf, ein Wiener Advokatensohn, ein
kroatischer Grenzer, ein Banater Serbe, ein Preßburger und ein
Schemnitzer „Deutschungar".

Nachdem die Freiheitsbewegungen in der ganzen Monarchie
mit Waffengewalt niedergeschlagen worden waren, wurde auf
einer staatsrechtlichen „tabula rasa" der großösterreichische Einheitsstaat unter autoritärer Herrschaft aufgebaut. Es war die
dritte Wiederholung des unter Leopold I. und Joseph II. fehl-
geschlagenen Versuches. Der Innenminister Alexander Bach,
einst revolutionärer Rechtsanwalt, nach Schwarzenbergs Tod der
führende Vertreter und Gestalter des nach ihm genannten
neoabsolutistischen Regimes, kehrte zur Begründung der vollständigen Gleichschaltung Ungarns die „Verwirkungstheorie"
des 17. Jahrhunderts hervor. Das Staatsgebiet wurde aufgeteilt,

jedoch nicht auf der Grundlage der Gleichberechtigung der Nationalitäten. Siebenbürgen wurde wieder abgetrennt, die Rumänen bekamen aber ebensowenig ihr Territorium wie die Slowaken in Oberungarn. In der ebenfalls ausgeschiedenen serbischen Woiwodina und Banat gab es nur rd. 27 v. H. Serben. Kroatien verlor Syrmien an die Woiwodina, und außerhalb Siebenbürgens ist die Militärgrenze aufrechterhalten oder wiederhergestellt worden.

Der Neoabsolutismus übernahm jedoch die sozialen Errungenschaften von 1848 und behandelte das ganze Habsburgerreich als einheitliches Wirtschaftsgebiet. Die Wiener Zentralbehörden wurden in Ministerien umgewandelt — ein formales Zugeständnis an den Liberalismus — und verwalteten einheitlich die ganze Monarchie. Die sozialen Reformen von 1848 konnten erst jetzt vollständig verwirklicht werden, die Bauernbefreiung und Grundentlastung wurden korrekt durchgeführt. Die Aufhebung der im Reformzeitalter oft mit Recht beanstandeten Zwischenzollgrenze kam der ungarischen Landwirtschaft zugute. Dennoch hat sich die Lage der alten und neuen Grundbesitzer verschlechtert. Der plötzliche Wegfall der Urbarialleistungen zwang den Adel zu einer Umstellung, worauf er noch nicht vorbereitet war. Die Einziehung und Vernichtung des von der Revolutionsregierung ausgegebenen Banknoten beraubten ihn der gesamten Barschaft, die spärlichen Vorschüsse der Grundentlastung konnten die zunehmende Verschuldung nicht aufhalten. Dazu kam als logische Folge des einheitlichen Zollgebietes die Einführung des österreichischen Steuersystems und Tabakmonopols, die das befreite Bauerntum ebenso schwer traf wie seine früheren Herren. Die Steuerlasten der Bevölkerung Ungarns waren im Jahre 1850 viermal, 1857 elfmal größer als vor 1848. Erhalten blieb die ungesunde Bodenverteilung mit der Vorherrschaft des Großgrundbesitzes.

Das neoabsolutistische Regime von Alexander Bach stützte sich auf die Bajonette und den Apparat einer riesigen deutschsprachigen Bürokratie. Alle Kronländer wurden von böhmischen und österreichischen Beamten überflutet, die aber meist weder die Bildung noch die Moral des josephinischen Beamtentums besaßen. Erzherzog Albrecht, der 1851 zum Generalgouverneur von Ungarn ernannt wurde, fand hier „ein Heer von Beamten, namentlich von der Justiz, darunter viele, welche man in Wien nicht zum Hausknechte machen würde"[35]. Durch diese Bürokratie und Militärbehörden wurden die Selbstverwaltungsorgane der Kroaten, Serben und sogar der Siebenbürger Sachsen ersetzt. Die Kroaten sagten bitter, sie erführen als Lohn ihrer Kaisertreue dieselbe Behandlung wie die Ungarn als Strafe.

Das vom Grafen Thun umgestaltete Schulwesen erwies sich in Ungarn als ein bleibender Erfolg, versagte aber als Mittel zur Eindeutschung und Schaffung eines gesamtstaatlichen Patriotismus. Die Bürokraten gaben sich der Illusion hin, man werde in 15 bis 20 Jahren selbst in den Tanya-Schulen um Szeged deutsch sprechen. In Wirklichkeit vertiefte das Bachsche System mit seiner deutschsprachigen Polizei, Gendarmerie und Beamtenschar nicht nur bei den Ungarn, sondern auch bei den anderen Nationen die Abneigung gegen das Deutschtum oft zum Deutschenhaß. Es trug damit auch dazu bei, daß in Ungarn Kossuths Geist wiedererwachte.

Dem Zusammenbruch und der blutigen Vergeltung folgten zunächst Erstarrung, Furcht, dann — hauptsächlich bei der Intelligenz — bittere Ernüchterung. Die altkonservativen Magnaten sahen ihr politisches Verhalten gerechtfertigt. Ihre Versuche aber, die Regierung zur Wiederherstellung des historischen Ungarns von 1847 zu bewegen, stießen auf schroffe Ablehnung und trugen ihnen, deren Loyalität über allem Zweifel erhaben war, sogar den Verdacht rebellischer Gesinnung ein. Die Mittelklasse von Adligen und Literaten, seit dem Reformzeitalter der wichtigste Träger des nationalen und politischen Bewußtseins, war unter dem wachsenden Druck der Polizei und der Zensur wie gelähmt. In einer anscheinend ausweglosen und absurden

---

[35] Brief vom 31. 10. 1851 an Kaiser Franz Joseph, zitiert von Á. Károlyi, Der Döblinger Nachlaß des Grafen Stephan Széchenyi (ungar.), Bd. I., Budapest 1921, S. 8.

Lage fanden diese Menschen einen schicksalhaften Leitstern in der Person von Franz Deák, dem Justizminister der Regierung Batthyány. Der behäbige, schlichte und bescheidene Landedelmann aus Zala, dem Südwesten Transdanubiens, strebte nie nach Ruhm und Macht. Durch sein juridisches Wissen, seine Besonnenheit und moralische Integrität hatte er jedoch schon früh den Beinamen „der Weise des Vaterlandes" verdient und wurde einer der führenden Geister der liberalen Partei von 1847. Deák machte keine Politik, er sagte nur seine Meinung den Ratlosen, die immer zahlreicher zu ihm kamen. Er bekannte sich zur Kontinuität des Rechtes von 1848, und seine Taktik bestand in der passiven Resistenz. So stieg er allmählich zum Gegenspieler Kossuths auf, der auf der Basis der Unabhängigkeitserklärung von 1849 stand und die Herzen auch aus der Ferne in Bann hielt. Vor allem hing das Volk an ihm. Die Regierung Bach konnte mit der Grundentlastung, die in Ungarn wesentlich großzügiger durchgeführt wurde als in Österreich, nichts daran ändern, daß Kossuth als *der* Bauernbefreier galt. Außerdem gelang es ihm, dessen Wunschdenken keine nüchterne Selbstkritik kannte, die Schuld an der Katastrophe Görgey als angeblichem Verräter zuzuschieben. Er schuf damit die Dolchstoßlegende des ungarischen Freiheitskrieges. Je rücksichtsloser die Behörden die Erinnerung an die Kämpfe und ihre Helden auszumerzen suchten, desto mehr verklärte sich ihr Bild mit Kossuth und dem toten Freiheitsdichter Petöfi im Mittelpunkt. So ist Kossuth weiterhin ein Machtfaktor im ungarischen Leben geblieben. Der Emigrant bemühte sich allerdings erfolglos, die internationale Politik in seinem Sinne zu beeinflussen. Seine Propagandatätigkeit aber bereitete Österreich vornehmlich in England und den Vereinigten Staaten manche Schwierigkeiten.

Die für Ungarn entscheidende Wende in der österreichischen Innenpolitik führten die außenpolitischen Mißerfolge der Monarchie, namentlich die 1859 in Italien erlittenen Niederlagen herbei. Franz Joseph erkannte das Versagen des Bachschen Neoabsolutismus, der Traum eines deutsch-österreichischen Einheitsstaates war ausgeträumt. Der Kaiser brauchte eine Reichsverfassung, die den Forderungen der Großmachtstellung gerecht werden konnte. Zwei Lösungen wurden versucht. Die föderalistisch-konservative des Oktoberdiploms von 1860 machte den „historischen Nationen" Zugeständnisse. Für Ungarn bedeutete sie Rückkehr zu 1847. Das Februarpatent von 1861 war zentralistisch und liberal; im gemeinsamen Reichsrat sollte das Übergewicht der Deutschen durch Begünstigung des deutsch-bürgerlichen Elements gesichert werden, um den deutschen Charakter der Monarchie zu bewahren. Diese zweite Lösung vermochte niemanden zu befriedigen, in Ungarn wären nur die Altkonservativen, die das Oktoberdiplom ans Ruder gebracht hatte, zur Kollaboration bereit gewesen. Sie fielen jedoch restlos durch bei den Wahlen für den Reichstag, der die Beschickung des Reichsrates einstimmig verweigerte und die Wiederherstellung der Verfassung von 1848 forderte. Deák konnte nur mit drei Stimmen Mehrheit durchsetzen, daß der Standpunkt des Reichstages nicht einfach als Beschluß, sondern in der für den Herrscher annehmbaren Form der Adresse dargelegt und damit die Verhandlungsbereitschaft angedeutet werde. Die Antwort war die Wiedereinführung des Absolutismus durch das Ministerium Schmerling, ein „Provisorium", um die Ungarn zur Annahme des Februarpatents zu zwingen. Deák hielt jedoch an dem Dualismus auf der Grundlage von 1848 fest. Durch seine besonnene Festigkeit vermochte er das ungeteilte Vertrauen aller politisch interessierten Ungarn im Lande zu gewinnen und Kossuths Einfluß auf die politische Meinungsbildung für einige entscheidende Jahre weitgehend auszuschalten.

Die Endphase der unblutigen Auseinandersetzung leitete Deáks berühmter Osterartikel von 1865 in der Zeitung „Pesti Napló" ein. Der ungarische Standpunkt wurde darin entschieden, aber im eindrucksvollen und konzilianten Ton dargelegt. Wien gab endlich die „Verwirkungstheorie" auf und ermöglichte damit die Rückkehr zu 1848 als Verhandlungsgrundlage. Der ungarische Reichstag trat Ende 1865 wieder zusammen, mußte aber wegen des Krieges mit Preußen und Italien vertagt werden.

Königgrätz und die endgültige Verdrängung Österreichs aus Deutschland hatten die Verschiebung des Schwerpunktes der Monarchie nach Osten zur Folge. Dadurch wuchs die Bedeutung Ungarns innerhalb der Monarchie wesentlich, und die endgültige Versöhnung mit den Magyaren wurde zum Hauptproblem. Sie bildeten ja im habsburgischen Vielvölkerreich die größte Gruppe nach den Deutschen, deren prozentualer Anteil an der Bevölkerung Zisleithaniens, d. h. der österreichischen Kronländer, jedoch auch nach dem Verlust Oberitaliens erheblich geringer war als die ebenfalls nur relative Mehrheit der Magyaren im Karpatenraum. Auch besaßen die Ungarn unter den „historischen Nationen" der Monarchie die stärkste staatspolitische Tradition, die allen absolutistischen Gleichschaltungsversuchen standgehalten hatte. Wenn die Not auch immer mehr verarmte Adlige zum Einlenken bewegte, wurde die Wiener Regierung doch durch Geschehnisse, wie den ungarischen Steuerstreik von 1860, peinlich daran erinnert, daß dieses Staats- und Nationalbewußtsein noch eine reale Macht war, die kein anderes nichtdeutsches Volk der Monarchie besaß. Vage föderalistische Vorstellungen kamen nicht auf gegen die wirklichen Kräfteverhältnisse und die dualistische Konzeption der Ungarn, die immer konkretere Formen annahm. Ausschlaggebend wurde schließlich das Argument Deáks, daß Österreich nur mit Ungarn zusammen eine Großmacht bleiben könne.

Auch auf der ungarischen Seite spielten realpolitische Erwägungen eine entscheidende Rolle. Selbst Kossuth hatte schon längst erkannt, daß die vollständige Unabhängigkeit eines zwischen die großen Machtblocks isoliert eingekeilten Ungarns illusorisch sein würde. Deák aber war fest überzeugt, daß die westlichen Mächte die Zerschlagung der Monarchie nie zulassen würden, weil ein starkes Österreich im europäischen Interesse liege. Das sei jedoch auch Ungarns Interesse; denn die Einheit seines historischen Staatsgebietes könne nur im größeren Rahmen der Habsburgermonarchie bewahrt werden. Die Integrität des Stephansreiches aber hielten damals alle, die den Staat Ungarn bejahten, für unabdingbar.

Kossuth vermochte keine reale Alternative zu bieten. Die von ihm geplante Donaukonföderation, welche die Auflösung der Habsburgermonarchie und des Türkischen Reiches voraussetzte und durch den Zusammenschluß von Ungarn, Kroatien, Serbien und Rumänien entstehen sollte, lag weit außerhalb des Möglichen. Auch die treuesten Anhänger lehnten den Plan ab, weil er die Souveränität des ungarischen Staates viel stärker beschnitten hätte als die bereits in greifbarer Nähe gerückte Verständigung mit Österreich. So konnte Deák im ungarischen Reichstag eine sichere Mehrheit für den Ausgleich gewinnen, während in Wien Ministerpräsident Freiherr Ferdinand von Beust und die Kaiserin Elisabeth, eine leidenschaftliche Fürsprecherin der ungarischen Sache, die Zustimmung des Kaisers erwirkten. Im Februar 1867 ernannte Franz Joseph auf Vorschlag Deáks den Grafen Julius Andrássy, der 1851 „in effigie" gehängt worden war, zum Ministerpräsidenten und wurde am 8. Juni in der Liebfrauenkirche (sog. Mathiaskirche) von Buda zum König von Ungarn gekrönt.

XX. DAS ZEITALTER DES DUALISMUS

Der Ausgleich erkannte Ungarn oder „die Länder der ungarischen Krone" als souveränes Königreich an, das mit den „im Reichsrat vertretenen Königreichen und Ländern", kurz Zisleithanien genannt, durch Realunion verbunden war. Beide Reichshälften hatten ihre Parlamente und verantwortlichen Regierungen, außerdem gab es drei gemeinsame, „kaiserliche und königliche" (k. u. k.) Ministerien für Äußeres, Krieg und die zur Kostendeckung der gemeinsamen Angelegenheiten dienenden Finanzen. Die gemeinsamen „k. u. k." „Reichsministerien" waren den sog. Delegationen verantwortlich, Ausschüssen von je 60 Mitgliedern, die aus dem Reichsrat und dem ungarischen Reichstag gewählt wurden. Alle gemeinsamen Angelegenheiten wurden in den getrennt tagenden Delegationen beraten und entschieden. Jeweils für 10 Jahre sollten die Aufteilung der gemeinsamen Kosten, die sog. „Quote", sowie das Zoll- und Handelsbündnis und das Staatsschuldengesetz beschlossen werden. Ungarns Anteil wurde 1867 mit 30 v. H. festgesetzt, er erhöhte sich in 50 Jahren schrittweise auf 37 v. H. Im Gegensatz zu 1848 blieb die Einheit der k. u. k. Armee erhalten, zumal weil der Soldat Franz Joseph darin mit Recht die wichtigste Stütze der Einheit der Monarchie sah. Um den nationalen Souveränitätsanspruch zu befriedigen, wurde 1868 in Ungarn eine kleinere Heimatarmee, die Honvéd, aufgestellt, Österreich aber erhielt die Landwehr.

Auf Grund des historischen Staatsrechts mußte das Königreich Kroatien-Slawonien, als ein Land der ungarischen Krone, sein Verhältnis zu Ungarn 1868 durch einen allerdings hart umstrittenen eigenen Ausgleich regeln. Seine Autonomie in Verwaltung, Justiz, Kultus und Unterricht sowie der eigene Landtag blieben erhalten. Der Banus wurde jedoch fortan vom König auf Vorschlag des ungarischen Ministerpräsidenten ernannt, und Kroatien-Slawonien war auch im ungarischen Parlament seiner Einwohnerzahl entsprechend vertreten.

Die Einführung des „paritätischen Dualismus" bedeutete einen umwälzenden Strukturwandel der Habsburgermonarchie, der die Entwicklung der beiden Reichshälften in beinahe entgegengesetzte Bahnen lenkte. Die Richtung wurde durch die unterschiedliche staatspolitische Vergangenheit bestimmt. In Zisleithanien, das „Königreiche und Länder" mit den verschiedensten historischen Traditionen in sich vereinte, erhielten die autonomistischen Tendenzen einen starken Auftrieb. Die Wiener Regierungspolitik schwankte zwischen deutsch-österreichischem Zentralismus und slawenfreundlichem oder übernationalem Föderalismus. Es lag jedenfalls nahe, mit der drittgrößten Nation der Monarchie, den Tschechen, ebenfalls einen Ausgleich zu treffen. Die Versuche von 1868, 1871 und 1890 scheiterten jedoch nicht nur am Widerstand der Deutschen und — im Jahre 1871 — auch der Ungarn, sondern auch an den für Franz Joseph unannehmbaren Forderungen der tschechischen Führer. Was sie kurz nach dem ungarischen Ausgleich verlangten, ging weit über das Programm der ungarischen Unabhängigkeitspartei hinaus und hätte die Ablehnung der Pragmatischen Sanktion, der Grundlage der Habsburgermonarchie, bedeutet. Das Deutschtum aber, obwohl wirtschaftlich und meist auch kulturell überlegen, sah mit der schrittweisen Aufgabe des Klassenwahlrechts auch seine politische Suprematie schwinden. Um so mehr verschärfte sich der Nationalitätenkampf. Es wurden Föderalisierungspläne geschmiedet, um die Gegensätze im größeren Rahmen der Monarchie aufzuheben. Den am Schreibtisch entworfenen Plänen standen aber harte politische Gegebenheiten entgegen: der Dualismus mit dem ungarischen Einheitsstaat sowie immer stärkere separatistische und Irredenta-Bewegungen. Bedeutende Politiker des hoffnungslos in Minderheit geratenen österreichischen Deutschtums betrachteten Ungarn als das größte Hindernis einer Gesundung der Monarchie. „Der ungarische Staat muß fallen!" — hieß eine Losung aus den Reihen der von Lueger geführten

Christlichsozialen. Sie halfen damit die Atmosphäre vergiften, konnten jedoch an der Tatsache nichts ändern, daß der übernationale „großösterreichische" Staatsgedanke den im Volksbewußtsein wurzelnden Nationalgefühlen weit unterlegen war. Der Thronfolger Franz Ferdinand hatte eine Zeitlang an eine „trialistische" Neugestaltung der Monarchie zugunsten der Südslawen gedacht. Später neigte er zu einer Reform mit Beibehaltung des Dualismus. Der Trialismus hätte aber die Verwirklichung der großserbischen Idee vereiteln können. Deshalb mußte Franz Ferdinand am 28. Juni 1914 in Sarajewo sterben.

Im politischen Leben Zisleithaniens kreuzten sich die einander widersprechenden Bestrebungen nach nationaler oder territorialer Eigenständigkeit auch mit sozialen, wirtschaftlichen und konfessionellen Interessen. Daraus ergaben sich im Reichsrat stets wechselnde Fronten, die keine Stabilisierung der Machtverhältnisse ermöglichten. Vielmehr wurde die Arbeit des Parlaments nur zu oft durch Boykotte, Obstruktionen, wüste Szenen gelähmt. So bot der österreichische Parlamentarismus das Bild einer Zerrissenheit und Labilität, das mit der Wirklichkeit einer immerhin prosperierenden Gesellschaft und recht gut funktionierenden Verwaltung im merkwürdigen Widerspruch stand.

Auch in Ungarn widersprachen sich Schein und Wirklichkeit, allerdings in einem ganz anderen Sinne. Der Ausgleich bedeutete hier den Sieg der Idee des Einheitsstaates. Sie war aber einst durch das spätmittelalterliche Ständetum geprägt worden, zu einer Zeit, als es noch keinen Sprachnationalismus gab und im Karpatenraum die Ungarn die absolute Mehrheit bildeten. Die ungarische Führerschicht der dualistischen Epoche verband diese historische Tradition mit dem Ideal des Nationalstaates westeuropäisch-französischer Prägung und mit einem doktrinären Liberalismus. Sie ging auch mit Schwung und Energie, aber verhängnisvoll unbekümmert daran, ihre Vorstellungen in die Wirklichkeit umzusetzen. Von Deáks Lehre behielt sie nur den Primat des Öffentlich-Rechtlichen, hatte der „Weise des Vaterlandes" ja doch den Kampf gegen den Absolutismus mit dem Corpus Juris in der Hand erfolgreich ausgefochten. Das staatsrechtliche Verhältnis zu Österreich, die meist formalen Merkmale der Souveränität und die Autarkie galten als *die* Lebensfragen der Nation. Alles andere erschien nebensächlich. Im Budapester Parlament wurde 50 Jahre hindurch hauptsächlich um die Auslegung oder „Weiterentwicklung" des Ausgleiches gerungen. In der Beurteilung der Probleme trat aber immer mehr ein emotionaler Illusionismus an die Stelle des Weitblickes und der Nüchternheit Deáks. Kaum war die schwere Arbeit des Ausgleichswerkes getan und der Alpdruck des Absolutismus für immer verschwunden, brach das alte Ressentiment wieder durch. Haynaus blutiger Schatten war es, der Kossuth das Herz der magyarischen Massen aus der Ferne zurückerobern half.

Die Hinwendung zum gefühlsmäßigen und einseitigen Politisieren wurde durch tiefgehende soziale und wirtschaftliche Wandlungen bedingt. Von entscheidender Bedeutung war der Verfall des mittleren Adels. Freiheitskampf und Vergeltung haben den wichtigsten Träger des liberalen Patriotismus dezimiert, der Neoabsolutismus hat ihn wirtschaftlich, kulturell und moralisch weiter geschwächt. Die in der unfruchtbaren Atmosphäre eines bürokratischen Polizeistaates heranwachsende neue Generation besaß meistens weder die Bildung und die politische Erfahrung noch die materielle Unabhängigkeit und die hohe Ethik der Väter. Der wirtschaftliche Abstieg setzte sich nach 1867 fort. Der Wirtschaftsliberalismus, der z. B. 1868 alle den Wucher betreffenden Gesetze aufhob, führte sogar zur verhängnisvollen Verschuldung gerade des Mittel- und Kleinbesitzes. Die heruntergekommenen Nachfahren der Reformer und Freiheitskämpfer fühlten sich trotzdem zur Führung berufen und suchten den Schein der alten Herrlichkeit zu wahren. In den letzten Jahrzehnten des 19. Jahrhunderts galt es schon als selbstverständlich, daß die ruinierten Gutsbesitzer im öffentlichen Dienst Zuflucht fanden und willige Werkzeuge der Regierungen wurden. Bis zum Zweiten Weltkrieg bedeutete die sog. „historische Mittelklasse" hauptsächlich das Beamtentum.

Die Schicht von Beamten, Gutsbesitzern und freiberuflicher Intelligenz füllte sich auch durch Assimilation auf. Es war ein

bezeichnender „negativer" Erfolg des magyarenfeindlichen Neoabsolutismus, daß er durch verfehlte Maßnahmen die Magyarisierung des städtischen Bürgertums viel mehr förderte als auf-
hielt. Das Ungarische oder was man dafür hielt zog bald selbst
das Bachsche Beamtentum in seinen Bann. Manche übernahmen
Lebensstil und Gesinnung des niedergehenden Adels, oft gingen
dabei ihre angestammten Tugenden und Fähigkeiten verloren.
Diese assimilierte Intelligenz stellte die eifrigsten Publizisten
des Chauvinismus und der unrealistischen Magyarisierungs-
träume.

Die Mehrheit der Juden, die nach der Emanzipation von 1867
hauptsächlich aus Galizien einwanderte, stieg in der zweiten
oder dritten Generation ebenfalls in die magyarischsprachige
Mittelklasse auf. Der doktrinäre Liberalismus und die Abneigung des heruntergekommenen Adels gegen die Arbeit in der
Wirtschaft boten ihnen fast unbegrenzte Möglichkeiten. Sie wurden Nutznießer des wirtschaftlichen Aufschwungs und Haupt-
träger des Kapitalismus. Am Anfang des 20. Jahrhunderts beherrschten die Juden nicht nur den größten Teil der Finanzwelt,
der Großindustrie und des Handels, sondern stellten über
40 v. H. der freien Intellektuellenberufe wie Ärzte, Rechts-
anwälte, Journalisten. Auch der Landbesitz des ruinierten Adels
war meist in ihre Hände übergegangen. Die neue Geldaristo-
kratie spielte im Kulturleben eine wichtige Mäzenrolle, das
jüdische Bürgertum wurde in den kirchenpolitischen Kämpfen
der neunziger Jahre ein willkommener Verbündeter des liberalen Antiklerikalismus. Es trug auch wesentlich dazu bei, daß
bei der politischen Linken das nationalistisch-chauvinistische
Erbe von 1848/49 immer mehr durch einen bürgerlichen Radi-
kalismus und marxistischen Sozialismus westeuropäischer Prägung verdrängt wurde. Bezeichnenderweise war die ungarische
Sozialdemokratie anfangs deutschsprachig. Denn die unteren
Schichten der Budapester Bevölkerung deutscher Herkunft wurden erst magyarisiert, als die Hauptstadt zum größten Indu-
striezentrum Ungarns aufstieg und ihre Einwohnerzahl 1869
bis 1910 um 225,4 v. H., die der Vororte sogar um 630,2 v. H.

zunahmen. Gleichzeitig stieg der Anteil der in Bergbau, Industrie, Handel und Verkehr Beschäftigten und ihrer Angehörigen an der Einwohnerzahl des Landes von 11,1 v. H. auf 23,6 v. H.

Ungarn ist jedoch weiterhin ein Agrarland geblieben. Der Prozentsatz der Urproduzenten sank von 66,4 auf 62,4 v. H. nur um 4 v. H., und auch die neue Industrie, Mühlen, Zuckerfabriken u. a., verarbeitete hauptsächlich landwirtschaftliche Erzeugnisse. Aber die bäuerlichen Millionen wurden dem Wirtschaftsliberalismus ausgeliefert. Die liberale Gesetzgebung tat nichts, um die aus dem 18. Jahrhundert herrührende ungesunde Bodenbesitzverteilung zu beseitigen, vielmehr gewährte sie dem Großgrundbesitz als gebundenem Gut (Fideikommisse, kirchliche, staatliche, kommunale u. a. Güter) oft besonderen Schutz, während der Mittel- und Kleinbesitz sich laufend zersplitterte. Das Elend nahm an den kargen Randgebieten, unter den Slowaken, Ruthenen, Siebenbürger Széklern und Rumänen schneller zu als auf der fruchtbaren Ebene. Slowaken, Székler und Ruthenen waren daher weit über ihrer Verhältniszahl beteiligt an der Auswanderung, die der Staat ebensowenig beschränkte wie die Einwanderung. Die drückende Not trieb aber das ständig wachsende magyarische Agrarproletariat in den neunziger Jahren auch zu revolutionären Bewegungen ohne politische Ideologie. Die Einstellung des selbständigen magyarischen Bauerntums zur großen Politik war freilich ebenso emotional bedingt wie die der Epigonen der Reformer von 1848. Mit dem Namen Kossuths und antiösterreichischen Parolen ließ es sich nur zu leicht für die Opposition gewinnen.

Denn das ungarische Parteigefüge zeigte, im Gegensatz zum österreichischen, eine ziemlich klare und beständige Polarität der Anhänger und Gegner des Ausgleiches, der 67er-Deák-, später liberalen Partei und der 48er-Unabhängigkeitspartei. Kleinere Gruppen bildeten den Übergang zwischen den beiden Polen. Die 67er-Regierungen befanden sich stets in einer Zwickmühle. Einerseits sahen sie sich gezwungen, Deáks Werk gegen eine „nationale" Opposition zu verteidigen. Es wurde erst gefestigt durch die 15jährige Regierung von Koloman Tisza, dem einstigen Gegner Deáks, einem gewiegten Taktiker, der aber auch hart durchzugreifen verstand. Tiszas Mittel waren oft recht fragwürdig: Einschränkung des Stimmrechts, gelenkte Wahlen, ungleichmäßige Festsetzung der Wahlkreise, wobei die passiven und gefügigen Nationalitäten den überwiegend oppositionellen ungarischen Bauernmassen gegenüber begünstigt wurden. Immerhin gelang es im Parlament, fast 40 Jahre hindurch die sichere Mehrheit der Regierungsparteien aufrechtzuerhalten. Andererseits mußten die Regierungen unter dem Druck der öffentlichen Meinung bei den alle 10 Jahre fälligen Ausgleichsverhandlungen immer wieder „nationale Forderungen" stellen. Nur selten ging es jedoch um wichtige wirtschaftliche Angelegenheiten wie die Verwendung der gemeinsamen Zoll- und Steuereinnahmen und, im Jahre 1878, um die dualistische Umgestaltung der österreichischen Notenbank. Meist wurden Form- und Protokollsachen betreffende Zugeständnisse gegen Erhöhung der ungarischen Quote eingehandelt und als „nationale Errungenschaften" gefeiert.

Die wirkungsvollste Waffe der Oppositionsparteien war die Obstruktion, eine brauchbare Alternative zur Regierungspolitik vermochten sie nicht zu bieten. Das zeigte sich mit aller Deutlichkeit in den Jahren 1905—1910, nach der Wahlniederlage der liberalen Regierungspartei, die eine Staatskrise auslöste. Die 48er-Unabhängigkeitspartei errang die relative Mehrheit, den größten Teil des Programmes der von ihr geführten Koalition mußte Franz Joseph ablehnen, wollte er nicht die ganze Monarchie in ihren Grundfesten erschüttern. Der König war stärker als die parlamentarische Mehrheit, die Koalition mußte einlenken und auf der 67er-Grundlage regieren, versagte aber auf fast jedem Gebiet. Sie wurde 1910 vernichtend geschlagen, und die unter dem Namen „Partei der nationalen Arbeit" neuorganisierte 67er-Partei brachte mit dem Grafen Stefan Tisza den letzten starken Mann des Dualismus ans Ruder.

An der ständigen Überbewertung der öffentlich-rechtlichen Angelegenheiten hatte Kossuths Einfluß entscheidenden Anteil.

Realer begründet war um 1896 das Hochgefühl, in dem tausendjährigen Ungarn einen erstaunlichen Modernisierungsprozeß und wirtschaftlichen Aufschwung zu erleben. Die eigentlichen Schicksalsfragen Ungarns, das soziale und Agrarproblem sowie die Nationalitätenfrage, wurden in den Hintergrund gedrängt. Das erstere wurde öfters mehr oder weniger richtig beurteilt, und die Arbeiterschutzgesetzgebung machte — dank einsichtsvollen Fachministern — unleugbare Fortschritte. Weder Bauernsozialisten noch katholische Sozialreformer oder weitblickende Aristokraten vermochten jedoch gegen die vorherrschenden liberalen Doktrinen und Klasseninteressen durchgreifende Reformpläne, insbesondere eine Bodenreform durchzusetzen.

In der Nationalitätenfrage wurde der politische Aspekt verkannt. Das von dem hochgebildeten Staatsphilosophen und Schriftsteller Baron Joseph Eötvös und Deák ausgearbeitete Gesetz 44/1868 „Über die Gleichberechtigung der Nationalitäten" griff auf den ständisch-übernationalen Begriff der „natio hungarica" zurück und erklärte alle Staatsbürger gleichviel welcher Nationalität für gleichberechtigte Mitglieder der einheitlichen und unteilbaren ungarischen politischen Nation. Den einzelnen Staatsangehörigen wurden so weitgehende nationalpolitische Rechte eingeräumt, wie sie damals außerhalb der Habsburgermonarchie nirgends zu finden waren und — mindestens auf dem Papier — auch der nationalen Gemeinschaft ein äußerst breites Betätigungsfeld eröffneten. 60 Jahre später hätte das Gesetz als Minderheitenschutz mancher Regierung Ehre gemacht. 1868 konnte es nicht einmal die gemäßigten Nationalitätenführer zufriedenstellen. Denn sie forderten für das Kollektiv die Anerkennung als politische Persönlichkeit und das Recht, innerhalb bestimmter territorialer Grenzen als herrschende Mehrheit zu walten. Den ungarischen Staatsmännern der Zeit erschienen solche Forderungen freilich unvereinbar sowohl mit der historischen Integrität des Königreiches als auch mit dem modernen Einheitsstaat, der ihnen vorschwebte. Nicht zufällig wurden die Territorien der Siebenbürger Székler und Sachsen sowie der Kumanen und Jazygen nach dem Ausgleich bald aufgelöst und in das Komitatssystem eingegliedert. Kroatien-Slawonien bewahrte seine Sonderstellung als ein Land der Stephanskrone.

Die meisten Kroaten, deren politische Mentalität der ungarischen recht ähnlich war, fanden aber ihren Ausgleich ebenso unbefriedigend wie die Ungarn den ihrigen. Das ohnehin gespannte Verhältnis wurde zeitweilig auch durch Mißgriffe der Budapester Ministerien in den Sprachangelegenheiten belastet. Paradoxerweise stützte sich die ungarische Regierungspolitik gegenüber der kroatischen nationalen Opposition auf die scheinbar loyalen Serben; später mußten die Bane meist absolutistisch, ohne den Landtag regieren.

Die Nationalitätenführer Ungarns, die untereinander keineswegs einig waren, zogen sich nach 1868 in Passivität zurück. Die sicher unbeabsichtigte Folge war, daß die Epigonen Deáks und Eötvös' sich von den Verpflichtungen des Gesetzes entbunden fühlten und das ungarische Publikum die Bedeutung und das Wesen des Nationalitätenproblems immer weniger begriff. Aus dem geistigen Erbe von Eötvös blieb eigentlich nur die den Ungarn längst vertraute Auffassung übrig, daß die Nationalität ein subjektives Bekenntnis sei. Ein jeder, der sich zum Ungartum bekannte, hatte in der Tat, ungeachtet seiner Abstammung, die gleichen Chancen. Im allgemeinen wurde die Nationalitätenfrage nur im Zusammenhang mit der Außenpolitik gesehen. Hinter den nationalen Bewegungen vermutete man — zuweilen nicht ohne Grund — vor allem russisch-panslawistische Agitation. Die Regierungen glaubten die „staatsfeindliche Tätigkeit" durch Ordnungskräfte, behördliche Verbote und Presseprozesse unterbinden zu können. Eine allgemeine gesetzliche Einschränkung des Rechtes, auf nationaler Basis Parteien zu gründen, Nationalkongresse abzuhalten, wäre mit ihren liberalen Doktrinen unvereinbar gewesen. Sie sahen auch tatenlos zu, als rumänische und slowakische Banken ungarischen Landbesitz planmäßig aufkauften. In den neunziger Jahren erhob aber Ministerpräsident Bánffy die Illusion des Nationalstaates sozusagen zum Regierungsprogramm. Der Nationalstaat, „das ungarische Reich", sollte durch Magyarisierung von Orts-

und Familiennamen, Anbringung von Staatswappen, durch Intensivierung des Magyarischunterrichts in den Kindergärten und Volksschulen verwirklicht werden.

Das Ergebnis dieser Maßnahmen zur Abwehr von nur z. T. realen Gefahren und zur Verwirklichung einer völlig unrealistischen Zukunftsvision bestand nur darin, daß der internationale Ruf Ungarns unermeßlichen Schaden erlitt. Es war keineswegs das Verdienst der besonders eifrigen und ebenso verfehlten Magyarisierungspolitik der nach Popularität haschenden Koalitionsregierung, daß der Anteil der magyarischsprachigen Bevölkerung in Ungarn, der 1880 46,6 v. H., 1900 aber schon 51,4 v. H. betragen hatte, bis 1910 auf 54,5 v. H. anstieg. Die assimilierende Kraft der Städte und der Intellektuellenberufe hat vornehmlich Deutsche und Juden zu Magyaren gemacht. Einzelne Übergriffe und Verwaltungspraktiken, die das Staatsvolk genauso bedrückten wie die Minderheiten, Gerichtsurteile und Gesetze wurden aber durch die Propaganda auch im Ausland planmäßig und oft einseitig ausgeschlachtet.

Erst am Vorabend des Ersten Weltkrieges begann der Realist Stephan Tisza, der 1914 auch die Kriegserklärung an Serbien zu verhindern suchte, sich ernstlich um Verständnis mit den Nationalitäten zu bemühen. Er kam reichlich zu spät. Trotz der vorübergehenden Einigung mit den Kroaten war das Schicksal der ungarländischen Minderheiten nicht mehr zu trennen von dem Nationalitätenproblem der ganzen Monarchie und dem auf Expansion drängenden Nationalismus Serbiens und Rumäniens.

Die Massen waren allerdings davon noch weit entfernt, als der Erste Weltkrieg ausbrach, dessen Hintergrund und Verlauf hier nicht geschildert werden kann. Die Fahnen Franz Josephs haben nur Tschechen und zeitweilig Ruthenen massenweise im Stich gelassen. Die von den Entente-Mächten erwarteten Aufstände der „unterdrückten Völker" blieben auch aus, obwohl schon 1917 die „Befreiung der Tschechoslowakei" und die Errichtung eines Königreiches der Serben, Kroaten und Slowenen als Kriegsziele verkündet wurden.

XXI. ZUSAMMENBRUCH, REVOLUTION, RÄTEREPUBLIK

Den Zusammenbruch Österreich-Ungarns führte zweifellos der Krieg herbei, die Auflösung des inneren Gefüges begann aber im erschöpften und zerrütteten Hinterland. Franz Josephs Nachfolger, Karl IV. (als Kaiser von Österreich Karl I.), war kein Mann der Durchhalteparolen, vielmehr ein christlicher Pazifist, der sich vergeblich bemühte, für seine Völker den Frieden zu bringen. Anfang 1918 verkündete der Präsident der Vereinigten Staaten, Woodrow Wilson, sein 14-Punkte-Programm des Weltfriedens. Es gab in der Monarchie allen politischen Kräften, die auf unverzügliche Beendigung des Krieges drängten, mächtigen Auftrieb. In Ungarn waren es vor allem die vom Grafen Michael Károlyi geführte Unabhängigkeitspartei, die bürgerlichen Radikalen und die im Parlament nicht vertretenen Sozialdemokraten, die aber Budapests Arbeitermassen beherrschten. Die vage Formulierung des 10. Punktes über „die autonome Entwicklung der Völker Österreich-Ungarns" erweckte sogar in den Regierungskreisen die unbegründete Hoffnung auf einen Frieden ohne Zerstörung der Habsburgermonarchie oder des historischen Ungarns. Auch Károlyi glaubte durch die Trennung von Österreich und Deutschland, den Separatfrieden, weitgehende Zugeständnisse an die Nationalitäten und die Demokratisierung des sozialen und politischen Systems die Sieger freundlich stimmen und von der Zerstückelung Ungarns abhalten zu können. Je aussichtsloser die Kriegslage wurde, desto mehr Anklang fanden diese Ideen.

Ende September 1918 brach die Balkanfront zusammen und wurde der französischen Saloniki-Armee der Weg nach dem Donauraum geöffnet. Im Zeichen des Wilsonschen Grundsatzes der Selbstbestimmung der Völker vollzog sich in den Haupt-

158

städten der Monarchie die endgültige Auflösung. In Budapest übernahm am 31. Oktober der 5 Tage früher von den Sozialdemokraten und Bürgerlich-Radikalen gegründete Nationale Rat unter Károlyis Führung die Macht. Um Blutvergießen zu vermeiden, ernannte Erzherzog Joseph als „homo regius", Stellvertreter des Königs, Károlyi zum Ministerpräsidenten und legalisierte somit die Machtübernahme.

Der Nationale Rat setzte seine Arbeit als Kabinett fort und versuchte, wie vorgesehen, mit der Entente ein gesondertes Waffenstillstandsabkommen zu schließen, mit den Nationalitäten einig zu werden und die Demokratisierung durchzuführen. Ungarn trennte sich von Österreich, der neue Kriegsminister erklärte sofort, er wolle keinen Soldaten mehr sehen. Károlyis Besuch in Belgrad beim französischen Oberbefehlshaber, General Franchet d'Esperey, endete jedoch mit einem ebenso kläglichen Fiasko wie die Verhandlung, die Oszkár Jászi, der bürgerlich-radikale Theoretiker der Nationalitätenfrage, in Arad mit den Vertretern des Rumänischen Nationalen Rats führte. Tschechische, rumänische, serbische und französische Truppen aber drangen immer tiefer in Ungarn ein. Vergeblich wurde die Republik ausgerufen, Gesetze über Bodenreform, allgemeines geheimes Wahlrecht, slowakische und ruthenische territoriale Autonomie beschlossen. Alles blieb auf dem Papier; denn die Demarkationslinie wurde immer weiter vorgeschoben, und die Regierung der Bürgerlichen und Sozialdemokraten mußte sich gleichzeitig mit Gewalt wehren gegen den wachsenden Druck der Kommunisten, die den wirtschaftlichen Stillstand und die chaotischen Verhältnisse rücksichtslos ausnutzten.

Organisator und Führer ihrer Partei war Béla Kun, den Lenin mit dem Auftrag nach Ungarn geschickt hatte, die Bolschewisierung Mitteleuropas in die Wege zu leiten. Als die Vertreter der Entente ultimativ die Räumung weiterer Gebiete der östlichen Tiefebene mit den stockungarischen Städten Debrecen und Szeged forderten, erkannte Károlyi, seit Anfang 1919 provisorischer Präsident der Republik, das restlose Scheitern seiner auf Entente-Freundschaft gebauten außenpolitischen Konzeption. Er sah keinen anderen Ausweg als die Übergabe der Macht an Béla Kun, der die Hilfe Sowjetrußlands versprach. Am 21. März wurde die Räterepublik ausgerufen, die sofort begann, Ungarn durch den Aufbau eines terroristischen Machtapparats und durch eine Flut von Verordnungen in einen kommunistischen Staat zu verwandeln.

Béla Kun vermochte die Hoffnungen, die er auch in einem Teil der Mittelklasse erweckte, nicht zu erfüllen. Die Ententemächte erkannten sein Regime nicht an und ließen es zu, daß die tschechischen und rumänischen Truppen weiter vordrangen. Erst als ihr Vormarsch die Räterepublik zu vernichten drohte, raffte sich Béla Kun zu einem Gegenschlag auf und stampfte innerhalb weniger Wochen ein Heer von über 100 000 Mann aus dem Boden. Diese von einem ehemaligen k. u. k. Offizier hervorragend geführte Rote Armee kämpfte aber an der Nordfront nicht für die Weltrevolution, sondern vielmehr für Ungarn und scheute sich nicht, selbst vor den Augen Béla Kuns neben den roten Fahnen auch die verbotene nationale Trikolore zu tragen. Die Tschechen wurden weit zurückgeworfen, und erst Clémenceaus Veto stoppte die siegreiche Offensive. Sowohl die ungarischen als auch die rumänischen Truppen hatten sich auf die letzte Demarkationslinie zurückzuziehen. Während Béla Kun, um die internationale Anerkennung des kommunistischen Regimes bemüht, einlenkte, hüteten sich die Rumänen, den Weisungen aus Paris zu folgen. Die peinliche Scharte wollte er durch eine Offensive an der rumänischen Front auswetzen. Der Rückzug hatte aber die Armee enttäuscht und demoralisiert. Im Lande selbst erwies sich die sture Agrarpolitik, Verstaatlichung statt Bodenverteilung, als ein verhängnisvoller Fehlschlag. Der doktrinäre Internationalismus und Atheismus wirkten abstoßend. Eine Anzahl lokaler Erhebungen wurde hauptsächlich durch den Sadisten Szamuelly blutig niedergeschlagen, das Elend blieb, Erbitterung und Haß nahmen ständig zu. So wird es verständlich, daß die Pläne der Offensive in die Hände der Entente-Missionen gekommen waren, lange bevor sie anrollte, und die Rote Armee sich auf den ersten rumänischen

160

Gegenstoß auflöste. Béla Kun und die meisten Kommunistenführer flohen nach Wien, am 4. August zogen die Rumänen in
Budapest ein.

XXII. TRIANON-UNGARN

Das Versagen der bürgerlichen Linken an der Spitze der Revolution von 1918 in der Außenpolitik, noch mehr aber das auch innerlich mißlungene Experiment der Kommunisten sollten die politische Entwicklung der folgenden 25 Jahre ebenso unheilvoll beeinflussen wie der verlorene Freiheitskampf von 1848/49, Haynau und der Neoabsolutismus das Zeitalter des Dualismus überschatteten. Die Erfahrungen von 1918/19 haben der Reaktion und der Restauration die Arbeit nur allzuleicht gemacht und trugen wesentlich dazu bei, daß die für Westeuropa charakteristische, allmähliche und allgemeine Demokratisierung in Ungarn ausblieb.

In einem Land, das größtenteils vom Feind besetzt war, gab es überhaupt keinen normalen Ausweg aus den chaotischen Zuständen. Eine Militärkommission der miteinander rivalisierenden Entente-Mächte hatte dafür zu sorgen, daß Ungarn eine Regierung bekam, die es bei den Friedensverhandlungen vertreten konnte. Eine Zeitlang bestanden zwei gegenrevolutionäre Regierungen, die eine in Szeged, eine andere später auch in Budapest. Keine hatte wirkliche Macht, noch wurde eine von der Entente anerkannt. Ihr Programm entstand durch die Umkehrung der Schlagworte. War der Bolschewismus internationalistisch und atheistisch, so mußte man jetzt national und christlich sein. Dazu kam noch der Antisemitismus, da mit Béla Kun die große Mehrheit der Kommunistenführer Jude war und auch unter Károlyi, der als Wegbereiter des Kommunismus galt, jüdische Intellektuelle eine wichtige Rolle gespielt hatten.

Dem systematisch organisierten roten Terror folgten inzwischen mancherorts eigenmächtige, blutige Vergeltungsaktionen des „weißen Terrors" verschiedener Offizierskommandos. Der einzige überregionale Machtfaktor auf der ungarischen

Seite war einstweilen die sog. Nationalarmee, die unter dem Kommando des Admirals Nikolaus von Horthy in Szeged aufgestellt worden war und dann Transdanubien besetzte. Sie wurde zum Kern der künftigen Staatsmacht mit Hilfe der Entente-Generale, die sich mit Horthy, dem letzten Oberbefehlshaber der k. u. k. Marine, viel besser verstanden als mit den z. T. obskuren Politikern der Gegenrevolution.

Erst Mitte November begannen die Rumänen, auf Drängen der Entente, Ungarn zu räumen, nachdem sie das Land gründlich geplündert hatten. Jetzt konnte aber Horthy in die Hauptstadt einziehen und der christlichsoziale Politiker Karl Huszár, ein ehemaliger Volkschullehrer, die von der Entente geforderte Allparteienregierung bilden. Der Vertreter der Sozialdemokraten trat jedoch aus Protest gegen den weißen Terror bald zurück, und die Partei boykottierte auch die Wahlen zur Nationalversammlung, welche die folgenschwere Frage der Staatsform entscheiden sollte.

Aus den ersten allgemeinen und geheimen Wahlen der ungarischen Geschichte ging die Kleinlandwirtepartei als Sieger hervor. Sie vertrat, ohne eigene politische Ideologie, die sachlichen Interessen der Agrarbevölkerung, vor allem des selbständigen Bauerntums. Zweitstärkste Partei wurde die konservative Christlich-Nationale Union. Nachdem die Nationalversammlung die republikanischen Gesetze abgeschafft und Admiral Horthy zum Reichsverweser des Königreichs Ungarn gewählt hatte, bildeten die beiden größten Parteien eine neue Koalitionsregierung. Sie hat am 4. Juni 1920 die traurige Pflicht erfüllt, den Friedensvertrag von Trianon zu unterzeichnen.

In Trianon wurde die bereits 1918/19 erfolgte Aufteilung des Karpatenraumes sanktioniert. Sie war die letzte Konsequenz der durch die Türkenherrschaft verursachten ethnischen Umwälzungen. Die verschlungenen Trennungslinien der Sprachgebiete konnten allerdings nicht einfach für politische Grenzen erklärt werden. Die Staatsmänner der Großmächte, meist einseitig oder überhaupt nicht informiert, ließen ausschließlich die bereits im letzten Kriegsjahr klar formulierten machtpolitischen und wirtschaftlichen Interessen ihrer Schützlinge gelten. So verlor Ungarn nicht nur über zwei Drittel seines Staatsgebietes und fast drei Fünftel seiner Bevölkerung, sondern auch ein Drittel des eigenen Volkstums. Rund 3 Millionen Magyaren wurde das Minderheitenschicksal in vier verschiedenen Nachfolgestaaten Österreich-Ungarns zuteil, obwohl die Hälfte von ihnen unmittelbar an den Grenzen ihre geschlossenen Siedlungsgebiete hatte. Die Geschichte der Nation hörte auf, die des Staates zu sein.

Trianon wurde im Bewußtsein der Ungarn zum Inbegriff dieser verständlicherweise als schreiendes Unrecht empfundenen historischen Wende. Es sollte das politische Denken in Ungarn auf ähnliche Weise beherrschen wie früher das Verhältnis zu Österreich. Während aber der Ausgleich ein Streitobjekt gewesen, gab Trianon der Innen- und Außenpolitik eine bestimmte Richtung und lieferte jeder Regierung einen wesentlichen Programmpunkt, dem Rechts- und Linksopposition gleichermaßen zustimmen mußten.

In der inneren Entwicklung erwies sich Trianon als verhängnisvolles Hindernis der Demokratisierung. Es half den Geist der Gegenrevolution und das von diesem verbreitete Mißtrauen gegen alles, was von links kam, lebendig erhalten. So war die politische Linke in ihrer Aktivität weitgehend gelähmt. Der Rechtskonservativismus aber hatte überhaupt keinen Blick für bestimmte soziale Probleme. Als diese doch angefaßt werden mußten, kam der Rechtsradikalismus zum Zuge. Es ist daher falsch, die Zeit 1920—1944 als Horthy-Ära zu bezeichnen. Horthy besaß nicht das Format, seiner Zeit das Gepräge zu geben. Vielmehr wurde das Leben Ungarns durch die Umwälzung bestimmt, die man in einem Wort: Trianon, zusammenfassen kann.

Wirtschaftlich stand Trianon-Ungarn 1920 am Rande des Ruins. Es umfaßte zwar die fruchtbaren Gebiete der Großen Ungarischen Tiefebene und des transdanubischen Hügellandes, hatte aber im Karpatenraum mit 86 Einwohnern je km² die größte Bevölkerungsdichte. Ein Sechstel der Gesamtbevölkerung lebte in der überdimensionierten Hauptstadt, wo der größte

Teil der Industrie konzentriert war, abgeschnitten von den Rohstoffgebieten, die fast alle den Nachfolgestaaten zugefallen waren. Das Land war erschöpft, zerrüttet und ausgeplündert. Allein der Wert der von den Rumänen verschleppten Güter, hauptsächlich rollendes Material, Maschinen und Zugtiere, betrug rd. 3 Milliarden Goldkronen, das Zwölffache der Anleihe, womit vier Jahre später Ungarns Staatsfinanzen und Wirtschaft saniert wurden. Arbeitslosigkeit, Inflation und leere Staatskasse waren die Folge der Stagnation.

Die Genesung der Wirtschaft war eine Existenzfrage für Ungarn. Die schwierige Aufgabe wurde durch den Grafen Stephan Bethlen gemeistert, der 1921—1931 die Geschicke des Landes leitete. Sein Verhalten gegenüber König Karl IV., der zweimal versucht hatte, auf Ungarns Thron zurückzukehren, beschwichtigte den Argwohn der Großmächte und der um ihre Gewinne bangenden Nachfolgestaaten. Durch das Zurückdrängen des Rechtsradikalismus, womit schon sein Vorgänger, Graf Paul Teleki, begonnen hatte, gelang es Bethlen das Vertrauen der internationalen Finanzwelt zu gewinnen. 1923 nahm der Völkerbund Ungarn als Mitglied auf und gewährte ihm 1924 eine Anleihe von 250 Millionen Goldkronen. Die Staatsfinanzen wurden stabilisiert, eine Währungsreform durchgeführt, und bald konnte sich Ungarn an dem europäischen Wirtschaftsaufschwung beteiligen.

Bethlen war, wie die meisten siebenbürgischen Staatsmänner, ein nüchterner Realist und schlauer Taktiker, aber ein konservativer Politiker der alten Schule des Dualismus. Er baute weder auf die mehrheitliche Kleinlandwirtepartei noch auf ein freies Spiel der Kräfte, wodurch die Ungarn zu einem gesunden Parlamentarismus hätten erzogen werden können. Bethlen erkaufte vielmehr durch Zugeständnisse die wohlwollende Passivität der Sozialdemokraten, überspielte die politisch unerfahrenen Bauernpolitiker und schuf sich eine willige, aber farb- und ziemlich charakterlose Regierungspartei, deren parlamentarische Mehrheit durch eine rückschrittliche Umgestaltung des Wahlsystems gesichert wurde.

Der ausgeglichene Etat kam der beachtlichen kulturellen Aufbauarbeit zugute, die der tatkräftige Kultusminister Bethlens, Graf Kuno Klebelsberg, leitete. Sie stand freilich im Zeichen Trianons: Die Ungarn werden — meinte Klebelsberg — durch ihre „kulturelle Überlegenheit" die führende Rolle im Karpatenraum behalten. Der ungarische Staat des Dualismus hat in mehr als 50 Jahren weniger für die Errichtung von Volksschulen ausgegeben als Trianon-Ungarn in einem Jahrzehnt. Die an sich erfreuliche Entwicklung des Hochschulwesens sollte jedoch zu einer Überproduktion von Akademikern führen.

XXIII.
UNGARN AUF DEM WEGE ZU REVISION, KRIEG UND ZUSAMMENBRUCH

Die „Bethlensche Konsolidierung" hütete sich, das 1919 vollständig wiederhergestellte Wirtschafts- und Sozialgefüge anzutasten. Das Judentum konnte — dem amtlichen Antisemitismus zum Trotz — seine wirtschaftliche Vormachtstellung behaupten. Die von der Kleinlandwirtepartei geforderte Agrarreform wurde nicht einmal in ihrer 1920 beschlossenen, unzulänglichen Fassung konsequent durchgeführt, und die alte, ungesunde Bodenverteilung hatte sich kaum geändert. Die Weltwirtschaftskrise, die 1931 Bethlen zum Rücktritt zwang, erschütterte daher schwer das Bauerntum und die Reste des adligen Mittelbesitzes. Das Agrarproletariat aber nahm ständig zu und machte um 1935 schon rd. 30 v. H. der Gesamtbevölkerung und 60 v. H. der in Landwirtschaft Beschäftigten aus. Starke Unruhe ergriff auch die Industriearbeiter. Als politisch besonders folgenschwer erwies sich jedoch die Gärung in der Mittelklasse, die durch den Flüchtlingsstrom aus den abgetrennten Gebieten noch mehr aufgebläht worden war. Beamtentum, Offizierskorps und andere, größtenteils vom Staat abhängige Intelligenz, hatten am meisten unter den Folgen Trianons zu leiden und wurden auch durch die drastischen Sparmaßnahmen von 1931 unmittelbar getroffen. Gleichzeitig stieg die Zahl der jungen Akademiker, denen der Staat nur ein Diplom, aber kein Brot zu geben vermochte. Diese breite und bunte Mittelklasse wurde zu einem besonderen sozialen Problem, da sie sich auch in ihrer größten Not den niederen Volksschichten weit überlegen fühlte. Je oberflächlicher die geistige Bildung der einzelnen war, desto leichter ließen Unzufriedenheit und Geltungssucht sie meist rechtsradikalen Ideologien verfallen. So gab die Wirtschaftskrise

167

auch in Ungarn den antidemokratischen Tendenzen einen starken Auftrieb.

Vorbereitet und begünstigt wurde diese Wendung durch die internationale politische Entwicklung, die sich immer mehr als ein Kampf zwischen den Verteidigern und Gegnern der Versailler Friedensordnung gestaltete. Die sog. Kleine Entente, das von Eduard Beneš gegen Ungarn ins Leben gerufene Bündnis der Tschechoslowakei, Rumäniens und Jugoslawiens, später die Hauptstütze der französischen Politik in Ostmitteleuropa, hielt den entwaffneten Reststaat wie ein eiserner Ring umklammert. Im komplizierten diplomatischen Spiel unternahm die ungarische Außenpolitik verschiedene Versuche, aus der Isolierung auszubrechen, es blieb ihr jedoch praktisch keine andere Wahl, als sich den Enttäuschten und Opfern von Versailles zu nähern. Mit dem Verlauf der Revisionsbewegung gegen das 1919/20 geschaffene System war aber der Aufstieg und Sieg des Rechtstotalitarismus in Italien und Deutschland aufs engste verknüpft.

Mussolini und Hitler, damals noch Gegner auf der Ebene der internationalen Politik, hielten mit ihrem gleich autoritären und nationalistischen Regiment den Ministerpräsidenten Gyula Gömbös in Bann. Der rechtsradikal eingestellte Berufsoffizier übernahm 1932 die Regierung, um als „starker Mann" das Land aus der Krise herauszuführen. Die allmähliche Normalisierung der Weltwirtschaftslage hat ihm mehr geholfen als seine eigenen Konzeptionen. Auch für Gömbös hatte die Außenpolitik den Vorrang. Ihm schwebte eine ungarisch-deutsch-italienische und möglicherweise polnische Kooperation vor. Er bemühte sich um eine Annäherung zwischen Mussolini und Hitler und begann Ungarns Wirtschaft auf Deutschland zu orientieren. Die Achse Berlin — Rom, deren Bezeichnung von ihm stammen soll, wurde allerdings erst nach seinem Tode Wirklichkeit.

Damit trat der Kampf gegen den Status quo in eine entscheidende Phase, wobei das „Dritte Reich" die Führung übernahm. Der Revisionismus wurde in den Dienst seines vorerst noch getarnten Lebensraumimperialismus gestellt, und bald bekam ganz Ostmitteleuropa den Druck der politisch-militärischen Macht und der nationalsozialistischen Propaganda Hitlers zu spüren. So hat in Ungarn die plötzliche reale Aussicht auf eine Änderung der Grenzen von 1920 nicht nur Freude, sondern auch Unbehagen und beträchtliche Verwirrung ausgelöst. Man war nur darüber einig, daß keine Gelegenheit zur Revision versäumt werden dürfte. Ungarn allein hatte freilich nicht die Kraft, diese zu erzwingen, obwohl seine Aufrüstung seit 1938 mit Zustimmung der nunmehr nachgiebiger gewordenen Kleinen Entente im Gange war. Wie weit reichte aber die Interessengemeinschaft mit dem „Dritten Reich", und wie lange sollte oder konnte die ungarische Politik Hitler folgen, der immer aggressiver wurde und dem Krieg zusteuerte? Bei dieser Frage schieden sich die Geister und daher die Schwankungen und Widersprüche der ungarischen Politik zwischen 1936 und 1944.

Der Führungsstab der ungarischen Armee, mit Heinrich Werth an der Spitze, fühlte sich mit der deutschen Wehrmacht durch alte Kameradschaft verbunden und verhandelte mit dem OKW oft hinter dem Rücken der Regierung. Die westlich orientierten Politiker machte die Nazi-Ideologie mißtrauisch, und sie glaubten auch nicht an die absolute Überlegenheit der Achsenmächte. Sie wollten eine starke ungarische Armee für das unsichere Ende, zur Verteidigung rein ungarischer Belange bereithalten. Ähnlich wurden die internationalen Aussichten von Horthy beurteilt. Der hervorragendste Staatsmann dieser vorsichtig taktierenden Gruppe war Graf Paul Teleki, der die ethnischen Verhältnisse zur Grundlage der ungarischen Revisionsforderungen machte, um sie auch vor den Westmächten rechtfertigen zu können, was ihm auch gelang. So wurde die überwiegend magyarische Südslowakei durch den ersten Wiener Schiedsspruch der Außenminister Ciano und von Ribbentrop am 2. November 1938 Ungarn zugesprochen. Die vollständige Liquidierung der Tschechoslowakei ermöglichte die Besetzung der Karpaten-Ukraine und die gemeinsame Grenze mit Polen. Dafür trat Ungarn dem Antikomintern-Pakt bei und verließ den Völkerbund. Der zweite Wiener Schiedsspruch vom 30. August 1940 zwang den hartnäckigsten Gegner aller ungarischen Revisionsansprüche, Rumänien, zur Abtretung Nordsiebenbürgens und des Széklerlandes; die deutsche Minderheit ganz Ungarns aber wurde unter die Führung des vom Reich aus nationalsozialistisch gelenkten Volksbundes gestellt und erhielt einen Sonderstatus.

Südosteuropa bekam Deutschlands Vormachtstellung immer stärker zu spüren. Um nicht ins Hintertreffen zu geraten, reagierte Rumänien auf den Verlust des größeren Teiles der 1919/20 gewonnenen Gebiete an die Sowjetunion, Bulgarien und Ungarn mit einer radikalen Umorientierung seiner Innen- und Außenpolitik. Außer den Slowaken schloß sich keine südosteuropäische Regierung so eng dem „Dritten Reich" an wie die rumänische unter dem General Antonescu. Ungarischerseits folgte der Beitritt zum Dreimächtepakt Deutschland — Italien — Japan, und ein Vertrag der „ewigen Freundschaft" mit dem ebenfalls achsenfreundlichen Jugoslawien, wodurch aber Teleki eine Tür zur westlichen Welt offenzuhalten hoffte. In einem geheimen Informationsschreiben an seine Gesandten in London und Washington faßte er den Grundsatz seiner Außenpolitik wie folgt zusammen: „Um jeden Preis müssen wir uns von einer Teilnahme am Konflikt fernhalten. Der Ausgang des Krieges ist zweifelhaft. In jedem Fall aber ist es für Ungarn am wichtigsten, in der Periode der Beendigung des europäischen Konfliktes unversehrt dazustehen ... Das Land, unsere Jugend, unsere Armee dürfen wir nur für uns selbst aufs Spiel setzen und für niemand anderen."[36] Es gelang ihm tatsächlich, Ungarn als „nichtkriegführenden Staat" aus dem Krieg herauszuhalten und für seine Politik ziemlich weitgehendes Verständnis der Westmächte zu sichern.

[36] 3. 3. 1941. L. Kerekes (red.), Allianz Hitler — Horthy — Mussolini. Dokumente zur ungarischen Außenpolitik (1933—1944), Budapest 1966, S. 289.

Nach dem Sturz des achsenfreundlichen Regimes in Belgrad beschloß jedoch Hitler, Jugoslawien auch von Ungarn aus anzugreifen. Teleki aber mußte aus einer z. T. irrtümlichen Meldung seines Londoner Gesandten darauf schließen, daß sein Land nunmehr unvermeidlich in den Krieg hineingezogen werde. Er sah seine ganze Konzeption zusammenbrechen und beging Selbstmord. Sein Nachfolger, Bárdossy, zögerte nicht, Ungarns Außenpolitik in die von Hitler geforderte und vom ungarischen Generalstab schon vorbereitete Bahn zu lenken. England beantwortete den Aufmarsch der Deutschen durch Ungarn und die Rückgliederung der ehemals ungarischen Gebiete westlich der Theiß nur mit dem Abbruch der diplomatischen Beziehungen.

Ende Juni trat Ungarn in den Krieg gegen die Sowjetunion ein. Den Anlaß dazu gab ein angeblich russischer Luftangriff auf Kaschau und einige andere Orte des früher tschechoslowakischen Gebietes. Wahrscheinlich handelte es sich um Flugzeuge der von den Deutschen ausgerüsteten slowakischen Luftwaffe, mit denen tschechische Piloten zu den Russen flüchteten. Erst im Dezember, nachdem ungarische Truppen bereits jenseits der Karpaten eingesetzt worden waren, ließ Großbritannien einem Ultimatum die Kriegserklärung folgen und erklärte die Bárdossy-Regierung auch den Vereinigten Staaten den Krieg. Damit war Telekis Vermächtnis vollends verspielt, und Ungarn geriet endgültig in den Sog des deutschen Schicksals.

Die schrittweise Anlehnung an das „Dritte Reich" hatte freilich auch die innenpolitischen Geschehnisse stark beeinflußt. Solange Ungarn seine Souveränität irgendwie wahren konnte, kam es jedoch weder zur Ausschaltung der Parteien und des Parlaments noch zur Errichtung eines Ständestaates, wie in Österreich, oder einer Diktatur des Königtums, wie in Rumänien und Jugoslawien. In Ungarn begünstigte das komplizierte Wahlsystem die jeweilige Regierungspartei so sehr, daß Gömbös, der erste Ministerpräsident mit autoritären Neigungen, 1935 mit rd. 47 v. H. der abgegebenen Stimmen fast 70 v. H. der Mandate gewann. Sein großspuriges Programm wurde aber mit ätzendem Spott übergossen, und auf ähnliche Weise scheiterten die von ihm und 1938 vom Ministerpräsident Imrédy unternommenen Versuche, nach faschistischem Vorbild von oben her eine politische Sammelbewegung zu schaffen.

Jedenfalls löste den Konservativismus der Bethlen-Ära unter Gömbös eine dynamische Reformfreundlichkeit ab. Reform wurde die Parole, und die Regierungen pflegten mit Programmen aufzuwarten, die der Opposition den Wind aus den Segeln nehmen sollten. Von besonderer Bedeutung war das 1938 verabschiedete Wahlgesetz. Es führte überall die geheime Wahl ein und gewährte 40,9 v. H. der Bevölkerung das Stimmrecht. In der auf Grund des neuen Gesetzes im Mai 1939 abgehaltenen Wahl gewann die Regierung Teleki von insgesamt 260 Mandaten 180, es zeigte sich aber auch, daß die mehr oder weniger nationalsozialistisch eingestellten rechtsradikalen Parteien die sozialen Spannungen am besten auszunutzen verstanden. Zu ihnen strömten die Protestwähler, und sie gewannen erheblichen Einfluß auch auf die früher ausschließlich von den Sozialdemokraten beherrschte Arbeiterschaft. Während sie 53 Parlamentssitze eroberten, schmolz die Linke zu einigen Splittergruppen zusammen.

Im September 1939 brachte Teleki eine Gesetzvorlage ein, wodurch rd. anderthalb Millionen Katastraljoch aus dem Großgrundbesitz schrittweise in die Hände von Kleinpächtern hätte übergeführt werden sollen. Der Krieg hat aber auch diesen recht konservativen und langfristigen Plan für immer durchkreuzt.

Sowohl außen- als auch innenpolitisch bedingt waren die ungarischen Judengesetze. Bei dem ersten Gesetz von 1938, das mit den Führern des ungarischen Judentums abgesprochen worden war, ging es hauptsächlich um Arbeitsstellen für die „christliche" Mittelklasse. Die späteren Gesetze wurden immer strenger, doch wurde ihre Durchführung meist nur mit halbem Herzen vorangetrieben.

Ähnlich verhielt es sich mit der aktiven Teilnahme am Krieg der Achsenmächte. Der Kriegszustand Ungarns mit der Sowjetunion, Großbritannien und den USA bedeutete einen Sieg der Diplomatie Hitlers, die meisterhaft verstand, die widersprechenden Interessen der südosteuropäischen Staaten gegeneinander auszuspielen. Sie sparte nicht mit vertraulichen Versprechungen — auf Kosten der meist nichts ahnenden Nachbarn. Den ungarischen Regierungsmännern wurde die beispielhafte Ergebenheit der Rumänen, Slowaken und Kroaten sowie der Beitrag der tschechischen Industrie und Landwirtschaft vorgehalten. So konnte Hitler seine südosteuropäischen Satelliten zu immer stärkerem Kriegseinsatz zwingen. Es gelang ihm und seinen Propagandisten jedoch nicht, Horthy und die überwiegende Mehrheit der Ungarn von der Notwendigkeit der Teilnahme am Angriffskrieg zu überzeugen, geschweige das Land fest in die Hände zu bekommen. Daran war freilich auch der Nationalsozialismus selber schuld. Sein Totalitarismus stieß die unabhängige geistige Elite ebenso ab wie die christlichen Bekenner. Seine Verherrlichung des Deutschtums gab neue Nahrung den deutschfeindlichen Traditionen der Habsburgerzeit und sollte nach dem Kriege üble Folgen für manche völlig unschuldige Volksdeutsche haben. Außer den Führern des Volksbundes und einem Teil des Offizierskorps befürworteten nur die vom „Dritten Reich" unterstützten Rechtsradikalen vorbehaltlos den vollen Einsatz, sie waren aber hoffnungslos in der Minderheit. Vom kampflustigen „Geist von 1914" gab es jetzt keine Spur. Das Verhältnis zwischen dem disziplinierten deutschen Landser und der Bevölkerung in Ungarn war durchwegs freundlich. Die vielberufene „deutsch-ungarische Schicksalsgemeinschaft" erwies sich aber als eine gefährlich doppelsinnige Propagandaphrase, die bald Unheil verkünden sollte. Horthy versuchte auch, auf den Weg Telekis zurückzukehren. Schon im März 1942 löste sein Vertrauensmann, Miklós Kállay, Bárdossy ab. Er streckte bald seine Fühler im Westen aus und ließ den demokratischen Parteien und auch den Juden zwei Jahre hindurch eine Freiheit, die in den übrigen Ländern des deutsch-italienischen Machtbereiches längst unmöglich geworden war.

Im Januar 1943 wurde die im Frühjahr 1942 auf Verlangen Keitels in aller Eile aufgestellte ungarische 2. Armee am Don durch die sowjetische Winteroffensive fast vollständig vernichtet. Die Katastrophe führte zur Intensivierung der geheimen Kontakte, um den Austritt aus dem aussichtslosen Krieg durch eine Kapitulation vor den Westmächten zu erreichen. Im August 1943 kam ein Geheimabkommen zustande, es wurde jedoch undurchführbar, als Ende November die Konferenz von Teheran Churchills Plan, zuerst an der nordadriatischen Küste zu landen, verwarf und somit Südosteuropa praktisch Stalin auslieferte. Hitler aber stellte Horthy vor eine vollendete Tatsache. Er lud ihn, den Außenminister und die führenden Militärs zu einem Gespräch nach Klessheim ein und ließ inzwischen Ungarn besetzen. Der Reichsverweser glaubte durch formales Einlenken mehr retten zu können, Ungarns Souveränität war aber endgültig hin. Mit Hilfe einer Marionettenregierung waltete die Gestapo nach Gutdünken im Lande. Sie verhaftete die meisten prominenten Gegner der deutschen Kriegspolitik, einigen gelang es unterzutauchen, ihre Parteien und Organisationen hat man aber aufgelöst. Alle Juden, ausgenommen die der Hauptstadt, wurden in die Vernichtungslager deportiert. Die Intellektuellen verstummten, die offene politische Opposition der Kállay-Zeit verwandelte sich in eine Untergrundbewegung, die bald auch mit den gleichgesinnten höchsten Regierungskreisen in Fühlung kam.

Der Umfall Rumäniens machte für die Sowjetarmee den Weg auch in den Karpatenraum frei. Erst jetzt wurden sowohl Horthy als auch die Widerstandsbewegung des tragischen Dilemmas der ungarischen Politik gewahr. In einem Wunschdenken befangen, hatten sie sich nicht vorstellen können, daß die Westmächte Südosteuropa der Sowjetunion preisgeben würden. Außer einem Häuflein Kommunisten, die für ratsam hielten, sich als „Partei des Friedens" zu tarnen, wünschte auch niemand in Ungarn eine „Befreiung" durch die Sowjetarmee. Der unbestrittene Führer der Widerstandsbewegung, Endre Bajcsy-Zsilinszky, der alles Deutsche leidenschaftlich haßte, lehnte den Kommunismus ebenso ab wie Horthy, die christlichen Kirchen oder die Pfeilkreuzler. Die Westmächte verwiesen aber die auf

Waffenstillstand drängenden Ungarn immer wieder an Moskau. Fest überzeugt von der Ehrlichkeit und der demokratischen Gesinnung Stalins, begriffen sie nicht, daß ihr Verhalten, ihre Bombenteppiche auf die Industrieviertel und Flugblätter Wasser auf die Mühlen der deutschen Kriegspropaganda waren.

Als Horthy nach langem Zögern Moskaus unerbittliche Bedingungen annahm und den Waffenstillstand durch den Rundfunk bekanntgab, scheiterte die Durchführung hauptsächlich an der Wachsamkeit der deutschen Abwehr und an mehreren höheren Offizieren, die die Weiterleitung der Befehle an die Truppen sabotierten. Während der Reichsverweser mit zahlreichen Anhängern nach Deutschland verschleppt wurde, setzten die Deutschen die seit einiger Zeit bereit gehaltene Pfeilkreuzler-Garnitur mit dem Idealisten und Wirrkopf Ferenc Szálasi als Regierungschef ein. Das neue Regime hat die Deutschen durch seine Unfähigkeit bitter enttäuscht. Chaotische Zustände folgten. Die Pfeilkreuzler machten vor allem Jagd auf ihre inneren Feinde. Durch die Liquidierung der Führer der Untergrundbewegung, Bajcsy-Zsilinszky und anderer Nichtkommunisten, vereitelten sie den letzten Versuch, Budapest mit ungarischen Truppen zu besetzen und vor der Zerstörung zu retten. Zahlreiche prominente Gegner des Nationalsozialismus wurden verhaftet, wie der Bischof von Veszprém, Joseph Mindszenty, der spätere Fürstprimas und Kardinal. Die Szálasi-Regierung war aber außerstande, die versprochene totale Ausschöpfung des Wirtschafts- und Wehrpotentials durchzuführen, geschweige die Auflösung demoralisierter ungarischer Truppen aufzuhalten. Praktisch hörte die selbständige ungarische Kriegführung auf. Die verbliebenen ungarischen Einheiten kämpften in deutsche Verbände integriert weiter.

Was sich auf ungarischem Boden vom Herbst 1944 bis Anfang April 1945 abspielte, war nur der verzweifelte Abwehrkampf des im Rückzug befindlichen deutschen Heeres gegen die sowjetischen Armeen im Vorfeld des „Dritten Reiches". „In Budapest wurde Wien verteidigt" — schrieb die nationalsozialistische Wochenzeitung „Das Reich". Die Millionen Ungarn ließen die hin und her wogenden blutigen Kämpfe nur auf das Überleben bedacht über sich ergehen. Die inzwischen in Debrecen unter sowjetischem Schutz gebildete provisorische Koalitionsregierung, die keine Armee hatte, erklärte am 28. Dezember 1944 Deutschland den Krieg. Laut des am 20. Januar 1945 in Moskau unterzeichneten Waffenstillstandsabkommens hätte sie mit mindestens 8 Infanterie-Divisionen am Krieg gegen Deutschland teilnehmen müssen. Obwohl der größte Teil des Landes schon in sowjetischer Hand war, scheiterte die Erfüllung dieser Bedingung hauptsächlich am passiven Widerstand der Bevölkerung. Am 4. April war die Eroberung Ungarns beendet.

XXIV. UNGARN IM SOWJETISCHEN MACHTBEREICH

Im Frühjahr 1945 war in Ungarn der Staatsapparat zerschlagen, die Wirtschaft weitgehend zerstört, ausgeplündert und lahmgelegt. Es gab eine provisorische Regierung, doch war Woroschilow als Präsident der Alliierten Kontrollkommission mit der sowjetischen Besatzungsmacht der eigentliche Herr im Lande. Aus taktischen Gründen, hauptsächlich mit Rücksicht auf die angelsächsischen Großmächte, wurde der Schein der Demokratie einstweilen gewahrt und die politische Arbeit der „antifaschistischen" Parteien erlaubt. Die sowjetischen Militärbehörden ließen nur die Schlüsselpositionen durch Kommunisten, meist in Moskau geschulte Kader, die sog. Moskowiten, besetzen. Alle arbeiteten eifrig mit, den Staat und das Land auf teilweise neuer Grundlage wiederaufzubauen. Schon am 15. März 1945 wurde aus Debrecen die längst fällige radikale Bodenreform verkündet und ihre Durchführung in Angriff genommen. Die von dem Moskowiten Mátyás Rákosi geführten Kommunisten suchten aus den Erfolgen der gemeinsamen Anstrengungen, insbesondere aus der Agrarreform Kapital zu schlagen. Die im November 1945 abgehaltenen allgemeinen und geheimen Wahlen, wobei 59,7 v. H. der Gesamtbevölkerung stimmberechtigt war und die Wahlbeteiligung über 92 v. H. betrug, brachte jedoch den Kommunisten und der sowjetischen Besatzungsmacht eine bittere Enttäuschung. Die Kleinlandwirtepartei errang mit 57 v. H. der abgegebenen Stimmen die absolute Mehrheit, die Kommunisten folgten mit 17 v. H. erst an dritter Stelle hinter den Sozialdemokraten (17,4 v. H.). Um so stärker und unverhohlener wurde der sowjetische Druck. Mit Hilfe Woroschilows nahmen die Kommunisten die Kontrolle über alle lebenswichtigen Bereiche in die Hand.

Die neue Nationalversammlung schaffte das Königtum ab und rief am 1. Februar 1946 die Republik aus. Am 10. Februar 1947 wurde in Paris der Friedensvertrag unterzeichnet, der den Ungarn als Volk das Selbstbestimmungsrecht ebenso versagte wie den Deutschen. Er hat nicht nur die schon im Waffenstillstandsabkommen von 1945 festgelegte Wiederherstellung der Grenzen von Trianon sanktioniert, sondern verfügte, nur aus strategischen Gründen, die Abtretung des sog. Preßburger Brückenkopfes mit drei Dörfern an die Tschechoslowakei. Auch die in Potsdam beschlossene Zwangsumsiedlung der Deutschen erhielt eine ungarische Parallele im Versuch der Tschechoslowakei, durch völlige Entrechtung, erzwungenen Bevölkerungsaustausch und Ausweisung ihre ungarische Minderheit, über 600 000 Seelen, loszuwerden. Keine der Aktionen ist vollständig durchgeführt worden. Umgesiedelt wurden etwa die Hälfte der Ungarndeutschen und rd. 14 v. H. der Slowakeiungarn.

Die Sowjetunion, durch die Annexion der Karpaten-Ukraine unmittelbarer Nachbar Ungarns geworden, zog ihre Truppen auch nach dem Frieden nicht zurück. Zunächst wurde ihr Verbleiben im Lande als Sicherung der Verbindung mit der sowjetischen Besatzungszone Österreichs, dann mit dem Warschauer Pakt begründet. Rákosi verdankte hauptsächlich der direkten und energischen Unterstützung der Sowjetmacht den Erfolg seiner „Salami-Taktik". Binnen drei Jahren wurden die anderen Parteien Schritt um Schritt vernichtet, die Sozialdemokraten aber zur Fusion mit den Kommunisten gezwungen. Die Schauprozesse gegen Kardinal Mindszenty, Primas von Ungarn, und andere bedeutende Kirchenmänner sollten die größten Religionsgemeinschaften ihrer mutigsten Führer berauben. Den Bruch Stalins mit Tito benutzte Rákosi dazu, den nichtmoskowitischen ehemaligen Innenminister László Rajk und die potentielle „nationalkommunistische" Opposition innerhalb der Partei zu beseitigen. Die am 20. August 1949 verkündete volksdemokratische Verfassung besiegelte die Umwandlung Ungarns in einen kommunistischen Staat Moskauer Observanz.

In der Wirtschaft erhielt die Schwerindustrie, ohne Rücksicht auf die Gegebenheiten und Bedürfnisse des Landes, absoluten Vorrang. Die Werktätigen sollten ideologisch umgeschult und eine neue kommunistische Elite aufgezogen werden. Mit seinen Methoden erwies sich Rákosi als einer der treuesten und fähigsten Statthalter Stalins. Der auf die persönliche Diktatur folgende neue Kurs in der Sowjetunion zwang ihn, die Ministerpräsidentschaft an Imre Nagy abzugeben. Auch Nagy war ein Moskowit, aber ein ehrlicher und volksverbundener Bauer, der mit Zugeständnissen die Atmosphäre wesentlich besserte, ohne die chronische Wirtschaftskrise überwinden zu können. So gewann Rákosi nach dem Sturz Malenkows wieder die Oberhand. Die durch Stalins Tod ausgelöste Gärung, die durch Chruschtschows Geheimsitzungsrede Ende Februar 1956 und die polnischen Ereignisse bis zur Siedehitze gesteigert wurde, konnte jedoch nicht mehr erstickt werden. Die Schriftsteller waren es, die der allgemeinen Unruhe öffentlich und immer unverhüllter Ausdruck gaben. Rákosi plante nach dem alten Rezept die Verhaftung Hunderter von Intellektuellen, als Chruschtschow ihn, den prominenten Tito-Feind, im Interesse der sowjetisch-jugoslawischen Versöhnung fallenließ. Sein engster Mitarbeiter und Nachfolger, Ernö Gerö, war nicht weniger stur und verblendet. Die sowjetischen Besatzungstruppen waren schon im Anmarsch, als er am 23. Oktober 1956, nach seinem Besuch in Belgrad, jegliche Reform brüsk ablehnte und die berüchtigte AVO, die kommunistische Gestapo, gegen demonstrierende, waffenlose Studenten einsetzte. Die ersten Schüsse verwandelten die friedliche Kundgebung plötzlich in einen Volksaufstand, der bald auf das ganze Land übergriff. Der gesamte kommunistische Machtapparat löste sich innerhalb weniger Tage auf, und an seine Stelle traten als elementare Organe einer echten Demokratie örtliche Revolutionskomitees und Arbeiterräte[37].

[37] Vgl. die treffende Analyse von Hannah Arendt, Die ungarische Revolution und der totalitäre Imperialismus, München 1958.

Es wurde eine wahre Revolution ohne Führer, deren kämpfende Mannschaft die Jugend und die Arbeiter stellten. Die weltgeschichtliche Bedeutung des ungarischen Aufstandes besteht eben darin, daß das kommunistische Regime gerade von denen weggefegt wurde, die es zu repräsentieren vorgab.

Die revoltierenden Massen haben Imre Nagy zum Regierungschef erkoren, und er machte sich ihre Forderungen zu eigen. Man wollte ein neutrales, demokratisches Ungarn, mit echtem Parlamentarismus, unter Beibehaltung der sozialen und wirtschaftlichen Reformen der Jahre 1945/48. Durch den massiven Einsatz von aus dem Ausland schnell herbeigeholten, kriegsmäßig ausgerüsteten neuen Divisionen, mit List, Betrug und Wortbruch, hat die Sowjetunion die Schaffung einer echten Demokratie des Volkes vereitelt. Die „freie Welt" begnügte sich mit lahmen Protesten. In den wenigen Monaten aber, als es keinen „eisernen Vorhang" gab, strömten über 190 000 Ungarn nach dem Westen.

In Ungarn selbst übernahm die von der Sowjetmacht eingesetzte Kádár-Regierung manche Parolen des Aufstandes und brandmarkte den „Personenkult" der Rákosi-Ära. Sie übte aber gleichzeitig blutige Vergeltung und begann die von der Passivität des Westens maßlos enttäuschte Bevölkerung wieder auf dem Wege zu einem theoretisch erdachten Kommunismus voranzutreiben. Eine totale Restauration des Systems von 1949/53 kam freilich nach der schweren Explosion von 1956 noch weniger in Frage als in der Sowjetunion, die den Führern Ungarns weiterhin als Vorbild und Vormund dient. Fünf Jahre nach dem Aufstand war jedoch Ungarns Landwirtschaft praktisch völlig kollektiviert, zehn Jahre danach stand das Land mit der niedrigsten Geburtenziffer und den meisten Selbstmördern an der Spitze der Weltstatistik. Die Zukunft wird zeigen, ob und wie die Lebensprobleme Ungarns und eines 14-Millionen-Volkes, von dem fast ein Drittel außerhalb des eigenen Staates lebt, gelöst werden.

ZEITTAFEL

Um 2500 v. Chr. Auflösung der finnisch-ugrischen Sprachgemeinschaft.

Um 1500 v. Chr. Auflösung der ugrischen Sprachgemeinschaft.

Etwa 1500 v. Chr. — 5. Jh. n. Chr. Urungarische Periode. Iran. Einflüsse.

5. — 9. Jh. Ausbildung des altungarischen Volkes; türkische und alanische Einflüsse. Die Altungarn im Machtbereich der Westtürken und Chazaren.

Der Karpatenraum

9. v. Chr. — 433 n. Chr. Römerherrschaft in Pannonien.

105 — 271 n. Chr. Römerherrschaft in Dacien. Sarmaten auf der Donau-Theiß-Ebene.

433 — 454 Hunnenherrschaft.

454 — 568 Vorherrschaft germanischer Stämme.

568 — Ende 8. Jh. Awarenherrschaft.

9. Jh. Ostfränkische, mährische und bulgarische Herrschaftsgebiete im Karpatenraum.

Um 830 Gründung des altungarischen Fürstentums, Lostrennung vom Chazarenreich.

Um 833 Errichtung der chazarischen Grenzfestung Sarkel am Don gg. die Ungarn.

Um 837 Ungarische Hilfe an die Bulgaren im Kampf gg. die Byzantiner an der Unteren Donau.

862 Ungarn verwüsten die Grenzgebiete des Ostfränkischen Reiches.

881 Kämpfe der Bayern gg. Ungarn u. Kawaren in Niederösterreich.

892 Ungarische Hilfe an Kg. Arnulf gg. die Mähren.

894 Ungarnzug in Pannonien.

895 Krieg gg. den Bulgarenfürsten Simeon im Bündnis mit Kaiser Leon VI. v. Byzanz; Angriff der Petschenegen, im Herbst Beginn der Landnahme unter Führung v. Árpád u. Kurszán.

898 — 968 Ungarnzüge in West- u. Südeuropa

902 oder 904 Kurszán von den Bayern ermordet.

907 Schlacht bei Brezalauspurc (4. Juli).
914 Hzg. Arnulf v. Bayern lehnt sich gg. Kg. Konrad I. auf u. flieht zu den Ungarn.
933 Kg. Heinrichs I. Sieg zu Riade.
Um 948 Termacsu, ein Großenkel Árpáds, u. der Horka Bulcsu in Konstantinopel.
950 Feldzug des Bayernherzogs Heinrich nach Ungarn.
Um 953 Taufe des Gyula in Konstantinopel.
954 Bulcsus Feldzug bis nach Flandern u. Burgund, Unterstützung des Aufstandes gg. Otto I.
955 Sieg Ottos I. auf dem Lechfeld (10. August).

Géza, Großfürst der Ungarn um 971 — 997.
972 Bruno v. St. Gallen u. der hl. Wolfgang in Ungarn.
973 Gesandtschaft Gézas bei Kaiser Otto I. in Quedlinburg.
Nach 973 Mission Piligrims, Bischof v. Passau.
996 Gézas Sohn, Stephan, heiratet Gisela, Tochter Hzg. Heinrichs des Zänkers.

Stephan I. der Heilige, Großfürst u. Kg. 997 — 1038.
Um 998 Aufstand Koppánys.
1001 Stephans Krönung z. Kg.
1002 — 1003 Niederwerfung Gyulas in Siebenbürgen u. Ajtonys im Marosgebiet.
1030 Feldzug u. Niederlage Konrads II. in Ungarn.
1031 Tod Hzg. Emerichs.
Nach 1031 Petrus Orseolo z. Thronfolger bestimmt, Blendung Vászolys, seine 3 Söhne fliehen nach Böhmen bzw. Polen u. Kiew.

Petrus 1038 — 1041.

Aba Samuel 1041 — 1044.

Petrus 1044 — 1046 als Vasall Kaiser Heinrichs III.
1046 Aufstand gg. Kg. Petrus, heidnische Reaktion, Rückkehr der Söhne Vászolys.

Andreas I. 1046 — 1060. Sein Bruder Béla als Hzg. herrscht über ein Drittel des Königreiches.
1057 Kg. Andreas' Sohn Salomo z. Kg. gekrönt.

1058 Salomos Verlobung mit Judith, Schwester Heinrichs IV.
1060 Kg. Andreas v. Hzg. Béla gestürzt.

Béla I. 1060 — 1063.
1061 Niederwerfung des letzten Heidenaufstandes im Theißgebiet.

Salomo 1063 — 1074. Bélas Söhne, Géza u. Ladislaus Herzöge.
1068 Uzeneinfall.
1071 Einfall der im byzantinischen Reich angesiedelten Petschenegen, 1071/72 Kämpfe mit Byzanz.
1074 Die Herzöge stürzen den von den Deutschen unterstützten
Kg. Salomo.

Géza I. 1074 — 1077. Salomo als Vasall Heinrichs IV. herrscht über
Preßburg u. 3 westliche Komitate.

Ladislaus I. der Heilige 1077 — 1095.
1083 Kanonisation Kg. Stephans, Hzg. Emerichs u. Bischof Gerhards
v. Csanád.
1089 Besetzung Slawoniens.
1090 Gründung des Bistums Zagreb (Agram).
1091 Unterwerfung Kroatiens.

Koloman 1095 — 1116. Sein Bruder Álmos als Hzg.
1096 Der I. Kreuzzug (Gottfried v. Bouillon) zieht durch
Ungarn.
1102 Eroberung Dalmatiens.
1106 Kolomans Krönung z. Kg. v. Kroatien.
1113 Hzg. Álmos wird nach drei gescheiterten Aufständen zusammen mit seinem Sohn Béla geblendet u. flieht nach Byzanz.

Stephan II. 1116 — 1131.
1127 — 1130 ungarisch-byzantinische Kriege.

Béla II. der Blinde 1131 — 1141.
1137 Béla II. Kg. v. Bosnien u. Rama.

Géza II. 1141 — 1162.
1150 — 1156 Ungarisch-byzantinische Kriege, Expansionspolitik
Kaiser Manuels I. Komnenos.

1159 Kg. Géza II., 1161 Kaiser Manuel I., an der Seite des Papstes Alexander III.

Stephan III. 1162 — 1172. Kaiser Manuel I. setzt die Brüder Kg. Gézas II., *Ladislaus II. 1162—1163* u. *Stephan IV. 1163,* als Gegenkönige ein.

1163 Sieg Kg. Stephans III. Sein Bruder Béla wird nach Konstantinopel geholt, bis 1170 Kämpfe gg. Manuel I. um Syrmien u. Dalmatien, den Erbanteil Hzg. Bélas.

Béla III. 1172 — 1196.

1174 Géza, Kg. Bélas III. Bruder als Thronprätendent.

1180 — 81 Zurückeroberung Dalmatiens.

1182 — 83 Krieg gg. den Usurpator Andronikos I. Komnenos.

1184/85 Kg. Bélas III. Versuch, durch eine Ehe auf den byzantinischen Kaiserthron zu gelangen.

1188 — 90 Bélas III. jüngerer Sohn, Andreas, Hzg. in Galizien.

1189 Kaiser Friedrich I. mit seinem Kreuzfahrerheer in Ungarn.

1192 Kanonisation Kg. Ladislaus' I.

Emerich 1196 — 1204. Thronstreitigkeiten mit seinem Bruder Andreas. Um 1200 Gesta Hungarorum des sog. Anonymus; die sog. „Leichenrede" u. Gebet im Pray-Kodex, das älteste Textdenkmal der ungarischen Sprache.

Ladislaus III. 1204 — 1205, v. Hzg. Andreas vertrieben, stirbt in Wien.

Andreas II. 1204 — 1235.

1211 Der Deutsche Ritterorden erhält das Burzenland in Siebenbürgen.

1213 Verschwörung des Banus Bánk, Ermordung der Königin Gertrud.

1214 Krönung des Thronfolgers Béla z. „jüngeren König".

1217 Koloman, Kg. Andreas' II. zweiter Sohn, Kg. v. Galizien.

1217/18 Kreuzzug Kg. Andreas' II.

1222 Die Goldene Bulle.

1224 Das „Andreanum", Privileg der Siebenbürger Sachsen.

1225 Vertreibung des Deutschen Ritterordens.

1226 Kg. Béla erhält Siebenbürgen u. jenseits der Karpaten Kumanien u. das Banat Severin.

1232/33 Der hohe Klerus gg. Kg. Andreas II., Jakobus, Kardinalbischof v. Preneste als päpstlicher Legat in Ungarn, das Abkommen v. Bereg zum Schutz der kirchlichen Privilegien.

Béla IV. 1235 — 1270.

1239 Der von den Mongolen geschlagene Kumanenfürst Kuthen wird mit seinem Volke in Ungarn aufgenommen.

1241 — 1242 Mongolensturm.

1241 Schlacht bei Mohi (11. April).

1242 Batu Khan überquert die Donau (1. Februar). Friedrich II., Hzg. v. Österreich greift Ungarn an; Béla IV. flieht vor den Mongolen nach Dalmatien; im Sommer Rückzug der Mongolen; Zurückeroberung der v. Hzg. Friedrich besetzten Gebiete.

1243/44 Krieg gg. Venedig um Dalmatien.

1245 Krönung des Thronfolgers Stephan.

1246 Krieg gg. Österreich, Hzg. Friedrich II. fällt.

1254 Frieden v. Preßburg mit Ottokar II., Kg. v. Böhmen.

1254 — 1260 Ungarische Herrschaft in Steiermark.

1261 Frieden v. Wien, Bélas IV. Bündnis mit Ottokar II.

1262 Stephan erzwingt die Teilung des Königreiches u. führt den Titel „junior rex".

1265 Kg. Bélas IV. gescheiterter Versuch, Stephan zu entthronen.

1269 Kg. Stephans Bündnis mit Karl v. Anjou, Kg. v. Neapel, Verlobung ihrer Kinder.

Stephan V. 1270 — 1272.

1270/71 Krieg gg. Ottokar II.

Ladislaus IV. der Kumane 1272 — 1290.

1278 Schlacht bei Dürnkrut; der Kg. geht zu den Kumanen.

1279 Kirche u. Amtsadel erzwingen das sog. kumanische Gesetz, um die Kumanen seßhaft zu machen u. zu christianisieren.

1280 Schlacht bei Hódtó, Niederwerfung des Kumanenaufstandes.

Andreas III. 1290 — 1301.

1300 Karl Robert v. Anjou als Thronprätendent landet in Spalato.

Wenzel 1301 — 1305.

1301 Karl v. Anjou in Esztergom gekrönt, jedoch nicht mit der hl. Krone.

1305 Wenzel II. Kg. v. Böhmen, stirbt, sein Sohn, Kg. Wenzel verzichtet auf Ungarn u. übergibt die hl. Krone Hzg. Otto v. Bayern.

Otto 1305 — 1307.

1307 Ladislaus Kán, Wojwode v. Siebenbürgen, setzt Kg. Otto gefangen u. bemächtigt sich der hl. Krone. Kardinal Gentile päpstlicher Legat in Ungarn.

Karl I. 1308 — 1342.

1309 2. Krönung Karls mit einer neuen Krone.

1310 3. Krönung Karls mit der hl. Krone.

1310 — 1327 Beseitigung der Oligarchie.

1323 Reichstag v. Temesvár, 1. Währungsreform.

1325 2. Währungsreform, Goldwährung.

1329 3. Währungsreform, Doppelwährung.

1330 Eroberung Severins, Basarab, Wojwode der Walachei, siegt über Kg. Karl I.

1332 Erbschaftsvertrag mit Robert v. Anjou, Kg. v. Neapel.

1335 Königstreffen in Visegrád.

1338 4. Währungsreform, Goldwährung mit wertbeständigen silbernen Scheidemünzen.

1339 Verlobung des Thronfolgers Ludwig mit Margarete v. Luxemburg, Tochter Karls v. Luxemburg.

1342 Andreas, der jüngere Sohn Kg. Karls I., heiratet Johanna, Erbin v. Neapel.

Ludwig I. der Große 1342 — 1382.

1345 Hzg. Andreas' Ermordung in Aversa.

1347/48 1. Kriegszug Kg. Ludwigs I. gg. Neapel.

1347 — 1381 Kriege gg. Venedig um den Besitz Dalmatiens.

1350 2. Kriegszug gg. Neapel.

1351 Erneuerung der Goldenen Bulle, Aviticitas.

1367 Gründung der Universität v. Pécs.

1370 Ludwig I. Kg. v. Polen, polnisch-ungarische Personalunion.

1377 Kg. Ludwigs I. Sieg über Sultan Murad u. den Bulgarenzar Schischman.

186

1380/82 Karl v. Durazzo, gen. „der Kleine", erobert mit ungarischen Truppen Neapel, nimmt Königin Johanna gefangen u. läßt
sie erdrosseln.
1382 Kg. Ludwig I. bestimmt seine ältere Tochter Maria u. ihren
Verlobten, Sigismund v. Luxemburg zu Thronerben.

Maria 1382 — 1395 (seit 1387 mit Sigismund). Auflösung der Personalunion mit Polen. Königinmutter Elisabeth als Regentin.
1384 Karl v. Durazzo Thronprätendent.
1385 Sigismund heiratet Maria.

Karl II. v. Durazzo 1385 — 1386 läßt sich in Székesfehérvár krönen,
wird ermordet. Seine Partei nimmt Königin Maria u. ihre Mutter
gefangen.
1387 Ermordung der Königinmutter Elisabeth durch die Aufstän-
dischen. Sigismund wird zum Kg. gewählt, unterdrückt den Aufstand u. befreit Maria.

Sigismund 1387 — 1437
1389 Entscheidende Niederlage Serbiens auf dem Amselfeld, erster
Türkeneinfall nach Ungarn, Beginn der Türkenkämpfe.
1391 Ladislaus v. Neapel, Sohn Karls II., Thronprätendent.
1395 Johannes Kanizsai, Erzbischof v. Esztergom, „Primas v. Ungarn" u. päpstlicher „legatus natus".
1396 Schlacht bei Nikopolis, Niederlage des v. Sigismund geführten Kreuzheeres.
1397 Reichstag v. Temesvár, Vorherrschaft der Sippschaft Garai —
v. Cilli.
1401 Kg. Sigismund in der Gefangenschaft der v. Primas Johannes
Kanizsai geführten unzufriedenen Barone.
1403 Ladislaus v. Neapel in Ungarn, seine Niederlage bei Pápóc.
1409 Erbvertrag Kg. Sigismunds mit den Habsburgern.
1410 Sigismund deutsch-römischer König.
1412 Kg. Sigismund verpfändet 13 Zipser Städte an Polen.
1413 — 1419 Konzil v. Konstanz.
1414 Sigismunds Krönung in Aachen, Johannes Kanizsai Erzkanzler
des Reiches.
1419 Sigismund Kg. v. Böhmen, Beginn der Hussitenkriege.
1433 Kaiserkrönung Sigismunds.
1437 Bauernaufstand in Siebenbürgen.

Albrecht v. Habsburg 1437 — 1439.

Wladislaw I. Jagiello 1440—1444, polnisch-litauisch-ungarische Personalunion.

Ladislaus V. Postumus 1440—1457. Ungarisch-böhmische Personalunion.
1444 Schlacht bei Varna.
1445 Wahl der 7 Hauptkapitäne durch den Reichstag.
1446 Krieg gg. die Grafen v. Cilli u. Friedrich III.
1446 — 1452 Johannes Hunyadi Reichsverweser v. Ungarn.
1448 Schlacht auf dem Amselfeld.
1452 Friedrich III. läßt Ladislaus V. Postumus frei, behält aber die hl. Krone bei sich.
1456 Niederlage Mehemeds II. des Eroberers bei Belgrad (22. Juli), Tod Hunyadis (11. August). Ulrich v. Cilli niedergemetzelt, Ladislaus Hunyadi Hauptkapitän.
1457 Hinrichtung Ladislaus Hunyadis, Mathias Hunyadi nach Prag verschleppt. Tod Kg. Ladislaus' V. (23. November).

Mathias I. 1458 — 1490.
1459 Friedrich III. Gegenkönig.
1463 Frieden mit Friedrich III., Auslieferung der hl. Krone.
1466 — 1469 Bündnis mit Friedrich III. gg. Georg Podiebrad, Kg. v. Böhmen; Kg. Mathias von den katholischen Ständen zum Kg. v. Böhmen gewählt.
1471 Tod Georgs Podiebrad, Wladislaw Jagiello Kg. v. Böhmen. Verschwörung des Erzbischofs Johannes Vitéz gg. Kg. Mathias, Hzg. Kasimir v. Polen Thronprätendent.
1470 — 1475 Friedrich III. u. Kg. Kasimir v. Polen gg. Kg. Mathias. Mähren, Schlesien u. Lausitz bleiben in Mathias' Hand.
1476 Eroberung der türkischen Grenzfestung Šabac.
1477 — 1487 Kriege gg. Friedrich III., Eroberung Niederösterreichs mit Wien u. Wienerneustadt.
1486 „Sächsische Nationsuniversität" in Siebenbürgen.

Wladislaw II. Jagiello 1490 — 1516, Johannes Corvinus vom Heer der Stände geschlagen, Wladislaw Jagiello, Kg. v. Böhmen, zum Kg. v. Ungarn gewählt. Böhmisch-ungarische Personalunion.
1490 Kaiser Maximilian u. Hzg. Johann Albert v. Polen als Thronprätendenten.

1492 Die „oppida" verlieren ihre Privilegien. Ständische Reaktion, Entmachtung des Königtums.

1505 Reichstag v. Rákos, Beschluß gg. die Wahl eines fremden Herrschers.

1514 Thomas Bakócz, Primas v. Ungarn, verkündet im Auftrage des Papstes Leo X. den Kreuzzug; Bauernaufstand Georg Dózsas. Das „Tripartitum" des Stephan Verböczi.

1515 Heiratsvertrag zw. Habsburg u. Jagiello.

Ludwig II. 1516 — 1526.

1521 Belgrad u. andere südliche Grenzburgen Ungarns von den Türken erobert.

1526 Schlacht v. Mohács (29. August); doppelte Königswahl.

Johann Zápolyai 1526 — 1540.

Ferdinand I. 1526 — 1564.

1527/28 Kg. Johann aus Ungarn verdrängt.

1529 Sultan Suleimans II. Zug gg. Wien; Kg. Johann huldigt ihm bei Mohács.

1532 Suleimans II. 2. Feldzug gg. Wien, Belagerung v. Köszeg.

1538 Frieden v. Nagyvárad zw. Kg. Ferdinand I. u. Kg. Johann, Erbvertrag zugunsten Habsburgs.

1541 Frater Georg als Vormund v. Johannes Sigismund verteidigt Buda gg. Kg. Ferdinand I., Suleiman II. besetzt sie durch List. Beginn der Türkenherrschaft in Mittelungarn. Abkommen v. Gyalu über die Übergabe Ostungarns u. die Entschädigung der Königinmutter Isabella u. Johannes Sigismunds.

Johannes Sigismund Fürst v. Siebenbürgen 1542 — 1571.

1542 Statthaltereirat für das kgl. Ungarn.

1542 — 1545 Türkische Eroberungszüge.

1547 Fünfjähriger Frieden Kg. Ferdinands I. mit Sultan Suleiman II. gg. Tributzahlung.

1551 Vertrag v. Klausenburg, Übergabe Siebenbürgens an Kg. Ferdinand I.; Ermordung Frater Georgs.

1552 Ausweitung der Türkenherrschaft.

1556 Johannes Sigismunds Rückkehr nach Siebenbürgen.

1557 Säkularisation in Siebenbürgen; Landtag v. Torda: Interkonfessionelle Toleranz.

1558 — 1568 Nikolaus Oláh Primas v. Ungarn, Beginn der Gegenreformation.
1562 Székleraufstand in Siebenbürgen.

Maximilian I. 1564 — 1576.
1565 Krieg zw. Kg. Maximilian I. u. Fürst Johannes Sigismund.
1566 Suleimans II. 3. Zug gg. Wien, er stirbt vor Szigetvár, Helden-
tod v. Nikolaus Zrinyi.
1570 Vertrag v. Speyer.

Stephan Báthory Fürst v. Siebenbürgen 1571 — 1586.
1575 Stephan Báthory wird zum Kg. v. Polen gewählt, sein Bruder
Christoph Báthory stellvertretender Fürst 1576 — 1581.

Rudolf I. 1576 — 1608.

Sigismund Báthory, Sohn Christophs, Fürst v. Siebenbürgen 1581—1598.
1593 — 1606 Sog. 15jähriger Türkenkrieg.
1595 Bündnis Kg. Rudolfs I. mit Sigismund Báthory.
1596 Schlacht bei Mezökeresztes.
1598 Sigismund Báthory übergibt Siebenbürgen an Rudolf I.

Sigismund Báthory wieder Fürst v. Siebenbürgen 1601 — 1602.
1604 — 1606 Aufstand Stephan Bocskays.

Stephan Bocskay Fürst v. Siebenbürgen 1605 — 1606.
1605 Bocskay Fürst v. Ungarn. Privileg der Haiducken.
1606 Wiener Frieden (23. Juni); Frieden v. Zsitvatorok mit den
Türken (11. Nov.); Bocskays Tod in Kaschau (29. Dez.).

Sigismund Rákóczi Fürst v. Siebenbürgen 1607 — 1608.
1608 Kg. Rudolf I. verzichtet auf Österreich, Ungarn u. Mähren.

Mathias II. 1608 — 1619.

Gabriel Báthory Fürst v. Siebenbürgen 1608 — 1613.

Gabriel Bethlen Fürst v. Siebenbürgen 1613—1629.
1616 — 1637 Petrus Pázmány Primas v. Ungarn, Sieg der Gegenreformation im kgl. Ungarn.

Ferdinand II. 1619 — 1637.

1619 — 1622 Bethlens Krieg gg. Ferdinand II.

1621 Bethlen wird zum Kg. v. Ungarn gewählt.

1622 Frieden v. Nikolsburg.

1623 Bethlens 2. Angriff; 1624 2. Wiener Frieden.

1626 Bethlens 3. Angriff; Frieden v. Preßburg.

Georg I. Rákóczi Fürst v. Siebenbürgen 1630 — 1648.

1635 Petrus Pázmány gründet die Universität v. Nagyszombat.

Ferdinand III. 1637 — 1657.

1643 Französisch-schwedisch-siebenbürgisches Bündnis.

1644 Angriff des Fürsten Georg I. Rákóczi.

1645 Frieden v. Linz zw. Kg. Ferdinand III. u. Georg I. Rákóczi.

Ferdinand IV. 1647 — 1654 „jüngerer König".

Georg II. Rákóczi Fürst v. Siebenbürgen 1648 — 1660.

1657 Georgs II. Rákóczi unglücklicher Feldzug in Polen.

Leopold I. 1657 — 1705.

1658 — 1661 Kämpfe um den Fürstenthron in Siebenbürgen.

1660 Türkischer Vergeltungszug, Fall Großwardeins.

Michael Apafi Fürst v. Siebenbürgen 1661 — 1690.

1663 Türkische Offensive, Fall v. Érsekujvár.

1664 Siegreicher Winterfeldzug v. Nikolaus Zrinyi. Schlacht v. Szentgotthárd (1. Aug.), Frieden v. Vasvár (10. Aug.). Tod Zrinyis (18. Nov.).

1666 — 1671 Sog. Wesselényi-Verschwörung.

1673/74 Protestantenverfolgung im kgl. Ungarn.

1672 — 1682 Kuruzenkriege mit Unterstützung der Türken und Siebenbürgens, seit 1677 unter Führung des Grafen Emerich Thököly.

1681 Reichstag v. Sopron, Wiederherstellung der Verfassung.

1682 Thököly durch den Pascha v. Buda zum Kg. v. Oberungarn ernannt.

1683 Belagerung Wiens; Beginn der Befreiungskriege.

1684 „Heilige Allianz" zwischen Leopold I., Johann Sobiesky u. Venedig; Waffenstillstand mit Ludwig XIV.

191

1686 Befreiung v. Buda.

1687 Blutgericht des Generals Carafa in Eperjes; Reichstag v. Preßburg, Erbkönigtum der Habsburger.

1688 Max Emmanuel v. Bayern erobert Belgrad. Besetzung Siebenbürgens.

1689 Ludwig Wilhelm v. Baden auf dem Balkan.

1690 Türkische Gegenoffensive, Massenflucht der Serben nach
Ungarn.

1691 Diploma Leopoldinum, Grundgesetz Siebenbürgens bis 1848.

1697 Bauernaufstand am oberen Theißgebiet. Eugen v. Savoyen
siegt bei Zenta.

1699 Frieden v. Karlowitz.

1701 Verhaftung und Flucht v. Franz II. Rákóczi nach Polen.

1703 — 1711 Freiheitskampf des Fürsten Franz II. Rákóczi.

Joseph I. 1705 — 1711.

1707 Reichstag v. Ónod, Absetzung der Habsburger-Dynastie.

Karl III. 1711 — 1740.

1711 Frieden v. Szatmár.

1712/15 Reichstag v. Preßburg.

1718 Frieden v. Passarowitz.

1722 Annahme der Pragmatischen Sanktion durch den Landtag v.
Siebenbürgen u. den Reichstag v. Ungarn.

1723 Statthaltereirat in Preßburg.

1731 „Carolina Resolutio" über die Lage der Protestanten.

1735 Tod v. Franz II. Rákóczi in Rodosto (Türkei) am 8. Apr.

1736 — 1739 Türkenkrieg, Belgrad geht verloren.

Maria Theresia 1740 — 1780.

1741 — 1748 Österreichischer Erbfolgekrieg.

1741 Reichstag v. Preßburg, „Vitam et sanguinem" (11. Sept.).

1754 Neue, für Ungarn ungünstige Zolltarife.

1756 — 1763 Siebenjähriger Krieg.

1760 Ungarische adlige Leibgarde Maria Theresias.

1761 — 1770 Organisierung der Militärgrenze in Siebenbürgen; 1764
Blutbad v. Mádéfalva.

1765 Siebenbürgen wird Großfürstentum.

1767 Urbarialregelung in Ungarn.

1772 Wiedereingliederung der 13 Zipser Städte.

1778 Wiedereingliederung des Banats.
1779 Wiedereingliederung der Stadt Fiume als „corpus separatum".

Joseph II. 1780 — 1790.
1781 Toleranzedikt.
1782 Beginn der Säkularisation; Vereinigung der ungarischen und siebenbürgischen Hofkanzlei.
1784 Verordnung über die Einführung der deutschen Amtssprache, Aufhebung der Zwischenzollgrenze. Aufstand v. Horia u. Cloşca in Siebenbürgen. 1784 — 87 Volkszählung.
1785 Aufhebung der Komitatsautonomie; Urbarialverordnung.
1787 — 1791 Türkenkrieg.
1788/89 Ständischer Widerstand in Ungarn, Verbindung mit Preußen.

Leopold II. 1790 — 1792.
1790/91 Reichstag v. Buda.
1790 Konvention v. Reichenbach (27. Juli). Serbenkongreß v. Temesvár.

Franz I. 1792 — 1835.
1793 Wiederherstellung der Zwischenzollgrenze.
1794 — 1795 Verschwörung der „ungarischen Jakobiner".
1795 Memorandum des Palatins Erzherzog Alexander Leopold.
1796—1847 Erzherzog Joseph Palatin v. Ungarn.
1801 Zensurverordnung.
1802 Gründung des Ungarischen Nationalmuseums.
1805 Gesetze werden lateinisch u. ungarisch gedruckt.
1809 Napoleons Aufruf an die Ungarn. Das letzte Aufgebot des Adels.
1811 1. Devalvation.
1816 2. Devalvation.
1822/23 Widerstand der Komitate.
1825/27 Reichstag v. Preßburg. Graf Széchenyis Stiftung für die Bildung einer Ungarischen Gelehrten-Gesellschaft.
1832 Kossuths Berichte über den Reichstag.

Ferdinand V. 1835 — 1848.
1837 — 1840 Kossuth im Gefängnis v. Buda.
1847/48 Der letzte ständische Reichstag.

1848 Kossuths Rede vor der Unteren Tafel (3. März); 1. Wiener Revolution (13. März); Abordnung des ungarischen Reichstages in Wien, unblutige Revolution in Pest (15. März); Graf L. Batthyány Ministerpräsident (17. März). Joseph Jellašić zum Banus v. Kroatien ernannt (23. März). Union Siebenbürgens mit Ungarn (29. Mai). Beginn des Serbenaufstandes (6. Juni). Széchenyi bricht zusammen u. wird in die Irrenanstalt v. Döbling eingeliefert (5. Sept.). Bildung der Landesverteidigungskommission unter dem Vorsitz Kossuths (16. Sept). 3. Wiener Revolution (6. Okt.). Schlacht v. Schwechat, gescheiterter ungarischer Versuch, Wien zu entsetzen. Abdankung Ferdinands V., Franz Joseph zum Kaiser proklamiert (2. Dez.).

Franz Joseph I. 1848 — 1916.

1848 Fürst Alfred Windischgrätz, Oberbefehlshaber der k. k. Armee an die Abordnung des ungarischen Reichstages: „Unbedingte Unterwerfung" (31. Dez.).

1849 Der Reichstag flüchtet nach Debrecen (1. Jan.). Windischgrätz besetzt Buda u. Pest (5. Jan.). General Görgeys Proklamation in Vác: Die Honvéd-Armee bleibt dem legitimen König Ferdinand V. treu (5. Jan.). Schlacht bei Kápolna, Siegesmeldung Windischgrätzs (26./27. Febr.). Die oktroyierte Verfassung (4. März). Frühlingsfeldzug Görgeys, General Bems Siege in Siebenbürgen (März-April). Unabhängigkeitserklärung v. Debrecen, Kossuth Reichsverweser (14. April). Zurückeroberung v. Buda (21. Mai). Einmarsch der russischen Armee v. Paskiewicz (Mitte Juni). Bem bei Schäßburg von den Russen geschlagen, Tod Petöfis (31. Juli). Kossuths Abdankung (11. Aug.). Görgey legt die Waffen vor den Russen bei Világos nieder (13. Aug.). Übergabe der Festung Komárom (5. Okt.). Hinrichtung Batthyánys u. der 13 Generale (6. Okt.).

1849 — 1850 Haynaus Militärdiktatur.

1851 — 1860 Erzherzog Albrecht Generalgouverneur v. Ungarn.

1859 Französisch-sardisch-österreichischer Krieg. Entlassung Bachs.

1860 Selbstmord Széchenyis in Döbling (8. April). Oktoberdiplom (20. Okt.).

1861 Februarpatent (26. Febr.). Reichstag in Pest, er wird am 22. Aug. aufgelöst.

1861 — 1865 Absolutistisches „Provisorium".

1865 Der sog. „Osterartikel" Deáks (16. April).

1865 — 1867 Reichstag in Pest, während des Krieges gg. Preußen u. Italien vertagt.

1867 Graf Julius Andrássy Ministerpräsident (17. Febr.); Krönung Franz Josephs I. zum Kg. v. Ungarn vollendet den Ausgleich (8. Juni).

1868 Ungarisch-kroatischer Ausgleich.

1874 Neues Wahlgesetz.

1875 Fusion der Deák-Partei mit der Linken Mitte; die neue Liberale Partei sichert die Regierungsmehrheit.

1875 — 1890 Koloman Tisza Ministerpräsident.

1882 Dreibund Österreich-Ungarn — Deutsches Reich — Italien.

1894 Tod Ludwig Kossuths in Turin (20. März).

1895 Kongreß der ungarländischen Nationalitäten in Budapest.

1896 Millennium, Jahrtausendfeier der ungarischen Landnahme.

1897 Erntearbeiterstreiks.

1905 Wahlniederlage der Liberalen Partei des Grafen Stephan Tisza.

1905 — 1906 Parteiloses Kabinett des Generals Baron Fejérváry, Widerstandsbewegung der Komitate.

1906 — 1910 Koalitionsregierung der Oppositionsparteien.

1912 — 1917 Regierung des Grafen Stephan Tisza.

1914 Ermordung des Thronfolgers Franz Ferdinand in Sarajewo (23. Juni); Kriegserklärung an Serbien (28. Juli).

1915 Italien erklärt Österreich-Ungarn den Krieg (23. Mai).

1916 Rumänien erklärt Österreich-Ungarn den Krieg (27. Aug.).

Karl IV. 1916 — 1918.

1918 Zusammenbruch der Balkanfront (Ende Sept.). Ermordung Tiszas u. Machtübernahme des „Nationalen Rates" unter Michael Károlyi (31. Okt.). Waffenstillstandsabkommen v. Padua zwischen Österreich-Ungarn u. der Entente (3. Nov.). Károlyi in Belgrad, Waffenstillstand Ungarns mit der Entente, Oskar Jászi in Arad (13. Nov.). *Ungarn Volksrepublik* (16. Nov.).

1919 Michael Károlyi provisorischer Präsident der Republik (11. Jan.). Entente-Note über neue Demarkationslinie (20. März). *Ungarische Räterepublik* (21. März — 1. Aug.); Tschechoslowakische u. rumänische Offensive (April — Mai); Ungarische Gegenoffensive im Norden (9. Mai — Mitte Juni); Ultimatum Clémenceaus (14. Juni). Ungarischer Angriff an der Ostfront (20. Juli), rumänische Gegenoffensive (24. Juli). Sturz der Räterepublik

(1. Aug.), Übergangsregierung des Sozialdemokraten Julius Peidl. Die Rumänen besetzen Budapest (4. Aug.). Einzug Horthys u. der Weißen Armee in Budapest (16. Nov.).

1920 Wahlen für die Nationalversammlung (25./26. Jan.); Admiral Horthy zum Reichsverweser gewählt (1. März); Frieden v. Trianon (4. Juni).

1921 Karls IV. 1. Versuch, nach Ungarn zurückzukehren (März). Bildung der Kleinen Entente.

1921 — 1931 Graf Stephan Bethlen Ministerpräsident.

1921 Karls IV. 2. Rückkehrversuch (Okt.) Dethronisation des Hauses Habsburg-Lothringen (6. Nov.).

1923 Ungarn wird Mitglied des Völkerbundes.

1924 Völkerbundanleihe an Ungarn, Sanierung.

1927 Italienisch-ungarisches Abkommen, Aufhebung der Militärkontrolle.

1931 Wirtschaftskrise, Rücktritt Bethlens.

1932 — 1936 Gyula Gömbös Ministerpräsident.

1934 Deutsch-ungarischer Wirtschaftsvertrag (Febr.). Römische Protokolle über die Zusammenarbeit zwischen Italien, Ungarn u. Österreich (17. März).

1938 1. Wiener Schiedsspruch (2. Nov.).

1939 Ungarn tritt dem Antikominternpakt bei (13. Jan.).

1939. 12. Febr. — 1941. 3. April Regierung des Grafen Paul Teleki.

1940 2. Wiener Schiedsspruch (30. Aug.), Ungarns Beitritt zum Dreimächtepakt (10. Nov.), Ungarisch-jugoslawischer Freundschaftsvertrag (12. Dez.).

1941 Selbstmord Telekis (3. April); Deutscher Angriff auf Jugoslawien (6. April); Ungarische Truppen marschieren in Jugoslawien ein (11. April); Kriegserklärung an die Sowjetunion (27. Juni); Großbritannien erklärt Ungarn den Krieg (12. Dez.).

1942. 9. März — 1944. 19. März Regierung Kállay.

1943 Sowjetische Winteroffensive, Vernichtung der 2. Ungarischen Armee am Don (Jan.). Geheimabkommen mit den Westmächten (Aug.).

1944 Ungarn v. den Deutschen besetzt (19. März). Rumäniens Kapitulation u. Frontwechsel (23. Aug.). Regierung des Generals Lakatos (29. Aug. — 15. Okt.). Unterzeichnung des Waffenstillstandabkommens in Moskau (11. Okt.). Horthys Proklamation u. Entmachtung, Einsetzung des Pfeilkreuzlerführers Szálasi (15. Okt.). Provisorische Nationalregierung v. Béla Dálnoki-

Miklós in Debrecen (22. Dez.). Budapest v. der Sowjetarmee eingeschlossen (25. Dez.). Kriegserklärung der Regierung v. Debrecen an Deutschland (28. Dez.).

1945 Fall der Festung Buda (13. Febr.); Bodenreform der provisorischen Regierung v. Debrecen (15. März); Ungarn in sowjetischer Hand (4. April). Parlamentswahlen (7. Nov.).

1946 *Ungarn wird Republik* (1. Febr). Stabilisierung (1. Aug.).

1947 Friedensvertrag v. Paris (10. Febr.).

1948 „Jahr der Wendung", Gleichschaltung der Sozialdemokraten, Alleinherrschaft der Kommunisten.

1949 Kardinal Mindszenty, Primas v. Ungarn in einem Schauprozeß zu lebenslänglicher Haft verurteilt (15. Mai); Außenminister László Rajk in einem Schauprozeß zum Tode verurteilt u. hingerichtet (24. Sept.).

1952 Mátyás Rákosi, erster ZK-Sekretär, wird Ministerpräsident.

1953 Imre Nagy Ministerpräsident (4. Juli — 18. April 1955).

1956 Rákosi als erster ZK-Sekretär abgelöst (18. Juli).

23. Okt.: Volksaufstand, 1. sowjetische militärische Intervention.

4.— 11. Nov. 2. sowjetische militärische Intervention, Niederwerfung des Aufstandes.

1958 Hinrichtung Imre Nagys u. General Maléters bekanntgegeben (17. Juni).

1961 Kollektivierung der Landwirtschaft abgeschlossen.

SCHRIFTTUM

Nachstehende Auswahl dient zur allgemeinen Orientierung. Bevorzugt wurden deutschsprachige Arbeiten, die zur Erhellung der in diesem Band behandelten Probleme unmittelbar beitragen. Publikationen in ungarischer Sprache werden nur ausnahmsweise, wenn unersetzlich, angeführt.

Bibliographien. Gy. *Moravcsik*, Byzantinoturcica I—II. 2. Aufl. Berlin 1958. Südosteuropa-Bibliographie, hrsg. v. Südost-Institut München, ab 1959. K. u. M. *Uhlirz*, Handbuch der Geschichte Österreich-Ungarns I. 2. Aufl. Graz — Wien — Köln 1963. D. *Sinor*, Introduction à l'étude de l'Eurasie centrale, Wiesbaden 1963.

Allgemeines. G. *Stadtmüller*, Geschichte Südosteuropas, München 1950. B. *Hóman* — Gy. *Szekfü*, Ungarische Geschichte I—V. (ungar.) Budapest 3. Aufl. 1935—36. (Standardwerk mit Literatur.) G. *Deér*, L'evoluzione dell'idea dello stato ungherese, Roma 1941. E. *Mályusz*, Geschichte des ungar. Volkstums, Budapest 1940. St. *Szabó*, Ungarisches Volk. Geschichte u. Wandlungen, Budapest — Leipzig 1944. J. *Kovacsics* (red.), Historische Demographie Ungarns. Ungarns Bevölkerung von der Landnahme bis 1949 (ungar.) Budapest 1963. J. v. *Farkas* — Th. v. *Bogyay*, Die Kultur der Ungarn, in: Die Kultur der eurasischen Völker, Frankfurt/M. 1968 (Hdb. d. Kulturgesch. hrsg. v. E. Thurnher). E. *Pamlényi* (Hrsg.), Die Geschichte Ungarns, Budapest 1971. Hauptsächlich Wirtschafts- und Sozialgeschichte. Siehe auch das seit 1968 erscheinende Ungarn-Jahrbuch (bis jetzt 7 Bände), hrsg. v. Ungarischen Institut München, mit zahlreichen einschlägigen Aufsätzen, Forschungsberichten und Rezensionen.

Zu Kap. II. Th. v. *Bogyay*, Die Reiternomaden im Donauraum des Frühmittelalters (1954), in: Völker u. Kulturen Südosteuropas (red. v. B. Saria), München 1959. M. de *Ferdinandy*, Die nordeurasischen Reitervölker und der Westen bis zum Mongolensturm. Historia Mundi, Bd. V. Bern 1956. Gy. *Györffy*, Studien über die Herkunft des ungar. Staates (ungar.), Budapest 1959. I. *Boba*, Nomads, Northmen and Slavs. Eastern Europe in the Ninth Century, The Hague 1967. P. *Hajdú*, Über die alten Siedlungsräume der uralischen Sprachfamilie. Acta Linguistica Hung. 14, 1964. Gy. *Décsy*, Einführung in die finnisch-ugrische Sprachwissenschaft, Wiesbaden 1965. *K. Jettmar*, Die Entstehung der Reiternomaden. Saeculum 17, 1966. H. 1—2. *Sz. de Vajay*, Der Eintritt des ungarischen Stämmebundes in die europäische Geschichte (862—933), Mainz 1968 (Studia Hungarica 4). *Gy Györffy*, The Original Landtaking of the Hungarians, Budapest 1975.

Zu Kap. III—XII. *J. Deér*, Heidnisches u. Christliches in der altungar. Monarchie, Szeged 1934. Neudruck Darmstadt 1969. *P. v. Váczy*, Die erste Epoche des ungar. Königtums, Pécs 1935. *I. Kniezsa*, Ungarns Völkerschaften im XI. Jh., Budapest 1938. *B. Hóman*, Geschichte des ungar. Mittelalters I—II. Berlin 1940, 1943. (Teilübersetzung des 5bändigen Werkes v. Hóman u. Szekfü, reicht bis zu den Anfängen des Hauses Anjou.) *F. Dölger*, Ungarn in der byzantinischen Reichspolitik. Archivum Europae Centro-Orientalis 8, 1942. Neudruck im Sammelband „Paraspora", Ettal 1961! *G. Stadtmüller*, Die ungar. Großmacht des Mittelalters. Histor. Jb. der Görres-Gesellschaft 70, 1951. *J. Deér*, Der Weg zur Goldenen Bulle Andreas' II. v. 1222. Schweizer Beiträge z. Allgemeinen Gesch. 10, 1952. *E. Schwartz*, Herkunft der Siebenbürger u. Zipser Sachsen, München 1957. *E. Mályusz*, Der ungar. Ständestaat im Zeitalter Hunyadis (ungar.) Budapest 1958. *Gy. Györffy*, Studien (s. o. Kap. II.). *Ders.*, Einwohnerzahl u. Bevölkerungsdichte in Ungarn bis zum Anfang des XIV. Jh., Budapest 1960 (Studia Historica Acad. Scient. Hung. 42). *I. Tárnoky*, Ungarn vor Mohács. Südost-Forschungen 20, 1961. *J. Deér*, Die heilige Krone Ungarns, Wien 1966. Mit grundlegenden Feststellungen zur mittelalterlichen Herrschaftsgeschichte Ungarns. *H. Göckenjan*, Hilfsvölker und Grenzwächter im mittelalterlichen Ungarn, Wiesbaden 1972. *J. M. Bak*, Königtum und Stände in Ungarn im 14.—16. Jh., Wiesbaden 1973. *A. Cs. Sós*, Die slawische Bevölkerung Westungarns im 9. Jh., München 1973. *Th. v. Bogyay*, Stephanus rex. Versuch einer Biographie, Wien 1975. *Ders.* (Hrsg.), Die heiligen Könige, Graz — Wien — Köln 1976 (Ungarns Geschichtsschreiber 1).

Zu Kap. XIII—XXII. Für die Zeit 1526—1918 ist eine zuverlässige Geschichte Österreichs unentbehrlich. Hier sei auf *E. Zöllner*, Geschichte Österreichs. Von den Anfängen bis zur Gegenwart. München 1961, hingewiesen. *Gy. Miskolczy*, Geschichte des ungar. Volkes von Mohács bis zum 1. Weltkrieg (ungar.), Rom 1956. *M. Bucsay*, Geschichte des Protestantismus in Ungarn. Stuttgart 1959. *J. Miskolczy*, Ungarn in der Habsburger-Monarchie, Wien — München 1959. *M. Bernath*, Ständewesen u. Absolutismus im Ungarn des 18. Jh. Südost-Forschungen 22, 1963. *L. v. Gogolák*, Beiträge zur Geschichte des slowakischen Volkes. 1. Die Nationwerdung der Slowaken und die Anfänge der tschechoslowakischen Frage (1526—1790), München 1963. *I. Reinert-Tárnoky*, Die ungar. Innenpolitik und das Agrarproblem in der Zeit des Dualismus. Südost-Forschungen 23, 1964. *L. v. Gogolák*, Die historische Entwicklung des slowakischen Nationalbewußtseins. Im Sammelband: Die Slowakei als mitteleuropäisches Problem (Veröffentlichungen des Collegium Carolinum 15), München 1965. *J. Weber*, Eötvös und die ungar. Nationalitätenfrage, München 1966 (Südosteuropäische Arbeiten 64). *J. M. Bak*, Die Diskussion um die Räterepublik in Ungarn 1919. Jahrbücher für Geschichte Osteuropas 14, 1966. *L. Révész*, Die Anfänge des ungarischen Parlamentarismus, München 1968. *A. Tóth*, Parteien und Reichstagswahlen in Ungarn 1848—1892, München 1973.

Zu Kap. XXIII—XXIV. *St. D. Kertész*, Diplomacy in a Whirlpool. Hungary between Nazi Germany and Soviet Russia, Notre Dame 1953. *Th. Schieder u. a.*, Das Schicksal der Deutschen in Ungarn, Düsseldorf 1956 (Dokumentation der Vertreibung der Deutschen aus Ost-Mitteleuropa Bd. II). Der Volksaufstand in Ungarn. Bericht der Sonderkommission der Vereinten Nationen, Bonn — Frankfurt 1957. (Als Taschenbuch: Was in Ungarn geschah, Freiburg 1957. Herder Bücherei Bd. 9.) *M. J. Lasky*, Die ungarische Revolution. Ein Weißbuch. Berlin 1958. (Mit einer historischen Einleitung v. H. Seton-Watson.) *A. Hillgruber*, Deutschland u. Ungarn 1933—1944. Ein Überblick über die politischen und militärischen Beziehungen im Rahmen der europäischen Politik. Wehrwissenschaftliche Rundschau 9, 1959. *C. A. Macartney*, October Fifteenth. A History of the Modern Hungary 1929—1945 I—II. 2. Aufl. Edinburgh 1961. Hervorragend dokumentiertes Werk, das auch nach den zahlreichen ungarischen Aktenpublikationen der letzten Jahre grundlegend und unentbehrlich bleibt. *P. Gosztony*, Endkampf an der Donau 1944/45, Wien — München — Zürich, 2. Aufl. 1970. *Ders.*, Miklós von Horthy, Admiral und Reichsverweser, Göttingen — Zürich — Frankfurt 1973. *Gy. Borbándi*, Der ungarische Populismus, Mainz 1976 (Studia Hungarica 7).

Anhang

UNGARISCHE GEOGRAPHISCHE NAMEN UND IHRE FREMDSPRACHIGEN ENTSPRECHUNGEN

Bei Ortsnamen ist die Benennung in der gegenwärtigen Staatssprache *kursiv* gesetzt. ČSR = Tschechoslowakei; J = Jugoslawien; R = Rumänien; U = Ungarn.

Balaton — Plattensee (U)
Besztercebánya — *Banská Bystrica* — Neusohl (ČSR)
Brassó — *Brașov* — Kronstadt (R)
Buda — Ofen (U)
Dévény — *Devín* — Theben (ČSR)
Duna — Donau (Strom)
Eger — Erlau (U)
Eperjes — *Prešov* (ČSR)
Erdély — Transilvania — Siebenbürgen (R)
Esztergom — Gran (U)
Érsekujvár — *Nové Zámky* — Neuhäusl (ČSR)
Györ — Raab (U)
Gyulafehérvár — *Alba Julia* — Weißenburg, Karlsburg (R)
Kassa — *Košice* — Kaschau (ČSR)
Kolozsvár — *Cluj* — Klausenburg (R)
Köszeg — Güns (U)
Nagyszombat — *Trnava* — Tyrnau (ČSR)
Nagyvárad oder Várad — *Oradea* — Großwardein (R)
Nyitra — *Nitra* — Neutra (ČSR)
Óbuda — Alt-Ofen (U)
Pannonhalma — Martinsberg (U)
Pécs — Fünfkirchen (U)
Pozsony — *Bratislava* — Preßburg (ČSR)
Selmecbánya — *Banská Štiavnica* — Schemnitz (ČSR)
Szeben — *Sibiu* — Hermannstadt (R)
Szeged — Segedin (U)
Szentgotthárd — Sankt Gotthard (U)

Szepesség — Spiš — Zips (ČSR)
Szerémség — Srijem — Syrmien (J)
Székesfehérvár — Stuhlweißenburg (U)
Temesvár — *Timisoara* (R)
· Tisza — Theiß (Fluß)
Trencsén — *Trenčin* (ČSR)
Vasvár — Eisenburg (U)
Vác — Waitzen (U)
Vág — Vah — Waag (Fluß)
Zágráb — *Zagreb* — Agram (J)
Zólyom — Zvolen — Sohl (ČSR)

REGISTER

209

KARTEN

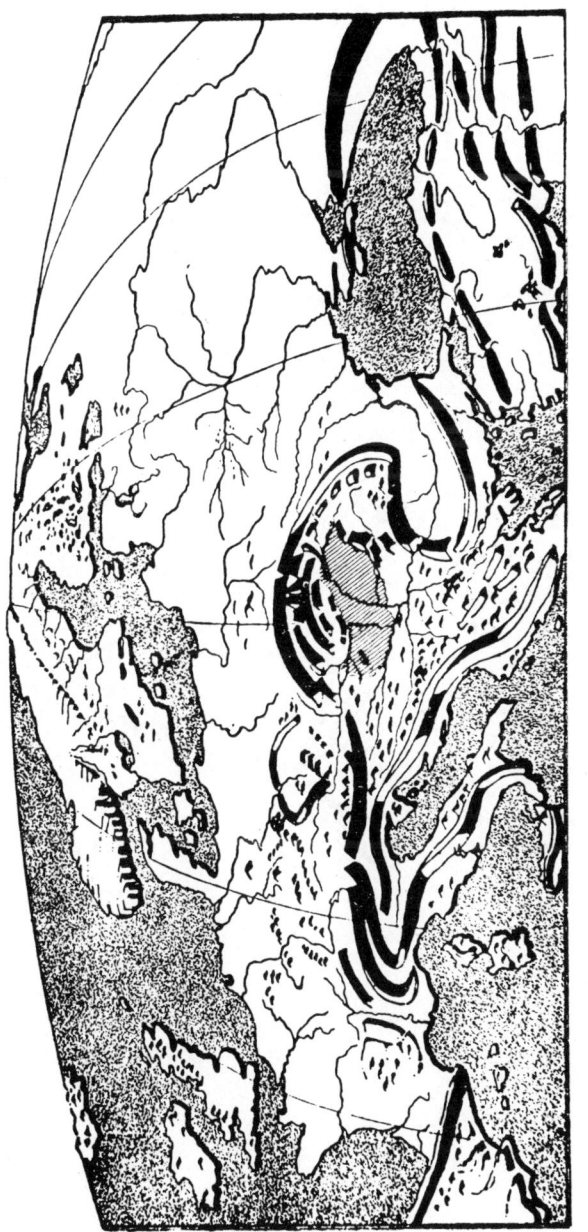

1. Der Karpatenraum aus „Mondperspektive“.
Gestrichelt: Das heutige Ungarn.

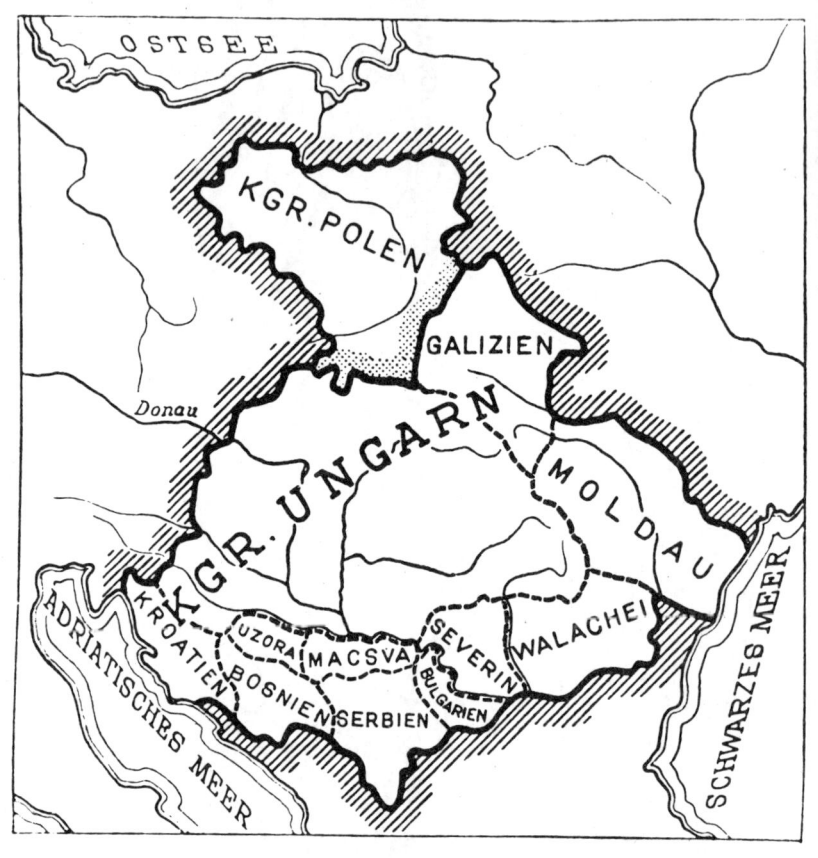

2. Das Reich König Ludwigs des Großen nach 1370.

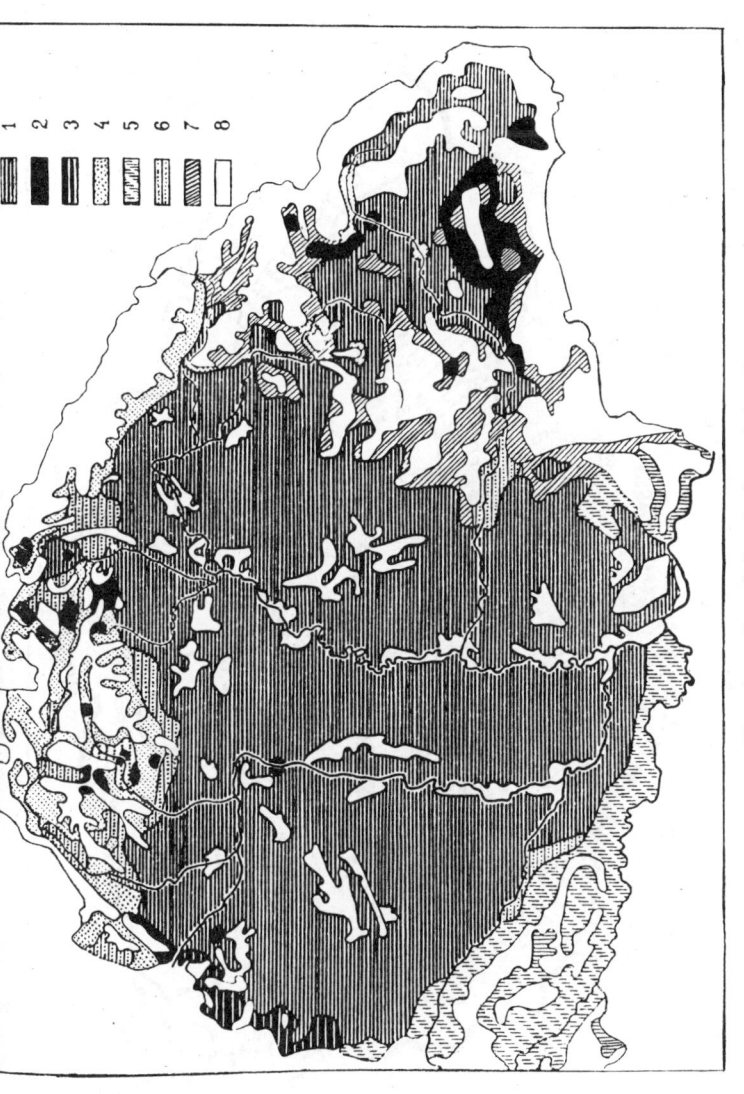

3. Ungarns Völkerschaften im 15. Jahrhundert.

Zeichenerklärung: 1. Ungarn, Székler, Kumanen, Jazygen, 2. Deutsche, 3. Ungarn und Deutsche gemischt, 4. Slowaken und Ruthenen, 5. Kroaten und Serben, 6. Ungarn und Slawen gemischt, 7. Rumänen, 8. Unbewohnt.

4. Ungarn im Jahre 1683, 1914 und 1920.

Grenzen

im Jahre 1683
im Jahre 1914
im Jahre 1920

Gebiete, die 1683 auch den Türken Steuer zahlten

Ungarns Gebiet nach Trianon

TÜRKISCHES REICH

FÜRSTENTUM SIEBENBÜRGEN

GEBIET

Brassó
Szeben
Kolozsvár
Nagyvárad
Debrecen
Kassa
Beszterbánya
Pozsony
Buda
Szeged
Pécs
Zágráb